数智化时代会计专业
—————— 融合创新系列教材

U0590004

ERP财务业务一体化实训教程

金蝶
KIS版

杨琴　钟鼎丞　弋兴飞◎主编

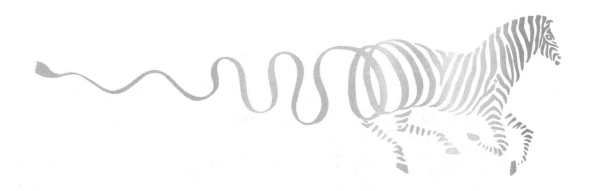

人民邮电出版社
北京

图书在版编目（ＣＩＰ）数据

ERP财务业务一体化实训教程：金蝶KIS版 / 杨琴，
钟鼎丞，弋兴飞主编. —— 北京：人民邮电出版社，
2022.5
数智化时代会计专业融合创新系列教材
ISBN 978-7-115-58133-4

Ⅰ. ①E… Ⅱ. ①杨… ②钟… ③弋… Ⅲ. ①财务软
件—高等职业教育—教材 Ⅳ. ①F232

中国版本图书馆CIP数据核字(2021)第247296号

内 容 提 要

本书以金蝶 KIS V13.0 为平台，以某商业企业的经济业务为原型，采用财务业务一体化模式编写。全书共有 12 个项目：项目一至项目三分别介绍了账套创建与管理、基础信息设置和系统初始化的相关内容；项目四至项目十分别介绍了账务处理系统的日常业务处理，以及现金管理系统、采购与应付款管理系统、销售与应收款管理系统、仓存管理系统、固定资产管理系统和工资管理系统的业务处理流程；项目十一和项目十二分别介绍了总账管理系统的期末业务处理和报表管理系统的应用。本书另附上机实训资料，供读者综合练习使用。

本书强调实践应用，可以帮助读者熟悉信息化环境下财务业务一体化的处理方法和处理流程，每个实训既环环相扣，又可独立操作，能够满足不同层次的教学需求。本书提供了丰富的教学资源，既可作为应用型本科和高等职业院校财经大类相关专业的教材，也可作为会计从业人员的培训用书。

◆ 主　编　杨　琴　钟鼎丞　弋兴飞
　　责任编辑　崔　伟
　　责任印制　王　郁　彭志环

◆ 人民邮电出版社出版发行　北京市丰台区成寿寺路 11 号
　　邮编　100164　电子邮件　315@ptpress.com.cn
　　网址　https://www.ptpress.com.cn
　　固安县铭成印刷有限公司印刷

◆ 开本：787×1092　1/16
　　印张：13.75　　　　　　　2022 年 5 月第 1 版
　　字数：456 千字　　　　　　2024 年 8 月河北第 3 次印刷

定价：59.80 元（附小册子）

读者服务热线：(010)81055256　印装质量热线：(010)81055316
反盗版热线：(010)81055315
广告经营许可证：京东市监广登字 20170147 号

前　言

　　党的二十大报告提出：统筹职业教育、高等教育、继续教育协同创新，推进职普融通、产教融合、科教融汇，优化职业教育类型定位。为了认真贯彻党的二十大精神，落实《国家职业教育改革实施方案》（即"职教 20 条"），根据《财政部关于全面推进我国会计信息化工作的指导意见》和《企业会计信息化工作规范》的要求，我们以新修订的企业会计准则及相关财经法规为依据，结合高等职业教育会计及相关专业标准中"会计信息系统应用"课程的教学要求编写了本书。

　　本书以金蝶 KIS V13.0 为平台，以某商业企业一个月的业务资料为依据，按照业务描述、岗位说明、操作指导等环节设计教学内容，力图通过清晰的业务流程、详细的操作步骤，启发学生积极思考，不断提升学生分析和解决问题的能力。

　　本书是安徽省质量工程"线上课程——金蝶财务软件应用（2020mooc142）"以及安徽省"高校优秀青年人才支持计划项目（gxyq2021088）"的阶段性成果，具有以下特点。

　　（1）业财融合。随着"互联网+"技术的不断深入，新技术、新业态和新的服务方式在不断促使我国现代服务业转型升级，会计行业由核算型向管理型转变。基于此，会计教育的目标也应从培养学生的会计核算能力向培养学生的会计职业判断能力和会计核算能力并重转变。本书采用财务业务一体化的编写模式，能够适应当前会计教育思想的重大转变。

　　（2）实用性。本书以一个案例贯穿始终，业务类型丰富，业务描述均以原始单据形式呈现，能够更好地培养学生的会计职业操作能力。

　　（3）教学资源丰富。本书配套校企合作、共同开发的教学资源，包括教学课件、电子教案、操作视频、账套等，为教学提供全面支持。教师可登录人邮教育社区（www.ryjiaoyu.com）获取。

　　（4）强调德技并修。本书每个项目都在"职业素养点拨"栏目中融入了会计从业人员应具备的基本素养和道德规范，强化"德技并修，知行合一"的育人理念。

　　本书是在深入调查企业会计信息化现状的基础上，根据教育部制定的会计专业教学标准，由企业、院校的专家和学者合作完成的。安徽商贸职业技术学院杨琴、钟鼎丞、弋兴飞担任主编，安徽商贸职业技术学院曹方林、中国启源工程设计研究院有限公司张金星担任副主编，安徽商贸职业技术学院何亚伟、华侨大学在读博士生朱晓艳参编。其中，项目一、项目二、项目三由杨琴编写；项目四、项目五、项目七由钟鼎丞编写；项目六、项目十一由何亚伟编写；项目八、项目九由曹方林编写；项目十由朱晓艳编写；项目十二和上机实训资料由弋兴飞编写。张金星为本书提供企业业务实训设计方面的指导。在编写本书的过程中，编者参考了有关专家的文献资料，在此向这些作者表示衷心的感谢。

为方便教学，本书中引用的所有企业信息和各项经济业务均是虚拟的。

由于编者水平有限，书中难免存在疏漏，恳请读者批评指正。

编者

2023 年 5 月

目 录

项目一

账套创建与管理

学习目标

1. 了解企业所属行业及会计核算制度；
2. 掌握建立账套及参数设置的业务流程；
3. 掌握增加用户及设置用户权限的业务处理流程；
4. 掌握账套备份及恢复的业务流程。

职业素养点拨

会计准则是准绳，会计制度是指南

会计准则是会计人员从事会计工作必须遵循的基本原则，主要是对经济业务的具体会计处理作出规定，以指导和规范企业的会计核算，保证会计信息的质量。目前，我国企业执行的会计准则是财政部于 2014 年发布的《企业会计准则》。

会计制度主要用于指导会计实践，保证会计工作的顺利进行和各项会计职能的充分发挥。会计制度可以优化会计的组织结构，对于会计机构的设置、会计人员的配备及职责分工等作了明确规定，保证会计工作能够有组织、有秩序、高效率地进行。此外，会计制度对于会计工作应遵循的原则，应采用的程序方法，应提供的资料，以及会计管理应达到的目标都作了明确规定。严格执行会计制度，有利于会计工作的规范化和科学化，可以保证会计记录及时、准确，保证会计信息可靠、完整，提高会计工作的质量。我国现行的会计制度包括《中华人民共和国会计法》（2017年修正）、《会计基础工作规范》（2019 年修正）等。

实训一　了解企业背景资料

一、企业概况

洪福商贸有限公司（简称"洪福商贸"），是专门从事乳制品、果蔬汁等饮料批发的商贸公司，公司法人代表是李金泽。

公司开户银行：中国工商银行芜湖市弋江路支行。账号：1307000526782987947。

记账本位币：人民币。

公司纳税登记号：3402030987657 68268。

公司地址：芜湖市鸠江区弋江路 48 号。电话：0553-5820888。邮箱：hfsm@126.com。

二、科目设置及辅助核算要求

（1）日记账：库存现金、银行存款。

（2）客户往来：应收票据、应收账款、预收账款。

（3）供应商往来：应付票据、应付账款/一般应付账款、应付账款/暂估应付账款、预付账款。

三、会计凭证的基本规定

洪福商贸对会计凭证的基本规定如下。

（1）输入或生成记账凭证均由指定的会计人员操作，含有"库存现金"和"银行存款"科目的记账凭证均需出纳签字。

（2）公司采用单一格式的复式记账凭证。

（3）为保证财务与业务数据的一致性，能在业务系统生成的记账凭证不得直接在总账系统输入。

四、结算方式

公司采用的结算方式包括现金、支票、托收承付、委托收款、银行汇票、商业汇票、电汇等。收、付款业务由财务部门根据有关凭证进行处理，在系统中没有对应结算方式时，其结算方式为"其他"。

五、薪酬业务的处理

公司承担并缴纳的养老保险、医疗保险、失业保险、工伤保险、住房公积金分别按职工工资总额的20%、10.8%、1%、1%、10%计算；职工个人承担的养老保险、医疗保险、失业保险、住房公积金分别按个人工资总额的8%、2%、0.2%、10%计算。公司按职工工资总额的2%计提工会经费，按职工工资总额的8%计提职工教育经费，职工福利费按实际发生数列支，不按比例计提。按照国家有关规定，公司代扣代缴个人所得税，其费用扣除标准为5 000元/月。

六、固定资产业务的处理

公司固定资产包括房屋及建筑物、运输工具、办公设备，均为在用状态；采用平均年限法按月计提折旧；同期增加多个固定资产时，采用合并制单方式。

七、存货业务的处理

公司存货主要包括乳制品、果蔬汁、乳酸菌，按存货分类进行存放。各类存货按照实际成本核算，采用永续盘存制；对库存商品采用数量进价金额核算法，发出存货成本计价采用先进先出法，采购入库存货对方科目全部使用"在途物资"科目；存货按业务发生日期逐笔记账并制单，暂估业务除外。

八、税费的处理

公司为增值税一般纳税人，增值税税率为13%；按当期应交增值税税额的7%计算城市维护建设税、3%计算教育费附加和2%计算地方教育附加；企业所得税采用资产负债表债务法核算，企业所得税的计税依据为应纳税所得额，税率为 25%。

九、坏账损失的处理

除应收账款外，其他的应收款项不计提坏账准备。每年年末，按应收账款余额百分比法计提坏账准备，提取比例为 0.5%。

十、财产清查的处理

公司每年年末对存货及固定资产进行清查，根据盘点结果编制盘点表，并与账面数据进行比较，由库存管理员审核后进行处理。

十一、损益类账户的结转

每月月末将各损益类账户余额转入本年利润账户，结转时按收入和支出分别生成记账凭证。

实训二　建立账套

【业务描述】

2021 年 1 月 1 日，洪福商贸有限公司（账套号）开始使用金蝶 KIS 财务软件进行业务处理。

建立账套

2021 年 1 月 1 日，洪福商贸有限公司的建账信息如下。

（1）账套号：系统默认。

（2）账套名称：洪福商贸有限公司。

（3）单位性质：企业。

（4）数据库路径："D:\洪福商贸\"。

（5）公司名称：洪福商贸有限公司。

（6）地址：芜湖市鸠江区弋江路 48 号。

（7）电话：0553-5820888。

【岗位说明】

由系统管理员 Admin 建立账套。

【操作指导】

（1）系统管理员 Admin 执行【所有程序】|【金蝶 KIS 教学版】|【工具】|【账套管理】命令，打开【登录】对话框，默认用户名为 Admin，初始密码为空，如图 1-1 所示。

（2）单击【确定】按钮，打开【账套管理】窗口，如图 1-2 所示。

图 1-1 【登录】对话框

图 1-2 【账套管理】窗口（1）

（3）单击【新建】按钮，打开【新建账套】窗口。账套号默认，账套名称输入"洪福商贸有限公司"，单位性质选择【企业】，数据库路径选择【D:\洪福商贸\】，公司名称输入"洪福商贸有限公司"，地址输入"芜湖市鸠江区弋江路 48 号"，电话输入"0553-5820888"，如图 1-3 所示。

（4）单击【确定】按钮，耐心等待片刻，系统即完成建立账套工作。建账完成后将显示账套，如图 1-4 所示。

图 1-3 【新建账套】窗口　　　　　　　图 1-4 【账套管理】窗口（2）

实训三　设置账套系统参数

设置账套系统参数

【业务描述】

2021 年 1 月 1 日，洪福商贸有限公司的账套系统参数如表 1-1 所示，以系统管理员 manager 的身份登录金蝶 KIS 教学版账套管理系统，设置账套参数。

表 1-1　　　　　　　　　　　　　账套系统参数设置

系统参数名称		具体设置
系统信息		税号：340203098765768268 开户银行：中国工商银行芜湖市弋江路支行 银行账号：1307000526782987947 传真：0553-5820888 E-mail：hfsm@126.com 记账本位币：代码（RMB），名称（人民币），小数位数（2）
会计期间		启用会计年度：2021。选择自然年度会计期间。会计期间数：12
财务参数	初始参数	启用会计年度：2021。启用会计期间：1
	财务参数	选中【启用往来业务核销】【凭证过账前必须审核】【明细账（表）摘要自动继承上条分录摘要】【银行存款科目必须输入结算信息】【凭证过账前必须出纳复核】复选框，其他保留默认设置
	固定资产参数	选中【卡片生成凭证前必须审核】复选框
	工资参数	选中【结账前必须审核】复选框
出纳参数		启用会计年度：2021。启用会计期间：1。选中【与总账对账期末余额不等时不允许结账】复选框，其他保留默认设置
业务基础参数		取消选中【允许负库存出库】复选框
业务参数	存货核算参数	选中【结账检查未记账的单据】复选框
	仓存参数	选中【出现负库存时提示】复选框

【岗位说明】

系统管理员 manager 负责增加用户。

【操作指导】

（1）manager 执行【开始】|【所有程序】|【金蝶 KIS 教学版】命令，打开【系统登录】对话框。用户名输入"manager"，密码默认，服务器默认（本例中是 CGQ），账套栏中出现【洪福商贸有限公司】，如图 1-5 所示。

（2）单击【确定】按钮，打开【主控台】[1]窗口，如图 1-6 所示。

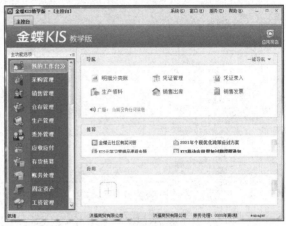

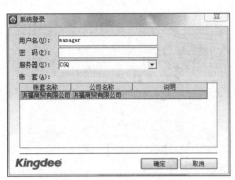

图 1-5 【系统登录】对话框   图 1-6 【主控台】窗口

（3）执行【基础设置】|【系统参数】命令，打开【系统参数】对话框。选择【系统信息】选项卡，税号输入"340203098765768268"，银行账号输入"1307000526782987947"，传真输入"0553-5820888"，E-mail 输入"hfsm@126.com"，其他信息默认，如图 1-7 所示。

（4）选择【会计期间】选项卡，单击【设置会计期间】按钮，打开【会计期间】对话框。启用会计年度选择【2021】，选中【自然年度会计期间】复选框，会计期间数选择【12】，如图 1-8 所示。

图 1-7 【系统信息】选项卡   图 1-8 【会计期间】对话框

---

1. 图 1-6 所示窗口的完整名称为【金蝶 KIS 教学版-[主控台]】，为简化叙述、突出重点，文中以【主控台】表示。后文中有多处类似情况，皆按此方式处理。

（5）单击【确认】按钮，返回【系统参数】对话框。选择【财务参数】选项卡，根据表 1-1 设置对应参数，如图 1-9 所示。

（6）选择【出纳参数】选项卡，启用会计年度选择【2021】，启用会计期间选择【1】，选中【与总账对账期末余额不等时不允许结账】和【允许从总账引入日记账】复选框，如图 1-10 所示。

图 1-9 【财务参数】选项卡

图 1-10 【出纳参数】选项卡

（7）选择【业务基础参数】选项卡，取消选中【允许负库存出库】复选框，如图 1-11 所示。

（8）选择【业务参数】选项卡，选中【结账检查未记账的单据】【出现负库存时提示】复选框，其余保持默认设置，如图 1-12 所示。

图 1-11 【业务基础参数】选项卡

图 1-12 【业务参数】选项卡

（9）单击【保存修改】按钮，打开【信息提示】对话框，如图 1-13 所示。

（10）单击【是】按钮，系统提示【请确认出纳初始参数的设置，是否确认启用！】。

（11）单击【是】按钮，系统提示【请确认业务初始参数的设置，系统将不允许再次修改，是否确认启用！】。

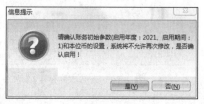

图 1-13 【信息提示】对话框

（12）单击【是】按钮，然后单击【确定】按钮，系统提示【修改初始设置参数，系统需要重新登录！】。再次单击【确定】按钮，返回【系统登录】对话框。

> 📖温馨提示
>
> 在金蝶 KIS 教学版中，系统管理员 Admin 主要处理【账套管理】模块的所有业务，系统管理员 manager 主要负责金蝶 KIS 教学版中的系统参数设置、增加用户等业务。

实训四　增加用户

【业务描述】

2021 年 1 月 1 日，洪福商贸有限公司的用户信息如表 1-2 所示，以 manager 身份登录金蝶 KIS 教学版，增加用户信息。

增加用户

表 1-2　　　　　　　　　用户信息

用户姓名	用户组	说明
李金泽	系统管理员组	
宋清	财务组	财务核算
黄小明	财务组	财务核算
李卉	财务组	财务核算
叶敏	采购组	采购管理
张立	销售组	销售管理
李红	仓储组	仓库管理

注：所有用户密码为空。

【岗位说明】

manager 负责增加用户。

【操作指导】

（1）manager 打开【主控台】窗口，执行【基础设置】|【用户管理】命令，打开【用户管理】窗口。单击【新建用户组】按钮，打开【用户组属性】对话框。用户组名输入"财务组"，说明输入"财务核算"，如图 1-14 所示。

（2）单击【确定】按钮，以此方法继续增加其他用户组，增加完毕，返回【用户管理】窗口，如图 1-15 所示。

图 1-14 【用户组属性】对话框

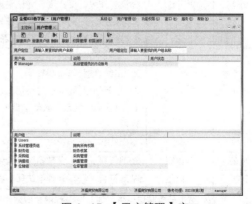

图 1-15 【用户管理】窗口

（3）单击【新建用户】按钮，打开【新增用户】对话框。选择【用户】选项卡，用户姓名输入"李金泽"；选择【用户组】选项卡，将【系统管理员组】添加到【隶属于】组。如图 1-16 所示。

（4）单击【确定】按钮，返回【用户管理】窗口。以此方法继续增加其他用户。

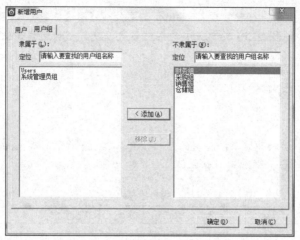

图 1-16 【新增用户】对话框

实训五　设置用户权限

设置用户权限

【业务描述】

洪福商贸有限公司的用户权限分工如表 1-3 所示。2021 年 1 月 1 日，以 manager 身份登录金蝶 KIS 教学版为 6 位用户授权。

表 1-3　　　　　　　　　　　　用户权限

用户姓名	用户组	权限
宋清	财务组	1. 基础资料所有权限； 2. 报表所有权限； 3. 账务处理_凭证：主要信息、详细信息、审核、查询所有凭证； 4. 老板报表所有权限
黄小明	财务组	1. 基础资料、固定资产、工资、存货核算管理系统、应收应付管理系统、老板报表所有权限； 2. 账务处理_凭证：主要信息、详细信息、新增、修改、删除、过账、反过账、查询所有凭证、作废、反作废、凭证整理； 3. 账务处理_期末处理、账务处理_账簿、账务处理_多栏账的所有权限； 4. 采购管理查询权、销售管理查询权、仓库管理查询权
李卉	财务组	1. 基础资料查询权； 2. 出纳管理所有权限； 3. 账务处理_凭证：主要信息、详细信息、查询所有凭证、出纳复核； 4. 应收应付管理：收款单据（查看、新增、删除、修改），付款单据（查看、新增、删除、修改）
叶敏	采购组	基础资料、采购管理系统所有权限，仓库管理查询权，购销存公用设置所有权限
张立	销售组	基础资料、销售管理系统、购销存公用设置所有权限，仓库管理查询权
李红	仓储组	基础资料、仓存管理系统所有权限，采购管理查询权，销售管理查询权，购销存公用设置

注：李金泽属于系统管理员组，拥有所有权限，因此不需要重设权限。

【岗位说明】

manager 负责设置用户权限。

【操作指导】

（1）manager 执行【基础设置】|【用户管理】命令，打开【用户管理】窗口。选中【宋清】，执行【权限管理】命令，打开【用户管理_权限管理[宋清]】对话框。依次选中【基础资料】【报表】【老板报表】复选框，单击【授权】按钮。

（2）单击【高级】按钮，打开【用户权限】窗口，选中【账务处理_凭证】，选中对应权限，如图 1-17 所示。

（3）单击【授权】按钮，再单击【关闭】按钮，返回【用户管理_权限管理[宋清]】对话框，如图 1-18 所示。

图 1-17 【用户权限】窗口

图 1-18 【用户管理_权限管理[宋清]】对话框

（4）单击【关闭】按钮，宋清的权限设置完成。

（5）以此方法设置黄小明、李卉、叶敏、张立、李红的操作员权限。

📖温馨提示

（1）只有系统管理员 manager 才有权限设置或取消账套主管。账套主管有权对所辖账套进行用户的权限设置。

（2）设置权限时应注意分别选中账套及相应的用户。

（3）一个账套可以有多个账套主管。

实训六　账套管理

账套管理主要包括备份账套、恢复账套等内容。

业务一　备份账套

【业务描述】

2021 年 1 月 1 日，以 Admin 身份登录金蝶 KIS 教学版，输出【洪福商贸

备份账套

有限公司】账套至【F：\账套备份\1\】文件夹。

【岗位说明】

Admin 负责备份账套。

【操作指导】

（1）在 F 盘中新建【账套备份】文件夹，在【账套备份】文件夹中新建【1】文件夹。

（2）以 Admin 身份登录金蝶 KIS 教学版账套管理系统，选择【洪福商贸有限公司】账套。

（3）执行【备份】|【手动备份账套】命令，打开【账套备份】窗口，备份路径选择【F:\账套备份\1\】，如图 1-19 所示。

（4）单击【确定】按钮，系统输出账套数据。备份完成后，系统弹出【信息提示】对话框，单击【确定】按钮，如图 1-20 所示。

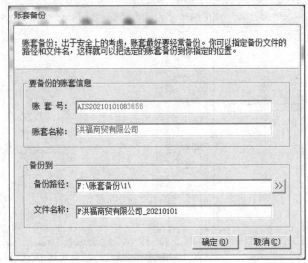

图 1-19 【账套备份】窗口

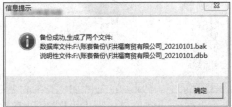

图 1-20 【信息提示】对话框

📖 **温馨提示**

（1）只有系统管理员 Admin 有权进行账套备份。

（2）正在使用的账套，可以进行账套备份，而不允许进行账套删除。

业务二　恢复账套

【业务描述】

2021 年 1 月 1 日，以 Admin 身份将【洪福商贸有限公司】账套引入【C:\Program Files (x86)\Microsoft SQL Server\MSSQL】文件夹。

【岗位说明】

Admin 负责引入账套。

【操作指导】

（1）以 Admin 身份登录金蝶 KIS 教学版账套管理系统，单击【恢复】按钮，选择【洪福商贸有限公司_20210101】账套，打开【恢复账套】窗口，如图 1-21 所示。

恢复账套

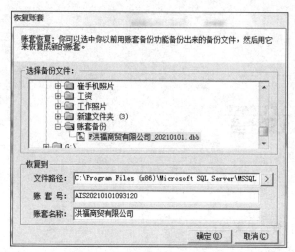

图 1-21　【恢复账套】窗口

（2）单击【确定】按钮，系统提示【恢复账套成功!】。

项目二

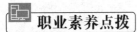

基础信息设置

学习目标

1. 掌握部门职员档案设置流程；
2. 掌握会计科目设置流程；
3. 掌握客商信息设置流程；
4. 掌握存货信息设置流程；
5. 掌握收付结算信息设置流程；
6. 掌握单据设置流程；
7. 掌握凭证模板设置流程。

职业素养点拨

基础不牢，地动山摇

《老子》中有一句名言："合抱之木，生于毫末；九层之台，起于累土；千里之行，始于足下。"这句话的意思是：合抱的大树，是由细小的幼苗长成的；九层高台，是从一筐土开始堆积起来的；远行千里，是从脚下一步步走出来的。我们做任何事情总是要从基础开始，积跬步、累小流，方有所成。

对于会计信息化工作，基础信息的设置对后续会计业务处理的重要性不言而喻。会计信息化基础信息设置就像社会的基层工作，如果设置错误或者遗漏，就会导致后续相关联的会计业务无法正常处理，给会计日常工作带来不便或隐患。

实训一 部门职员档案设置

【业务描述】

2021年1月1日，以李金泽身份登录主控台，增加表2-1部门档案、表2-2职员类别、表2-3职员档案中的信息。

表2-1 部门档案

部门代码	部门名称
1	经理室
2	财务部
3	采购部
4	销售部
5	仓储部

表2-2 职员类别

代码	名称
1	企业管理人员
2	采购人员
3	销售人员

表2-3 职员档案

职员代码	职员名称	性别	部门名称	职员类别
101	李金泽	男	经理室	企业管理人员
201	宋清	男	财务部	企业管理人员
202	黄小明	男	财务部	企业管理人员
203	李卉	女	财务部	企业管理人员
301	叶敏	女	采购部	采购人员
302	王智	男	采购部	采购人员
401	张立	男	销售部	销售人员
402	杨慧	女	销售部	销售人员
501	李红	女	仓储部	企业管理人员

【岗位说明】

李金泽负责设置部门职员档案。

【操作指导】

1. 设置部门档案

（1）以李金泽身份登录金蝶 KIS 教学版，选择【洪福商贸有限公司】账套，如图 2-1 所示。

（2）单击【确定】按钮，打开【主控台】窗口。

（3）执行【基础设置】|【核算项目】命令，打开【全部核算项目】窗口。选中【部门】，单击【新增】按钮，打开【部门-新增】窗口。代码输入"1"，名称输入"经理室"，如图 2-2 所示。

设置部门档案

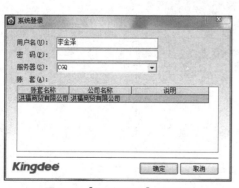

图 2-1 【系统登录】对话框

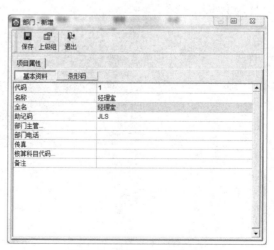

图 2-2 【部门-新增】窗口

（4）单击【保存】按钮，以此方法继续增加其他部门信息。增加完毕，单击【退出】按钮，返回【基础资料-部门】窗口，操作结果如图 2-3 所示。

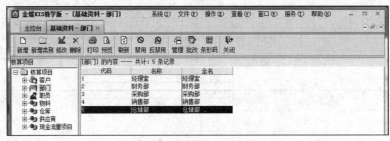

图 2-3　【基础资料–部门】窗口

（5）单击【关闭】按钮，退出【基础资料-部门】窗口。

2. 设置职员类别

（1）执行【基础设置】|【辅助资料】命令，打开【辅助资料】窗口。选中【职员类别】，单击【新增】按钮，打开【职员类别-新增】对话框。代码输入"1"，名称输入"企业管理人员"，如图 2-4 所示。

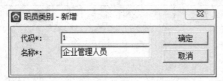

图 2-4　【职员类别–新增】对话框

设置职员类别

（2）单击【确定】按钮，以此方法继续增加其他职员类别。增加完毕，单击【关闭】按钮，退出【职员类别-新增】对话框。

3. 增加职员档案

（1）执行【基础设置】|【核算项目】命令，打开【全部核算项目】窗口。选中【职员】，单击【新增】按钮，打开【职员-新增】窗口。代码输入"101"，名称输入"李金泽"，职员类别选择【企业管理人员】，部门名称选择【经理室】，性别选择【男】，如图 2-5 所示。

增加职员档案

图 2-5　【职员–新增】窗口

（2）单击【保存】按钮，继续增加其他职员档案信息。操作结果如图 2-6 所示。

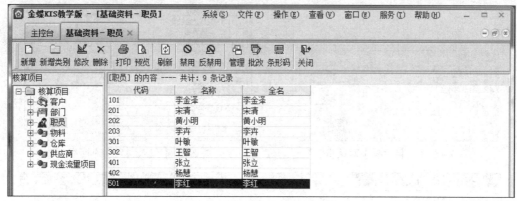

图 2-6 【基础资料–职员】窗口

📖**温馨提示**

人员编码必须唯一，部门名称只能是末级部门。

4. 账套输出

请将账套输出至【F:\账套备份\2-1】文件夹。

实训二 会计科目设置

会计科目设置业务主要包括：引入会计科目、设置会计科目及设置凭证类别等内容。其中，设置数量金额式会计科目时，需要计量单位，因此，本实训中增加了内容为"增加计量单位"的业务二。

业务一 引入会计科目

【业务描述】

2021 年 1 月 1 日，以李金泽身份登录主控台，引入新会计准则科目。

【岗位说明】

李金泽负责引入新会计准则科目。

【操作指导】

引入会计科目

（1）以李金泽身份登录金蝶 KIS 教学版主控台，选择【洪福商贸有限公司】账套。

（2）单击【确定】按钮，打开【主控台】窗口。执行【基础设置】|【财务资料】|【会计科目】命令，进入【会计科目】窗口。

（3）执行【文件】|【从模板中引入科目】命令，打开【科目模板】对话框，选择【新会计准则科目】，如图 2-7 所示。

（4）单击【引入】按钮，打开【引入科目】对话框，如图 2-8 所示。

（5）单击【全选】按钮，选中所有会计科目。单击【确定】按钮，完成科目引入，系统提示引入成功。单击【确定】按钮，返回【基础资料-科目】窗口，引入的会计科目如图 2-9 所示。

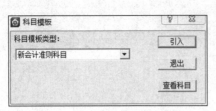

图 2-7 【科目模板】对话框　　　　　　　图 2-8 【引入科目】对话框

图 2-9 【基础资料–科目】窗口

业务二　增加计量单位

【业务描述】

2021 年 1 月 1 日，以李金泽身份登录主控台，根据表 2-4 增加计量单位。

表 2-4　　　　　　　　　　　　　　计量单位

计量单位组名称	计量单位代码	计量单位
自然单位组	01	箱
自然单位组	02	个
自然单位组	03	千米
自然单位组	04	其他

【岗位说明】

李金泽负责增加计量单位。

【操作指导】

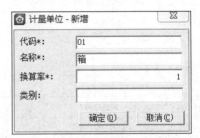

增加计量单位

（1）李金泽执行【基础设置】|【计量单位】命令，打开【计量单位】窗口。

（2）单击【新增】按钮，打开【新增计量单位组】对话框，输入计量单位组的名称"自然单位组"，如图2-10所示。

（3）单击【确定】按钮，返回【计量单位】窗口。

（4）选择【自然单位组】，单击【新增】按钮，打开【计量单位-新增】对话框。

（5）代码输入"01"，名称输入"箱"，如图2-11所示。

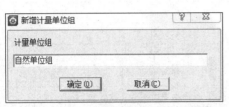

图2-10 【新增计量单位组】对话框

图2-11 输入计量单位的代码和名称

（6）单击【确定】按钮，以此方法继续输入其他计量单位。操作结果如图2-12所示。

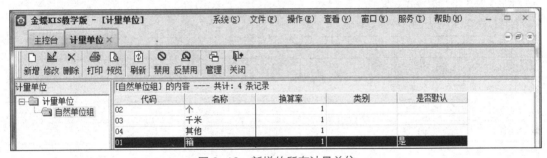

图2-12 新增的所有计量单位

业务三 设置会计科目

【业务描述】

根据表2-5设置会计科目。

表2-5　　　　　　　　　　　　　会计科目表

科目名称	方向	科目类别	辅助核算
库存现金1001（修改科目）	借	流动资产	出日记账
银行存款1002（修改科目）	借	流动资产	出日记账
应收账款1122（修改科目）	借	流动资产	客户、往来业务核算
应收票据1121（修改科目）	借	流动资产	客户、往来业务核算
预付账款1123（修改科目）	借	流动资产	供应商、往来业务核算
其他应收款1221（修改科目）	借	流动资产	职员
应付票据2201（修改科目）	贷	流动负债	供应商、往来业务核算

续表

科目名称	方向	科目类别	辅助核算
一般应付款 2202.01（增加科目）	贷	流动负债	供应商、往来业务核算
暂估应付款 2202.02（增加科目）	贷	流动负债	供应商
预收账款 2203（修改科目）	贷	流动负债	客户、往来业务核算
工资 2211.01（增加科目）	贷	流动负债	
社会保险费 2211.02（增加科目）	贷	流动负债	
设定提存计划 2211.03（增加科目）	贷	流动负债	
住房公积金 2211.04（增加科目）	贷	流动负债	
工会经费 2211.05（增加科目）	贷	流动负债	
职工教育经费 2211.06（增加科目）	贷	流动负债	
其他 2211.09（增加科目）	贷	流动负债	
应交增值税 2221.01（增加科目）	贷	流动负债	
进项税额 2221.01.01（增加科目）	借	流动负债	
销项税额 2221.01.02（增加科目）	贷	流动负债	
进项税额转出 2221.01.03（增加科目）	贷	流动负债	
转出未交增值税 2221.01.04（增加科目）	贷	流动负债	
未交增值税 2221.02（增加科目）	贷	流动负债	
应交城市维护建设税 2221.03（增加科目）	贷	流动负债	
应交教育费附加 2221.04（增加科目）	贷	流动负债	
应交地方教育附加 2221.05（增加科目）	贷	流动负债	
应交企业所得税 2221.06（增加科目）	贷	流动负债	
应交个人所得税 2221.07（增加科目）	贷	流动负债	
未分配利润 4104.15（增加科目）	贷	所有者权益	
税金及附加 6403（修改科目）	借	期间费用	
工资 6601.01（增加科目）	借	期间费用	
社会保险费 6601.02（增加科目）	借	期间费用	
广告费 6601.03（增加科目）	借	期间费用	
折旧费 6601.04（增加科目）	借	期间费用	
其他 6601.09（增加科目）	借	期间费用	
工资 6602.01（增加科目）	借	期间费用	
社会保险费 6602.02（增加科目）	借	期间费用	
办公费 6602.03（增加科目）	借	期间费用	
折旧费 6602.04（增加科目）	借	期间费用	
业务招待费 6602.05（增加科目）	借	期间费用	
差旅费 6602.06（增加科目）	借	期间费用	
其他 6602.07（增加科目）	借	期间费用	
信用减值损失 6702（增加科目）	借	其他损失	

【岗位说明】

李金泽负责设置会计科目。

【操作指导】

1. 修改会计科目

（1）李金泽执行【基础设置】|【财务资料】|【会计科目】命令，打开【会计科目表】窗口。选中【1001 库存现金】会计科目，单击【修改】按钮，打开【会计科目-修改】对话框。选中【出日记账】复选框，单击【保存】按钮，如图 2-13 所示。

（2）单击【下一条】按钮，以此方法继续修改【1002 银行存款】和【6403 税金及附加】科目。

（3）选中【1121 应收票据】科目，单击【修改】按钮，打开【会计科目-修改】对话框，选中【往来业务核算】复选框。打开【核算项目】选项卡，单击【增加核算项目类别】按钮，打开【核算项目类别】对话框，选中【001 客户】，如图 2-14 所示。

图 2-13　【会计科目-修改】对话框（1）

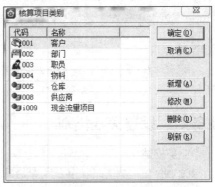

图 2-14　【核算项目类别】对话框

（4）单击【确定】按钮，返回【会计科目-修改】对话框。单击【保存】按钮，如图 2-15 所示。

图 2-15　【会计科目-修改】对话框（2）

（5）单击【下一条】按钮，以此方法继续修改【1122 应收账款】【1123 预付账款】【1221 其他应收款】【2201 应付票据】【2202.01 应付账款-一般应付款】【2202.02 应付账款-暂估应付款】【2203 预收账款】等科目。

2. 增加会计科目

（1）在【会计科目】窗口，单击【新增】按钮，打开【会计科目-新增】对话框，科目代码输入"2211.01"，科目名称输入"工资"，如图 2-16 所示。

增加会计科目

图 2-16 【会计科目–新增】对话框

（2）单击【保存】按钮。以此方法继续增加其他科目。

> **温馨提示**
>
> 对于增加的会计科目，可以在【基础资料-科目】窗口，执行【操作】|【科目管理】命令进行科目查询、修改、删除操作。

业务四　设置凭证类别

【业务描述】

2021 年 1 月 1 日，以李金泽身份登录主控台，设置凭证类别为【记】。

【岗位说明】

李金泽负责设置凭证类别。

【操作指导】

（1）李金泽执行【基础设置】|【财务资料】|【凭证字】命令，打开【凭证字】窗口。

（2）单击【新增】按钮，打开【凭证字-新增】对话框，凭证字输入"记"，如图 2-17 所示。

（3）单击【确定】按钮，单击【关闭】按钮，退出【凭证字】窗口。

设置凭证类别

（4）将账套输出至【F:\账套备份\2-2】文件夹。

实训三　客商信息设置

图 2-17 【凭证字–新增】对话框

【业务描述】

2021 年 1 月 1 日，以李金泽身份登录主控台，增加客户档案和供应商档案。客户档案和供应商档案分别如表 2-6 和表 2-7 所示。

表2-6

客户档案

客户代码	名称	简称	税号	地址、电话	专管业务员	分管部门	增值税税率	银行账号	开户银行
0001	华联超市有限公司	华联	91340202035760887	芜湖市镜湖区长江路46号, 0553-3617288	张立	销售部	13%	13073101826000024932	中国工商银行芜湖市长江路支行
0002	欧尚超市有限公司	欧尚	91340202074790757 6	芜湖市弋江区花津路20号, 0553-4774219	张立	销售部	13%	6217620185600024346	中国银行芜湖市花津路支行
0003	沃尔玛超市有限公司	沃尔玛	91340202865230333 6	芜湖市镜湖区中山路339号, 0553-3137566	张立	销售部	13%	6217670188600024689	中国建设银行芜湖市中山路支行
0004	大润发超市有限公司	大润发	91340201321260348 6	芜湖市镜湖区北京路9号, 0553-3766169	张立	销售部	13%	6227680183600024178	中国农业银行芜湖市北京路支行
0005	兴旺商贸有限公司	兴旺	91340204321260468 8	芜湖市弋江区利民路308号, 0553-4137562	杨慧	销售部	13%	13073101826000025688	中国工商银行芜湖市利民路支行
0006	日新商贸有限公司	日新	91340203321260269 6	芜湖市弋江区利民路28号, 0553-4774238	杨慧	销售部	13%	6217620185600022986	中国建设银行芜湖市利民路支行

表2-7

供应商档案

代码	名称	简称	税号	地址、电话	开户银行	银行账号	增值税税率	分管部门	专管业务员
0001	君乐宝乳业有限公司	君乐宝	91230285723354486 6	石家庄市石铜路68号, 0311-8383012 3	中国工商银行石家庄市石铜路支行	13070220292493 63661	13%	采购部	叶敏
0002	汇源果汁有限公司	汇源	91340204777321663 8	北京市顺义区北小营16号, 010-6048388	中国银行北京市顺义东兴支行	621760059793452 6278	13%	采购部	叶敏
0003	农夫山泉有限公司	农夫山泉	91440300545731347 7	杭州市曙光路148号, 0571-8763180 8	招商银行杭州市西溪支行	230060023693452 6237	13%	采购部	叶敏
0004	喜乐食品有限公司	喜乐食品	91340203610266556 6	广州市金华一街3号, 020-8282182 2	中国工商银行广州市经开区支行	130700509002666 9884	13%	采购部	王智

【岗位说明】

李金泽负责增加客商信息。

【操作指导】

1. 增加客户档案

（1）李金泽执行【基础设置】|【核算项目】命令，打开【全部核算项目】窗口。选择【客户】选项，单击【新增】按钮，打开【客户-新增】窗口。在【基本资料】选项卡中，根据表 2-6 输入代码、名称、简称、地址、电话、开户银行、银行账号、税号、增值税税率、专管业务员等信息，如图 2-18 所示。

增加客户档案

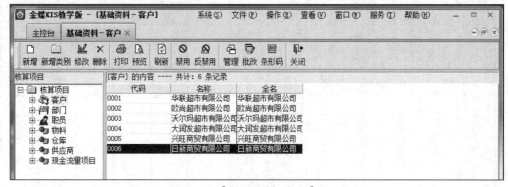

图 2-18 【客户-新增】窗口

（2）单击【保存】按钮，以此方法继续增加其他客户信息。操作结果如图 2-19 所示。

图 2-19 【基础资料-客户】窗口

2. 增加供应商档案

（1）李金泽执行【基础设置】|【核算项目】命令，打开【全部核算项目】窗口。选择【供应商】选项，单击【新增】按钮，打开【供应商-新增】窗口。在【基本资料】选项卡中，根据表 2-7 输入代码、名称、简称、地址、电话、开户银行、银行账号、税号、增值税税率、专管业务员等信息，如图 2-20 所示。

增加供应商档案

图 2-20 【供应商-新增】窗口

（2）单击【保存】按钮，以此方法继续增加其他供应商信息。操作结果如图 2-21 所示。

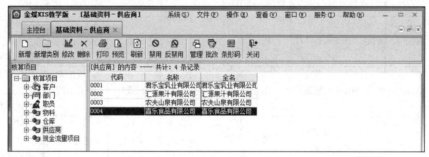

图 2-21 【基础资料-供应商】窗口

（3）将账套输出至【F:\账套备份\2-3】文件夹。

实训四　存货信息设置

【业务描述】

2021 年 1 月 1 日，以李金泽身份登录主控台，增加表 2-8 物料分类、表 2-9 仓库档案、表 2-10 物料档案中的信息。

表 2-8　　　　　　　　　　　　　　　　物料分类

代码	名称
01	乳制品
02	果蔬汁
03	乳酸菌

表 2-9　　　　　　　　　　　　　　　　仓库档案

代码	名称
1	乳制品库
2	果蔬汁库
3	乳酸菌库

表 2-10　　　　　　　　　　　　物料档案

商品分类	代码	名称	计量单位	默认仓库	税率	商品属性	计价方法	科目
乳制品	01.01	君乐宝 200mL 原味开啡尔酸奶	箱	乳制品库	13%	外购	先进先出法	存货科目 1405 销售收入科目 6001 销售成本科目 6401
	01.02	君乐宝 200mL 优致牧场纯牛奶	箱		13%	外购	先进先出法	存货科目 1405 销售收入科目 6001 销售成本科目 6401
	01.03	君乐宝 200mL 香蕉牛奶	箱		13%	外购	先进先出法	存货科目 1405 销售收入科目 6001 销售成本科目 6401
果蔬汁	02.01	汇源 2.5L30%山楂汁	箱	果蔬汁库	13%	外购	先进先出法	存货科目 1405 销售收入科目 6001 销售成本科目 6401
	02.02	汇源 2L100%橙汁	箱		13%	外购	先进先出法	存货科目 1405 销售收入科目 6001 销售成本科目 6401
	02.03	汇源 1L100%苹果汁	箱		13%	外购	先进先出法	存货科目 1405 销售收入科目 6001 销售成本科目 6401
	02.04	汇源 1L100%葡萄汁	箱		13%	外购	先进先出法	存货科目 1405 销售收入科目 6001 销售成本科目 6401
	02.05	汇源 1L100%橙+苹果礼盒装	箱		13%	外购	先进先出法	存货科目 1405 销售收入科目 6001 销售成本科目 6401
	02.06	汇源 1L100%桃+葡萄礼盒装	箱		13%	外购	先进先出法	存货科目 1405 销售收入科目 6001 销售成本科目 6401
乳酸菌	03.01	喜乐 368mL 蓝莓味	箱	乳酸菌库	13%	外购	先进先出法	存货科目 1405 销售收入科目 6001 销售成本科目 6401
	03.02	喜乐 368mL 香橙味	箱		13%	外购	先进先出法	存货科目 1405 销售收入科目 6001 销售成本科目 6401
	03.03	喜乐 368mL 原味	箱		13%	外购	先进先出法	存货科目 1405 销售收入科目 6001 销售成本科目 6401

【岗位说明】

李金泽负责设置物料及仓库信息。

【操作指导】

1．设置物料分类

（1）李金泽执行【基础设置】|【核算项目】命令，打开【全部核算项目】
窗口。

（2）选择【物料】选项，单击【新增】按钮，打开【物料-新增】窗口。单
击【上级组】按钮，代码输入"01"，名称输入"乳制品"，如图 2-22 所示。

设置物料分类

（3）单击【保存】按钮，以此方法继续增加其他物料分类。

2. 设置仓库档案

（1）李金泽执行【基础设置】|【核算项目】命令，打开【全部核算项目】窗口。

（2）选择【仓库】选项，单击【新增】按钮，打开【仓库-新增】窗口。代码输入"1"，名称输入"乳制品库"，如图2-23所示。

设置仓库档案

图2-22 【物料-新增】窗口（1）

图2-23 【仓库-新增】窗口

（3）单击【保存】按钮，以此方法增加其他仓库档案。

3. 设置物料档案

（1）李金泽执行【基础设置】|【核算项目】命令，打开【全部核算项目】窗口。选中【物料】选项，在【基础资料-物料】窗口，单击【新增】按钮，打开【物料-新增】窗口。在【基本资料】选项卡中，代码输入"01.01"，名称输入"君乐宝200mL原味开啡尔酸奶"，物料属性选择【外购】、计量单位组选择【自然单位组】，基本计量单位选择【箱】、采购计量单位选择【箱】、销售计量单位选择【箱】、库存计量单位选择【箱】，默认仓库选择【乳制品库】，如图2-24所示。

设置物料档案

（2）选择【物流资料】选项卡，计价方法选择【先进先出法】，存货科目代码选择【1405】、销售收入科目代码选择【6001】、销售成本科目代码选择【6401】，税率输入"13"，如图2-25所示。

图2-24 【物料-新增】窗口（2）

图2-25 【物料-新增】窗口（3）

（3）单击【保存】按钮，以此方法继续增加其他乳制品物料档案。操作结果如图 2-26 所示。

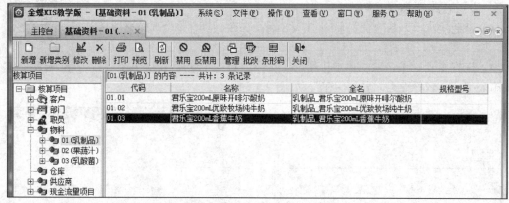

图 2-26 【基础资料–01（乳制品）】窗口

（4）以此方法继续增加果蔬汁、乳酸菌类物料档案。

（5）将账套输出至【F:\账套备份\2-4】文件夹。

> 📖 温馨提示
>
> （1）在输入物料档案时，如果物料类别不符合要求应重新选择。
>
> （2）在输入物料档案时，如果直接列示的计量单位不符合要求，应先将不符合要求的计量单位删除，再单击【参照】按钮在计量单位表中重新选择计量单位。

实训五 收付结算信息设置

【业务描述】

2021 年 1 月 1 日，以李金泽身份登录主控台，增加表 2-11 结算方式中的信息。

表 2-11 结算方式

代码	结算方式名称	科目代码
01	现金支票	1002
02	转账支票	1002
03	银行承兑汇票	
04	商业承兑汇票	
05	其他	

【岗位说明】

李金泽负责设置结算方式。

【操作指导】

（1）李金泽执行【基础设置】|【结算方式】命令，打开【结算方式】窗口。

（2）单击【新增】按钮，打开【结算方式-新增】对话框，输入代码 "01"、名称 "现金支票"、科目代码 "1002"，如图 2-27 所示。

（3）单击【确定】按钮，以此方法继续增加其他结算方式，操作结果如图 2-28 所示。

设置收付结算方式

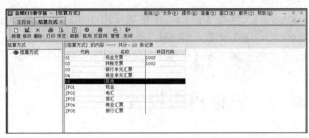

图 2-27 【结算方式-新增】对话框　　　　图 2-28 【结算方式】窗口

（4）将账套输出至【F:\账套备份\2-5】文件夹。

> **温馨提示**
>
> 在总账系统中，结算方式将在使用银行账类科目填制凭证时使用，并可作为银行对账的一个参数。

实训六　单据设置

【业务描述】

2021 年 1 月 1 日，以李金泽身份修改采购订单、采购发票（专用）单据、销售订单、销售发票（专用）单据为允许手工录入，并取消使用编码规则。

【岗位说明】

李金泽负责设置单据编号。

【操作指导】

（1）李金泽执行【基础设置】|【业务资料】|【单据设置】命令，打开【单据设置】窗口，如图 2-29 所示。

（2）选中【采购订单】，单击【修改】按钮，打开【修改单据参数设置】窗口。在【选项】选项卡中选中【允许手工录入】复选框，取消选中【使用编码规则】复选框，如图 2-30 所示。

单据设置

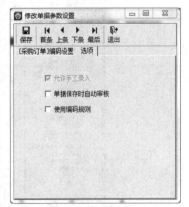

图 2-29 【单据设置】窗口　　　　图 2-30 【修改单据参数设置】窗口

（3）单击【保存】按钮，再单击【退出】按钮，返回【单据设置】窗口。以此方法继续修改采购发票（专用）单据、销售订单、销售发票（专用）单据的参数设置。

（4）将账套输出至【F:\账套备份\2-6】文件夹。

实训七　凭证模板设置

【业务描述】

2021 年 1 月 1 日，以李金泽身份登录主控台，修改业务凭证模板。

（1）在存货核算系统中将【采购发票--赊购】【采购发票--现购】记账凭证模板的【应交税费】科目修改为【应交税费-应交增值税（进项税额）】；将【采购发票--赊购】记账凭证模板的【应付账款】科目修改为【应付账款-一般应付款】；将【销售收入--现销】【销售收入--赊销】记账凭证模板的【应交税费】科目修改为【应交税费-应交增值税（销项税额）】；将所有凭证模板中的凭证字修改为【记】。

（2）在存货核算系统中将【采购入库单（票已到）】贷方科目修改为【1402 在途物资】，并将凭证模板中的凭证字修改为【记】。

（3）在应收应付系统中将【付款】记账凭证模板的【应付账款】科目修改为【应付账款-一般应付款】，并将凭证模板中的凭证字修改为【记】。（注：应收应付凭证模板在完成应收应付初始化后修改。）

（4）在存货核算系统中将【销售出库--赊销】【销售出库--现销】【销售收入--现销】【盘亏毁损】【盘盈入库】凭证模板的凭证字修改为【记】；在应收应付系统中将【收款】凭证模板的凭证字修改为【记】。

【岗位说明】

李金泽负责设置凭证模板。

【操作指导】

（1）李金泽执行【存货核算】|【辅助功能】|【业务凭证模板】命令，打开【凭证模板】窗口，如图 2-31 所示。

凭证模板设置

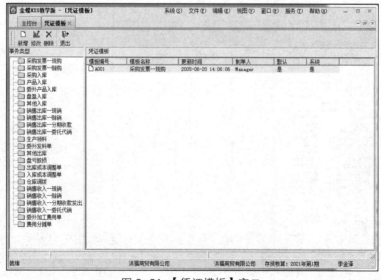

图 2-31　【凭证模板】窗口

（2）选中【采购发票--现购】事务类型，单击【修改】按钮，打开【凭证模板】对话框。将科目栏【应交税费】修改为【2221.01.01】，按【Enter】键，系统自动更新为【进项税额】，凭证字选择【记】，如图 2-32 所示。

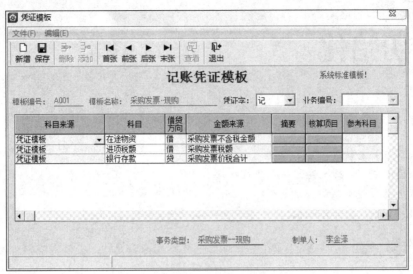

图 2-32　设置记账凭证模板

（3）单击【保存】按钮，系统提示【模板保存成功！】。单击【确定】按钮，再单击【退出】按钮，关闭【凭证模板】对话框。以此方法继续修改其他凭证模板。

（4）将账套输出至【F:\账套备份\2-7】文件夹。

项目三

系统初始化

学习目标

1. 掌握科目初始数据输入流程；
2. 掌握固定资产管理系统初始化流程；
3. 掌握出纳管理系统初始化流程；
4. 掌握业务系统初始化流程。

职业素养点拨

承前启后，继往开来

科技是国之利器，国家赖之以强，企业赖之以赢，人民生活赖之以好。现在，我们迎来了新一轮科技革命和产业变革，既面临着千载难逢的历史机遇，又面临着差距拉大的严峻挑战。瞄准世界科技前沿，夯实科技基础，推动科技创新能力提升，显得至关重要。

系统初始化是首次使用系统时，根据企业的实际情况进行参数设置，并录入基础档案与初始数据的过程。系统初始化是会计软件运行的基础，它将通用的会计软件转变为满足特定企业需要的系统，使手工环境下的会计核算和数据处理工作得以在计算机环境下延续和正常运行。系统初始化将对系统的后续运行产生重要影响，因此，会计人员在进行系统初始化工作时，必须完整且尽量满足企业的需求，系统初始化对后续会计信息化业务处理具有承前启后的作用。

实训一　输入科目初始数据

【业务描述】

2021 年 1 月 1 日，以李金泽身份登录主控台，根据表 3-1 至表 3-7 输入科目初始数据并进行试算平衡。

表 3-1　　　　　　　　　　　　　　总账期初余额　　　　　　　　　　　　　　单位：元

科目名称	方向	年初余额
库存现金（1001）	借	10 000.00
银行存款（1002）	借	557 054.60
应收票据（1121）	借	8 424.00
应收账款（1122）	借	138 312.00
预付账款（1123）	借	2 000.00

续表

科目名称	方向	年初余额
坏账准备（1231）	贷	520.00
库存商品（1405）	借	307 800.00
固定资产（1601）	借	875 000.00
累计折旧（1602）	贷	155 902.5
短期借款（2001）	贷	
应付账款——一般应付款（2202.01）	贷	48 544.80
应付账款——暂估应付款（2202.02）	贷	7 200.00
预收账款（2203）	贷	5 000.00
实收资本（4001）	贷	1 600 000.00
资本公积（4002）	贷	
利润分配（4104）	贷	
未分配利润（410415）	贷	81 423.30

表 3-2　　　　　　　　　　　应收票据（1121）期初余额　　　　　　　　　　　单位：元

日期	客户名称	摘要	方向	余额	结算方式
2020-11-08	欧尚超市	收到欧尚超市签发的银行承兑汇票，签发日期为 2020-11-08，到期日为 2021-02-08，票号为 35678332	借	8 424.00	银行承兑汇票

表 3-3　　　　　　　　　　　应收账款（1122）期初余额　　　　　　　　　　　单位：元

日期	客户名称	摘要	方向	余额
2020-11-30	欧尚超市有限公司	销售汇源 100%橙+苹果礼盒 200 箱，不含税价为 468 元/箱，票号为 21075648	借	105 768.00
2020-12-18	沃尔玛超市有限公司	销售君乐宝原味开啡尔酸奶 300 箱，不含税价为 96 元/箱，票号为 32567787	借	32 544.00

表 3-4　　　　　　　　　　　预付账款（1123）期初余额　　　　　　　　　　　单位：元

日期	供应商名称	摘要	方向	余额	结算方式
2020-12-17	喜乐食品有限公司	预付喜乐食品货款，票据号为 19782436	借	2 000.00	电汇

表 3-5　　　　　　　　应付账款——一般应付款（2202.01）期初余额　　　　　　　　单位：元

日期	供应商名称	摘要	方向	余额
2020-12-08	君乐宝乳业有限公司	业务员王宏伟购入君乐宝 200mL 优致牧场纯牛奶 200 箱，不含税价 52.8 元/箱，票号为 55438098	贷	11 932.80
2020-12-21	汇源果汁有限公司	业务员王宏伟购入汇源 2L100%橙汁 300 箱，不含税价为 108 元/箱，票号为 11238744	贷	36 612.00

表 3-6　　　　　　　应付账款——暂估应付款（2202.02）期初余额　　　　　　　单位：元

日期	供应商名称	摘要	方向	余额
2020-12-18	君乐宝乳业有限公司	购入君乐宝 200mL 香蕉牛奶 200 箱	贷	7 200.00

表 3-7 预收账款（2203）期初余额 单位：元

日期	客户名称	摘要	方向	余额	结算方式
2020-12-31	华联超市	收到华联超市预付的货款，票号为 51894732	贷	5 000.00	转账支票

【岗位说明】

李金泽负责输入科目初始数据，进行试算平衡。

【操作指导】

（1）李金泽执行【初始化】|【财务初始化】|【科目初始数据】命令，打开
【科目初始数据】窗口。在【库存现金】原币栏输入"10000"，如图 3-1 所示。

输入科目初始数据

图 3-1 【科目初始数据】窗口

（2）以此方式输入其他没有核算项目的总账科目期初余额。

（3）选中【应收票据】，单击核算项目栏的【√】标记，打开【核算项目初始余额录入（科目：1121 应收票据）】窗口。选中客户【0002-欧尚超市有限公司】，如图 3-2 所示。

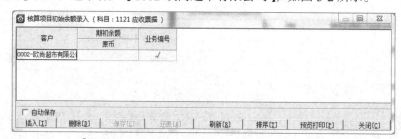

图 3-2 【核算项目初始余额录入（科目：1121 应收票据）】窗口

（4）单击业务编号栏的【√】标记，打开【核算项目初始余额录入（科目：1121 应收票据）-往来业务】窗口。在期初余额原币栏输入"8424"，在业务发生时间栏输入"2020-11-08"，在业务编号栏输入"35678332"，如图 3-3 所示。

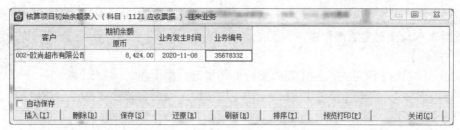

图 3-3　【核算项目初始余额录入（科目：1121 应收票据）-往来业务】窗口

（5）单击【保存】按钮，再单击【关闭】按钮，返回【核算项目初始余额录入（科目：1121 应收票据）】窗口。以此方式继续输入其他往来科目期初余额。

（6）科目初始数据输入完成，单击【平衡】按钮，系统提示【是否保存已修改的数据？】。单击【是】按钮，打开【试算借贷平衡】对话框，如图 3-4 所示。

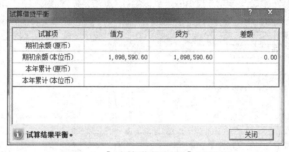

图 3-4　【试算借贷平衡】对话框

（7）单击【关闭】按钮，退出【科目初始数据】窗口。

（8）将账套输出至【F:\账套备份\3-1】文件夹。

实训二　固定资产管理系统初始化

固定资产管理系统初始化，是根据单位的具体情况，建立一个符合企业财务工作要求的固定资产账套的过程。固定资产管理系统在初次使用的时候，必须经过初始化，才能用于固定资产的日常管理。

业务一　设置固定资产类别

【业务描述】

2021 年 1 月 1 日，以李金泽身份登录主控台，根据表 3-8 设置固定资产类别。

表 3-8　　　　　　　　　　　　　固定资产类别

代码	名称	使用年限	净残值率	预设折旧方法	固定资产科目	可抵扣税科目	累计折旧科目	减值准备科目
01	房屋及建筑物	30	5%	平均年限法	1601	2221.01.01	1602	1603
02	运输设备	5	5%	平均年限法	1601	2221.01.01	1602	1603
03	办公设备	3	1%	平均年限法	1601	2221.01.01	1602	1603

【岗位说明】

李金泽负责设置固定资产类别。

【操作指导】

（1）李金泽执行【固定资产】|【基础资料】|【资产类别】命令，打开【固定资产类别】对话框。单击【新增】按钮，打开【固定资产类别-新增】对话框，输入表 3-8 中的信息，如图 3-5 所示。

（2）单击【新增】按钮，以此方法继续增加其他固定资产类别。操作结果如图 3-6 所示。

设置固定资产类别

图 3-5 【固定资产类别-新增】对话框

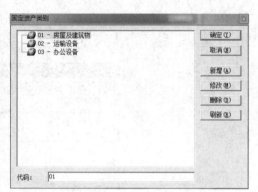

图 3-6 【固定资产类别】对话框

业务二　设置固定资产变动方式类别

【业务描述】

2021 年 1 月 1 日，以李金泽身份登录主控台，根据表 3-9 设置固定资产变动方式类别。

表 3-9　　　　　　　固定资产增减方式对应入账科目

项目	增减方式	凭证字	摘要	对方科目代码
增加方式	购入	记	购入资产	1002 银行存款
	在建工程转入	记	在建工程竣工验收	1604 在建工程
减少方式	出售	记	出售资产	1606 固定资产清理
	报废（002.004）	记	资产报废	1606 固定资产清理
	盘亏	记	资产盘亏	1901 待处理财产损溢

【岗位说明】

李金泽负责设置固定资产变动方式类别。

【操作指导】

（1）李金泽执行【固定资产】|【基础资料】|【变动方式】命令，打开【变动方式类别】对话框。选中增加方式【001.001-购入】，单击【修改】按钮，打开【变动方式类别-修改】对话框。凭证字选择【记】，摘要输入"购入资产"，对方科目代码输入"1002"，如图 3-7 所示。

设置固定资产变动方式类别

图 3-7 【变动方式类别–修改】对话框

（2）单击【修改】按钮。以此方式继续修改在建工程转入、出售等固定资产变动方式类别信息。

（3）单击【新增】按钮，打开【变动方式类别-新增】对话框。代码输入"002.004"，名称输入"报废"，凭证字选择【记】，摘要输入"资产报废"，对方科目代码输入"1606"，如图 3-8 所示。

（4）单击【新增】按钮，再单击【关闭】按钮，返回【变动方式类别】对话框，如图 3-9 所示。

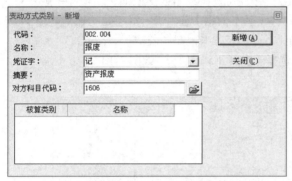

图 3-8 【变动方式类别–新增】对话框

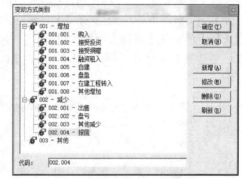

图 3-9 【变动方式类别】对话框

（5）以此方式继续修改盘亏的类别信息。完成后，单击【取消】按钮退出。

业务三　输入固定资产原始卡片

【业务描述】

2021 年 1 月 1 日，以李金泽身份登录主控台，根据表 3-10 输入固定资产初始数据。

表 3-10　　　　　　　　　2021 年 1 月固定资产使用及折旧情况　　　　　　　　单位：元

资产编码	资产名称	资产类别	使用部门 折旧科目	增加方式	可使用年限	开始使用日期	数量	原值	累计折旧	使用状况	净残值率
001	办公楼	01	经理室（30%）6602.04 财务部（30%）6602.04 采购部（20%）6602.04 销售部（20%）6601.04	在建工程转入	30 年	2015-06-18	1	300 000	52 250	正常使用	5%
002	仓库	01	仓储部 6602.04	在建工程转入	30 年	2015-06-18	1	450 000	78 375	正常使用	5%
003	江淮运输卡车	02	仓储部 6602.04	购入	5 年	2020-02-16	1	90 000	14 250	正常使用	5%

续表

资产编码	资产名称	资产类别	使用部门折旧科目	增加方式	可使用年限	开始使用日期	数量	原值	累计折旧	使用状况	净残值率
004	联想电脑	03	经理室 6602.04	购入	3 年	2020-02-14	1	5 000	1 375	正常使用	1%
005	联想电脑	03	财务部 6602.04	购入	3 年	2020-02-14	1	5 000	1 375	正常使用	1%
006	联想电脑	03	采购部 6602.04	购入	3 年	2020-02-14	1	5 000	1 375	正常使用	1%
007	联想电脑	03	销售部 6601.04	购入	3 年	2020-02-14	1	5 000	1 375	正常使用	1%
008	浪潮服务器	03	财务部 6602.04	购入	3 年	2020-02-14	1	12 000	3 300	正常使用	1%
009	惠普打印机	02	财务部 6602.04	购入	3 年	2018-09-28	1	3 000	2 227.5	正常使用	1%
合计								875 000	155 902.5		

【岗位说明】

李金泽负责输入固定资产初始数据。

【操作指导】

（1）李金泽执行【初始化】|【财务初始化】|【固定资产初始数据】命令，打开【固定资产卡片及变动-新增】对话框。选择【基本信息】选项卡，资产类别选择【房屋及建筑物】，资产编码输入"001"，资产名称输入"办公楼"，入账日期选择【2015 年 6 月 18 日】，变动方式选择【在建工程转入】，如图 3-10 所示。

输入固定资产原始卡片

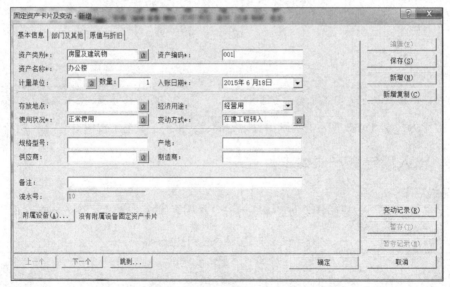

图 3-10 【固定资产卡片及变动–新增】对话框（1）

（2）选择【部门及其他】选项卡，使用部门选择【多个】，单击右边【…】按钮，打开【部门分配情况-编辑】对话框。

（3）单击【增加】按钮，打开【部门分配情况-新增】对话框，使用部门选择【经理室】，分配比例输入"30"，如图 3-11 所示。

（4）单击【保存】按钮，继续增加财务部、采购部、销售部的部门分配情况，操作结果如图 3-12 所示。

图 3-11 【部门分配情况-新增】对话框

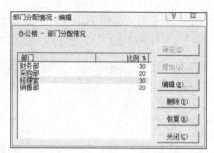

图 3-12 【部门分配情况-编辑】对话框

（5）单击【关闭】按钮，返回【固定资产卡片及变动-新增】对话框。折旧费用分配选择【多个】，单击右边【...】按钮，打开【折旧费用分配情况-编辑】对话框。单击【增加】按钮，打开【折旧费用分配情况-新增】对话框，部门选择【经理室】，科目选择【折旧费】，分配比例默认【100%】，如图 3-13 所示。

（6）单击【保存】按钮，继续新增财务部、采购部、销售部的折旧科目，操作结果如图 3-14 所示。

图 3-13 【折旧费用分配情况-新增】对话框

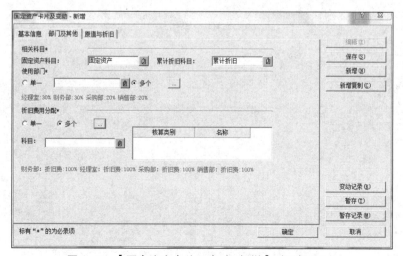

图 3-14 【折旧费用分配情况-编辑】对话框

（7）单击【关闭】按钮，返回【固定资产卡片及变动-新增】对话框，如图 3-15 所示。

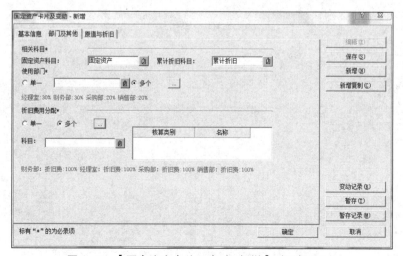

图 3-15 【固定资产卡片及变动-新增】对话框（2）

（8）选择【原值与折旧】选项卡，原币金额输入"300000"，开始使用日期修改为【2015 年 6月 18 日】，累计折旧输入"52250"，如图 3-16 所示。

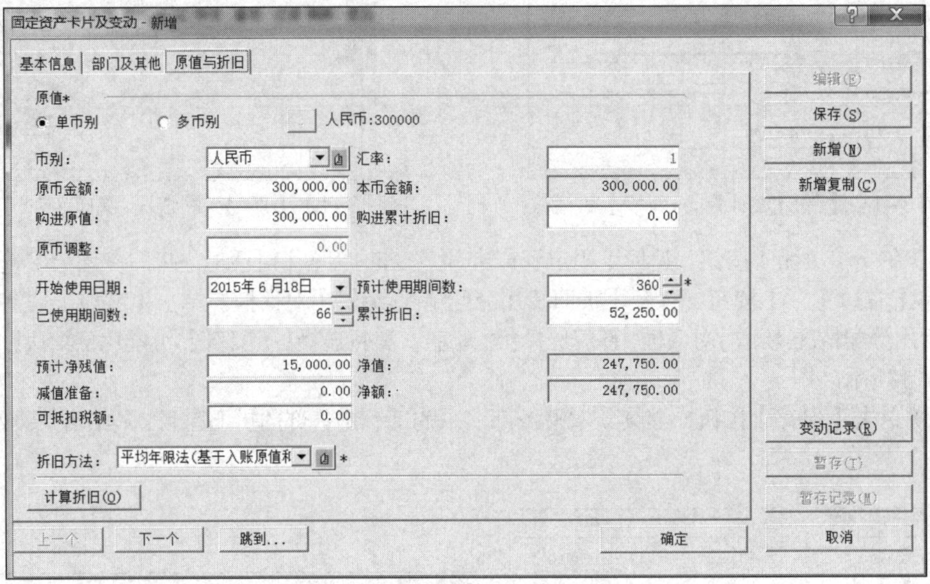

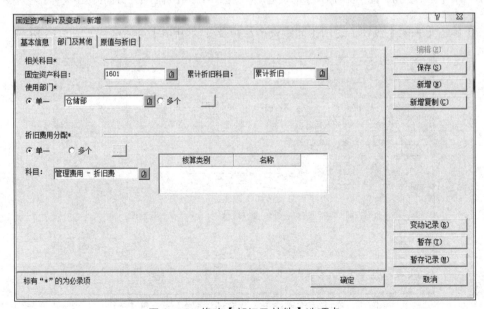

图 3-16 【原值与折旧】选项卡

（9）单击【确定】按钮，返回【固定资产管理】窗口。

（10）单击【新增】按钮，打开【固定资产卡片及变动-新增】对话框。选择【基本信息】选项卡，资产类别选择【01 房屋及建筑物】，资产编码输入"002"，资产名称输入"仓库"，入账日期选择【2015 年 6 月 18 日】，变动方式选择【001.007 在建工程转入】。选择【部门及其他】选项卡，使用部门选择【单一】和【仓储部】，折旧费用分配选择【单一】，科目选择【管理费用-折旧费】，如图 3-17 所示。

图 3-17 修改【部门及其他】选项卡

（11）选择【原值与折旧】选项卡，原币金额输入“450000”，开始使用日期修改为【2015 年 6 月 18 日】，累计折旧输入“78375”，如图 3-18 所示。

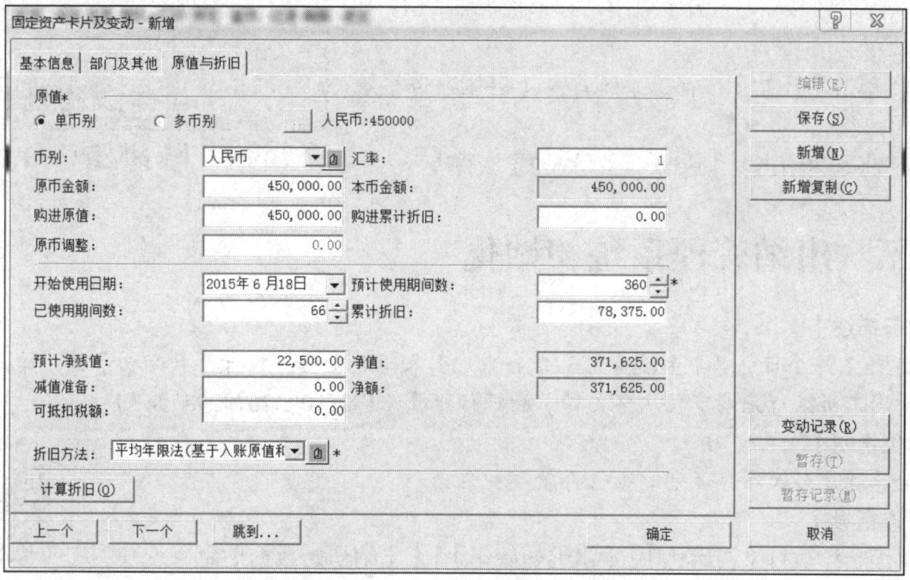

图 3–18 修改【原值与折旧】选项卡

（12）单击【确定】按钮，以此方法继续增加其他固定资产原始卡片。操作结果如图 3-19 所示。

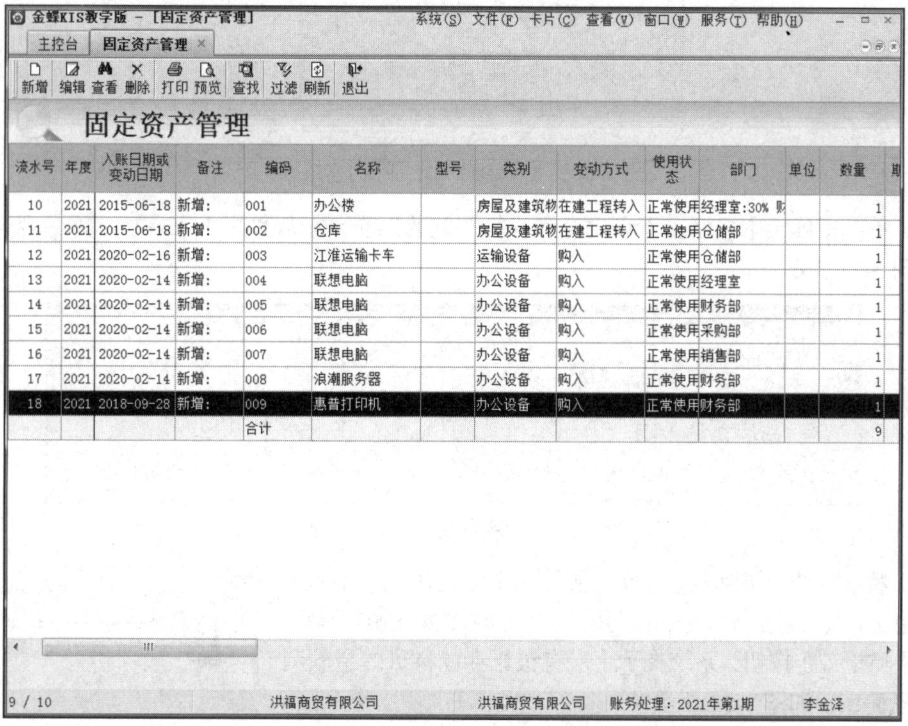

流水号	年度	入账日期或变动日期	备注	编码	名称	型号	类别	变动方式	使用状态	部门	单位	数量
10	2021	2015-06-18	新增:	001	办公楼		房屋及建筑物	在建工程转入	正常使用	经理室:30% 财		1
11	2021	2015-06-18	新增:	002	仓库		房屋及建筑物	在建工程转入	正常使用	仓储部		1
12	2021	2020-02-16	新增:	003	江淮运输卡车		运输设备	购入	正常使用	仓储部		1
13	2021	2020-02-14	新增:	004	联想电脑		办公设备	购入	正常使用	经理室		1
14	2021	2020-02-14	新增:	005	联想电脑		办公设备	购入	正常使用	财务部		1
15	2021	2020-02-14	新增:	006	联想电脑		办公设备	购入	正常使用	采购部		1
16	2021	2020-02-14	新增:	007	联想电脑		办公设备	购入	正常使用	销售部		1
17	2021	2020-02-14	新增:	008	浪潮服务器		办公设备	购入	正常使用	财务部		1
18	2021	2018-09-28	新增:	009	惠普打印机		办公设备	购入	正常使用	财务部		1
				合计								9

图 3–19 【固定资产管理】窗口

（13）固定资产初始数据输入完成，退出【固定资产管理】窗口。单击【初始化】按钮，在财务初始模块，单击【启用财务系统】按钮，打开【启用财务系统】对话框，如图 3-20 所示。

（14）单击【开始】按钮，系统提示【启用财务系统成功！】。

（15）将账套输出至【F:\账套备份\3-2】文件夹

图 3-20 【启用财务系统】对话框

实训三　出纳管理系统初始化

【业务描述】

2021 年 1 月 1 日，以李金泽身份从账务系统引入库存现金、银行存款期初余额，并输入银行名称（中国工商银行芜湖市弋江路支行）和银行账号（1307000526782987947）。

【岗位说明】

李金泽负责引入库存现金、银行存款期初余额。

出纳管理系统初始化

【操作指导】

（1）李金泽执行【初始化】|【出纳初始化】|【出纳初始数据】命令，打开【出纳初始数据】窗口。单击【引入】按钮，打开【从总账引入科目】对话框，如图 3-21 所示。

图 3-21 【从总账引入科目】对话框

（2）单击【确定】按钮，库存现金和银行存款的期初余额从总账引入成功。库存现金的期初余额如图 3-22 所示。

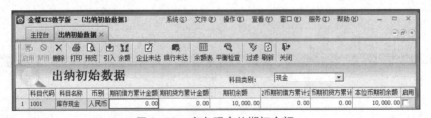

图 3-22 库存现金的期初余额

（3）将科目类别切换为【银行存款】，银行名称输入"中国工商银行芜湖市弋江路支行"，银行账号输入"1307000526782987947"。单击【平衡检查】按钮，系统提示【所有银行存款科目的余额调节表都平衡！】，如图 3-23 所示。

（4）单击【确定】按钮，返回【出纳初始数据】窗口，如图 3-24 所示。

图 3-23 【信息提示】对话框

图 3-24　【出纳初始数据】窗口

（5）单击【关闭】按钮返回主控台。执行【初始化】|
【出纳初始化】|【启用出纳系统】命令，打开【启用出纳系统】
对话框，如图 3-25 所示。

（6）单击【开始】按钮，系统提示【结束初始化后，将不
能再输入科目的初始数据！继续吗？】。单击【确定】按钮，系
统提示【启用出纳系统成功！】。

（7）将账套输出至【F:\账套备份\3-3】文件夹。

图 3-25　【启用出纳系统】对话框

实训四　业务系统初始化

应收、应付和供应链（含采购、销售、库存、存货核算）各子系统，必须在正式使用之前进
行初始化。应收、应付和供应链各子系统之间业务关系密切，数据传递频繁，应采用"同期启用、
同期初始化"的方案。

业务一　输入存货初始数据

【业务描述】

2021 年 1 月 1 日，以李金泽身份根据表 3-11 输入存货初始数据。

表 3-11　　　　　　　　　　　存货期初数据

所属类别	物料代码	物料名称	数量	计量单位	税率	单价/元	金额/元	入库日期
乳制品	01.01	君乐宝 200mL 原味开啡尔酸奶	218	箱	13%	60	13 080	2020-12-31
	01.02	君乐宝 200mL 优致牧场纯牛奶	100	箱	13%	52.8	5 280	2020-12-31
	01.03	君乐宝 200mL 香蕉牛奶	280	箱	13%	36	10 080	2020-12-31
果蔬汁	02.01	汇源 2.5L30%山楂汁	300	箱	13%	60	18 000	2020-12-31
	02.02	汇源 2L100%橙汁	100	箱	13%	108	10 800	2020-12-31
	02.03	汇源 1L100%苹果汁	200	箱	13%	120	24 000	2020-12-31
	02.04	汇源 1L100%葡萄汁	240	箱	13%	120	28 800	2020-12-31
	02.05	汇源 1L100%橙+苹果礼盒装	160	箱	13%	360	57 600	2020-12-31
	02.06	汇源 1L100%桃+葡萄礼盒装	180	箱	13%	360	64 800	2020-12-31
乳酸菌	03.01	喜乐 368mL 蓝莓味	200	箱	13%	117.6	23 520	2020-12-31
	03.02	喜乐 368mL 香橙味	300	箱	13%	117.6	35 280	2020-12-31
	03.03	喜乐 368mL 原味	150	箱	13%	110.4	16 560	2020-12-31
合计			2 428				307 800	

【岗位说明】

李金泽负责输入存货初始数据。

【操作指导】

（1）李金泽执行【初始化】|【业务初始化】|【存货初始数据】命令，打开【存货初始数据】窗口。选中【乳制品库】，窗口右侧会显示乳制品库中的存货信息，如图 3-26 所示。

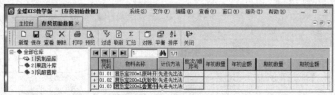

图 3-26 【存货初始数据】窗口（1）

（2）选中【01.01 君乐宝 200mL 原味开啡尔酸奶】行信息，单击【批次/顺序号】栏，打开【君乐宝 200mL 原味开啡尔酸奶】窗口。期初数量输入"218"，期初金额输入"13080"，单击【保存】按钮，如图 3-27 所示。

图 3-27 【君乐宝 200mL 原味开啡尔酸奶】窗口

（3）单击【退出】按钮，返回【存货初始数据】窗口。以此方法继续输入"君乐宝 200mL 优致牧场纯牛奶""君乐宝 200mL 香蕉牛奶"的期初数据，操作结果如图 3-28 所示。

图 3-28 【存货初始数据】窗口（2）

（4）以此方法继续输入果蔬汁库和乳酸菌库存货的期初数据，操作结果如图 3-29 所示。

图 3-29 【存货初始数据】窗口（3）

（5）单击【对账】按钮，与总账对账平衡，如图 3-30 所示。

图 3-30 【存货初始数据】窗口（4）

业务二 输入暂估入库单

【业务描述】

2020 年 12 月 25 日，采购部叶敏采购君乐宝 200mL 香蕉牛奶 200 箱，不含税价 36 元/箱，已入乳制品库，正常采购，入库类别为采购入库，购自君乐宝乳业有限公司，采购发票未到，款未付。

输入暂估入库单

【岗位说明】

李金泽负责输入暂估入库单。

【操作指导】

（1）李金泽执行【初始化】|【业务初始化】|【暂估入库单】命令，打开【过滤】对话框，如图 3-31 所示。

（2）所有信息默认，单击【确定】按钮，打开【暂估入库单】窗口。单击【新增】按钮，打开【采购入库（新增）】窗口。供应商选择【君乐宝乳业有限公司】，日期输入"2020-12-25"，摘要输入"采购君乐宝香蕉牛奶"；选中物料代码栏并按【F7】键，打开【核算项目-物料】窗口。选择【君乐宝 200mL 香蕉牛奶】，实收数量输入"200"，单价输入"36"，如图 3-32 所示。

图 3-31 【过滤】对话框

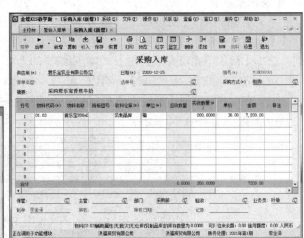

图 3-32 【采购入库（新增）】窗口

（3）单击【保存】按钮，暂估入库单信息输入完成。单击【退出】按钮，返回【暂估入库单】窗口。单击【刷新】按钮，暂估信息输入完成，如图 3-33 所示。

图 3-33 【暂估入库单】窗口

（4）单击【审核】按钮，系统提示【审核单据成功！】。

业务三　输入应收应付初始数据

【业务描述】

2021 年 1 月 1 日，由李金泽根据表 3-12、表 3-13 输入客户、供应商初始数据。

表 3-12　　　　　　　　　　　　客户初始数据　　　　　　　　　　　　单位：元

客户名称	业务发生日期	应收账款	预收账款	期初余额	收款期限
沃尔玛超市有限公司	2020-12-18	32 544.00		32 544.00	2021-02-28
欧尚超市有限公司	2020-11-30	105 768.00		105 768.00	2021-02-28
华联超市	2020-12-31		5 000.00	−5 000.00	2021-02-28

表 3-13　　　　　　　　　　　　供应商初始数据

供应商名称	业务发生日期	应付账款	预付账款	期初余额	付款期限
君乐宝乳业有限公司	2020-12-08	11 932.80		11 932.80	2021-02-28
汇源果汁有限公司	2020-12-21	36 612.00		36 612.00	2021-02-28
喜乐食品有限公司	2020-12-17		2 000.00	−2 000.00	2021-02-28

【岗位说明】

李金泽输入客户、供应商初始数据。

【操作指导】

（1）李金泽执行【初始化】|【业务初始化】|【应收应付初始数据】命令，打开【应收应付初始数据】窗口。单击【客户】按钮，在客户代码栏按【F7】键，选择【沃尔玛超市有限公司】，单击明细栏的【√】，打开【应收应付初始余额录入-客户（0003-沃尔玛超市有限公司）】对话框。

输入应收应付初始数据

（2）在应收账款原币栏输入"32544"，业务发生时间修改为"2020-12-18"，收款期限修改为"2021-02-28"，如图 3-34 所示。

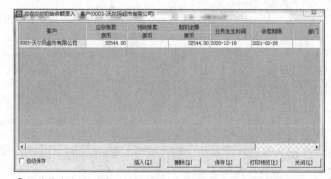

图 3-34 【应收应付初始余额录入-客户（0003-沃尔玛超市有限公司）】对话框

（3）单击【保存】按钮，再单击【关闭】按钮，返回【应收应付初始数据】窗口。以此方法继续输入其他客户的初始数据，操作结果如图 3-35 所示。

序号	客户代码	客户名称	应收账款 原币	预收账款 原币	期初余额 原币	明细
1	0003	沃尔玛超市有限公司	32544.00	0.00	32544.00	√
2	0002	欧尚超市有限公司	105768.00	0.00	105768.00	√
3	0001	华联超市有限公司	0.00	5000.00	-5000.00	√
4	a					
5	本页小计		0.00	0.00	0.00	
6	合计		0.00	0.00	0.00	

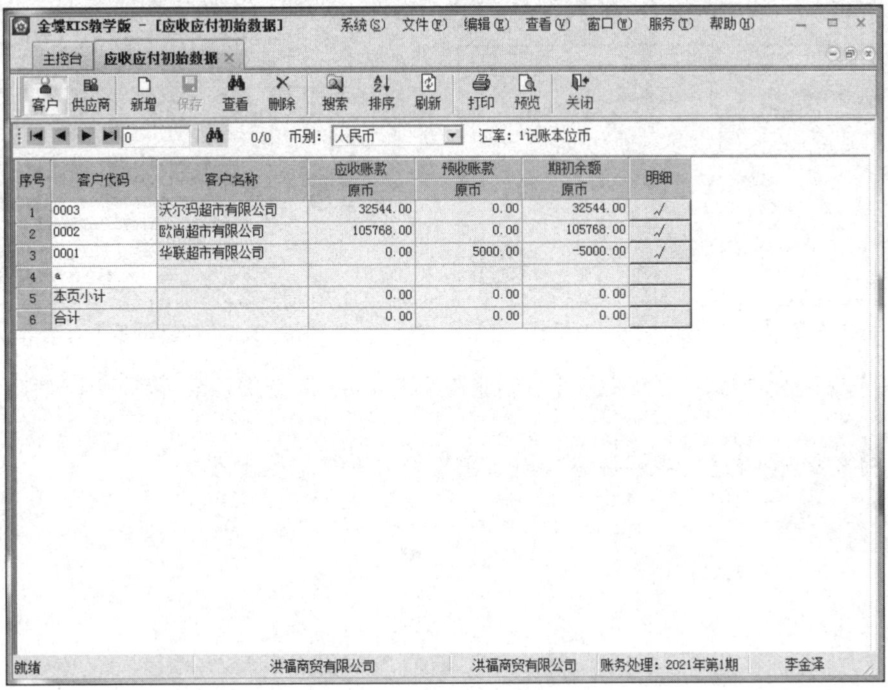

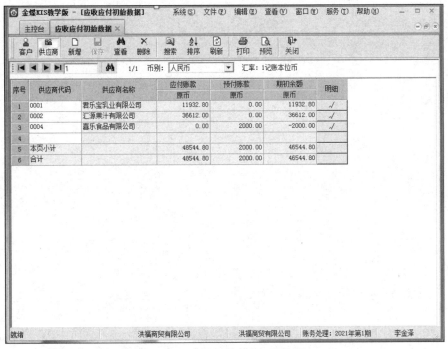

图 3-35　设置客户初始数据

（4）单击【供应商】按钮，以此方法继续输入供应商初始数据，操作结果如图 3-36 所示。

序号	供应商代码	供应商名称	应付账款 原币	预付账款 原币	期初余额 原币	明细
1	0001	君乐宝乳业有限公司	11932.80	0.00	11932.80	√
2	0002	汇源果汁有限公司	36612.00	0.00	36612.00	√
3	0004	喜乐食品有限公司	0.00	2000.00	-2000.00	√
4						
5	本页小计		48544.80	2000.00	46544.80	
6	合计		48544.80	2000.00	46544.80	

图 3-36　设置供应商初始数据

（5）单击【关闭】按钮。在业务初始模块，单击【启用业务系统】按钮，打开【启用业务系统】对话框，如图3-37所示。

（6）单击【开始】按钮，打开【信息提示】对话框，如图3-38所示。

图3-37 【启用业务系统】对话框

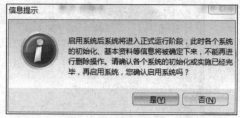

图3-38 【信息提示】对话框

（7）单击【是】按钮，系统提示【启用业务系统成功，系统需要重新登录！】，然后单击【确定】按钮。

（8）将账套输出至【F:\账套备份\3-4】文件夹。

项目四

账务处理系统日常业务处理

学习目标

1. 掌握财务参数设置流程；
2. 掌握填制凭证、审核凭证、出纳签字、过账的业务流程；
3. 掌握账务系统账表查询流程。

职业素养点拨

实事求是保质量

会计信息质量的第一个要求是可靠性，即客观性、真实性。可靠性要求企业以实际发生的交易或者事项为依据进行确认、计量和报告，如实反映符合确认和计量要求的各项会计要素及其他相关信息，保证会计信息真实可靠、内容完整。

会计人员在会计工作过程中应严格依据会计法律制度的规定对各项经济业务进行会计核算，并对复杂疑难的经济业务作出客观公正的会计职业判断；实事求是，不掺杂个人的主观意愿，也不为他人意愿左右，做到尊重客观事实，不夸大、不缩小、不隐瞒。

实训一 财务参数设置

【业务描述】

2021 年 1 月 1 日，以李金泽身份登录主控台，设置财务参数。

财务参数：本年利润科目 4103；利润分配科目 4104。

【岗位说明】

李金泽负责设置财务参数。

【操作指导】

（1）李金泽执行【基础设置】|【系统参数】命令，打开【系统参数】对话框。选择【财务参数】选项卡，本年利润科目选择【4103】，利润分配科目选择【4104】，如图 4-1 所示。

财务参数设置

（2）单击【保存修改】按钮，再单击【确定】按钮，退出【系统参数】对话框。

（3）将账套输出至【F:\账套备份\4-1】文件夹。

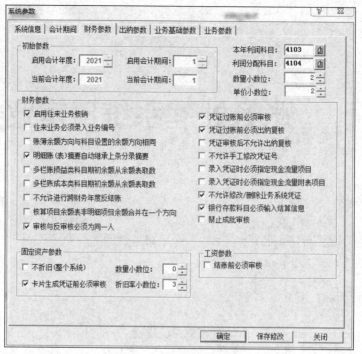

图 4-1 【系统参数】对话框

实训二　凭证处理

ERP 系统环境下，总账系统的日常账务处理流程和手工会计模式下的流程基本相同，一般分为填制凭证、审核凭证、出纳签字、过账、查询账表等环节。

业务一　填制凭证

【业务描述】

请对洪福商贸有限公司 2021 年 1 月发生的以下 5 笔业务进行账务处理。

（1）2021 年 1 月 1 日，财务部宋清预借差旅费，取得与业务相关的原始单据，如图 4-2 所示。

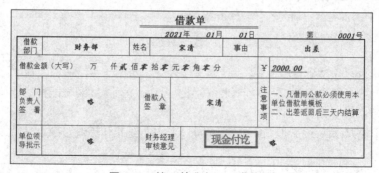

图 4-2　第 1 笔业务——借款单

（2）2021 年 1 月 2 日，财务部开出现金支票提现备用，取得与业务相关的原始单据，如图 4-3 所示。

工商银行
现金支票存根
36585432

附加信息

出票日期 2021年 01月 02日
收款人：
洪福商贸有限公司
金　额：￥2000.00
用　途：备用金
单位主管 略　　会计 略

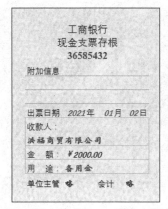

图 4-3　第 2 笔业务——现金支票存根

（3）2021 年 1 月 5 日，财务部宋清报销差旅费，取得与业务相关的原始单据，如图 4-4 所示。

差旅费报销单

2021年　01月　05日

所属部门				财务部	姓名	宋清	出差天数	自01月02日至01月04日　共 3 天
出差事由				参加会议	借支差旅费	日期 2021/01/01	金额：￥2000.00	结算金额：￥2160.00
出发		到达		起止地点	交通费	住宿费	伙食费	其他
月	日	月	日					
01	02	01	02	芜湖—北京西	480.00	660.00		540.00
01	04	01	04	北京西—芜湖	480.00			
							现金付讫	
合计				零拾　零万　贰仟　壹佰　陆拾　零元　零角　零分			￥2160.00	

总经理：略　财务经理：略　部门经理：略　会计：略　出纳：略　报销人：略

图 4-4　第 3 笔业务——差旅费报销单

（4）2021 年 1 月 6 日，支付销售部广告费，取得与业务相关的原始单据，如图 4-5、图 4-6 所示。

工商银行
转账支票存根
34557686

附加信息

出票日期 2021年 01月 06日
收款人：
沸点广告有限公司
金　额：￥3000.00
用　途：支付广告费
单位主管 略　　会计 略

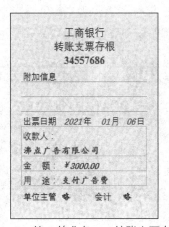

图 4-5　第 4 笔业务——转账支票存根

图 4-6　第 4 笔业务——发票

（5）2021 年 1 月 7 日，经理室报销业务招待费，现金付讫，取得与业务相关的原始单据，如图 4-7、图 4-8 所示。

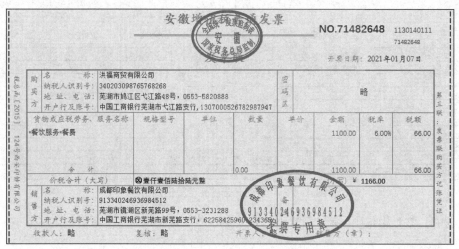

图 4-7　第 5 笔业务——发票

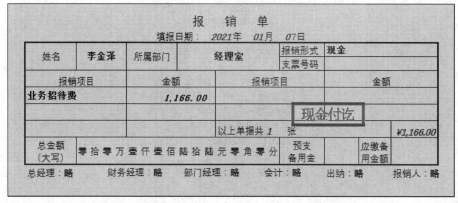

图 4-8　第 5 笔业务——报销单

【岗位说明】

黄小明负责填制记账凭证。

【操作指导】

1. 填制第1笔业务的记账凭证

填制凭证——第1笔业务

（1）2021年1月1日，以黄小明身份登录主控台，执行【账务处理】|【凭证输入】命令，打开【记账凭证-新增】窗口。

（2）单击【新增】按钮或者按【F4】键，选择业务日期为【2021年1月1日】、日期为【2021年1月1日】，附件数输入"1"。

（3）在摘要栏输入"财务部宋清预借差旅费"。按【Enter】键，用鼠标双击科目栏，打开【会计科目】参照窗口。选择资产类科目【1221 其他应收款】，或者直接在科目栏输入"1221"，在借方栏输入借方金额"2000"。

（4）按【Enter】键（复制上一行的摘要），双击科目栏（第二行），选择资产类科目【1001 库存现金】，或者直接输入"1001"。

（5）按【Enter】键，或单击贷方栏，输入贷方金额"2000"，或直接按【=】键，操作结果如图4-9所示。

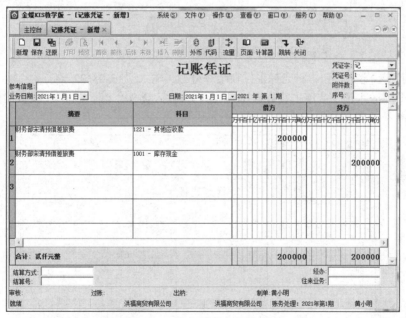

图4-9 第1笔业务记账凭证

（6）单击【保存】按钮，或者按【F12】键。

温馨提示

（1）检查当前用户，如果当前用户不是黄小明，则应注销，再更换用户为黄小明。

（2）凭证填制完成后，在未审核前可以直接修改。

（3）如果凭证的金额录错了方向，可以按【Space】键改变金额方向。

2. 填制第2～5笔业务的记账凭证

（1）单击【新增】按钮，选择业务日期为【2021年1月2日】、日期为【2021年1月2日】，附件数输入"1"。

（2）在摘要栏输入"提现备用"。按【Enter】键，用鼠标双击科目栏，选择资产类科目【1001 库存现金】，或者直接在科目栏输入"1001"。

（3）按【Enter】键，或单击借方栏，输入借方金额"2000"。

（4）按【Enter】键（复制上一行的摘要），再用鼠标双击科目栏（第二行），选择资产类科目【1002 银行存款】，或者直接输入"1002"。

（5）按【Enter】键，光标定位在结算方式栏并双击鼠标左键，打开【结算方式】对话框。选择【01 现金支票】，如图 4-10 所示。

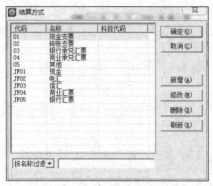

填制凭证——第 2 笔业务

图 4-10 【结算方式】对话框

（6）单击【确定】按钮，将光标定位在结算号栏，输入"36585432"。

（7）按【Enter】键，或单击贷方栏（第二行），输入贷方金额"2000"，或直接按【＝】键，操作结果如图 4-11 所示。

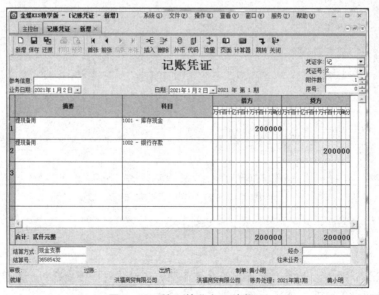

图 4-11 第 2 笔业务记账凭证

（8）单击【保存】按钮，凭证保存成功。

（9）以此方法继续输入第 3 笔、第 4 笔、第 5 笔业务会计凭证，如图 4-12、图 4-13、图 4-14 所示。

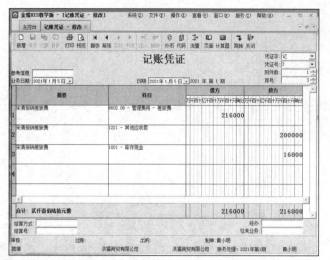

图 4-12　第 3 笔业务记账凭证

填制凭证——第 3 笔业务

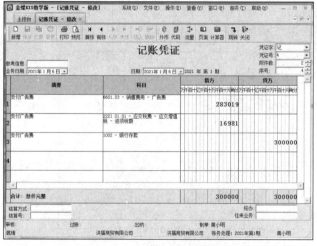

图 4-13　第 4 笔业务记账凭证

填制凭证——第 4 笔业务

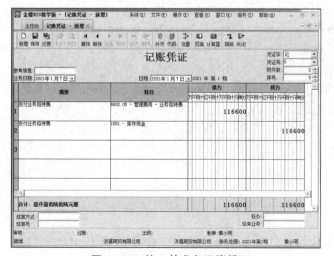

图 4-14　第 5 笔业务记账凭证

填制凭证——第 5 笔业务

> 📖**温馨提示**
> （1）在填制凭证时如果使用含有核算项目的会计科目，则应选择相应的核算项目内容，否则不能查询到核算项目的相关资料。
> （2）按【＝】键，意为取借贷方差额到当前光标位置，每张凭证上只能使用一次。
> （3）如果科目参照中没有相关科目，可以通过编辑科目添加所需要的科目。

业务二　审核凭证

【业务描述】

2021 年 1 月 8 日，完成洪福商贸有限公司 2021 年 1 月的 5 笔业务记账凭证审核。

【岗位说明】

宋清负责审核记账凭证。

【操作指导】

（1）以宋清的身份登录主控台，执行【账务处理】|【凭证管理】命令，打开【过滤界面】对话框，如图 4-15 所示。

审核凭证

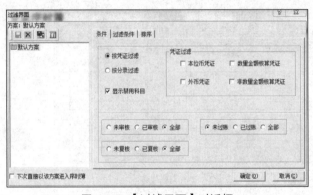

图 4-15　【过滤界面】对话框

（2）单击【确定】按钮，打开【凭证管理】窗口，如图 4-16 所示。

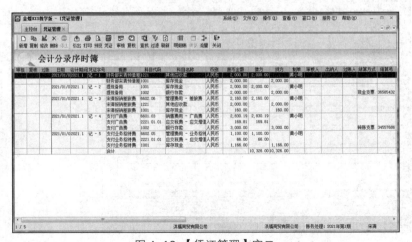

图 4-16　【凭证管理】窗口

（3）单击【审核】按钮，打开【记账凭证-审核】窗口。审核之后的凭证如图 4-17 所示。

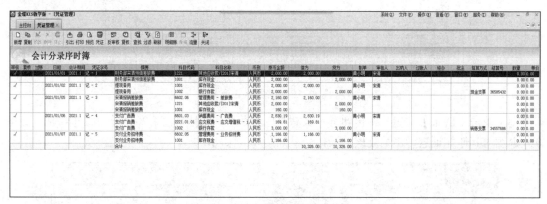

图 4-17 已审核凭证

（4）单击【后张】按钮，跳转到下一张需要审核的记账凭证，并单击【审核】按钮。以此方式继续对其他凭证进行审核，操作结果如图 4-18 所示。

图 4-18 全部凭证审核成功

📖温馨提示

（1）系统要求制单人和审核人不能是同一个人，因此在审核凭证前一定要检查当前用户是不是制单人，如果是，则应更换用户。

（2）凭证审核功能除了可以分别对每张凭证进行审核外，还可以执行批处理，即对符合条件的待审核凭证进行成批审核。

（3）凭证审核功能可以对有错误的凭证进行标错处理，还可以取消审核。

（4）已审核的凭证不能直接修改，只能在取消审核后利用填制凭证功能进行修改。

业务三　出纳签字

【业务描述】

2021 年 1 月 8 日，对洪福商贸有限公司 2021 年 1 月的 5 笔业务进行出纳复核处理。

【岗位说明】

李卉负责对记账凭证进行出纳复核。

【操作指导】

（1）以李卉的身份登录主控台，执行【账务处理】|【凭证管理】命令，打开【过滤界面】对话框。单击【确定】按钮，打开【凭证管理】窗口。

（2）单击【复核】按钮，打开【记账凭证-复核】窗口。复核之后的凭证如图 4-19 所示。

图 4-19　已复核凭证

（3）单击【后张】按钮，跳转到下一张需要出纳复核的记账凭证，单击【复核】按钮。以此方式继续对其他凭证进行出纳复核，操作结果如图 4-20 所示。

图 4-20　全部凭证复核成功

📖温馨提示

（1）进行出纳复核的用户已在系统管理中被赋予了"出纳复核"的权限。

（2）需要出纳复核的凭证是包含"库存现金"或"银行存款"的凭证。

（3）如果已经进行了出纳复核的凭证有错误，则应在取消出纳复核后再利用填制凭证功能进行修改。

业务四　过账

【业务描述】

2021年1月8日，对洪福商贸有限公司2021年1月的5笔业务的凭证进行过账处理。

【岗位说明】

李金泽负责过账。

【操作指导】

（1）以李金泽的身份登录主控台，执行【账务处理】|【凭证过账】命令，打开【凭证过账】对话框，如图4-21所示。

（2）单击【开始过账】按钮，系统自动完成过账，过账完成后弹出提示信息如图4-22所示。

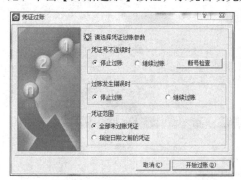

图4-21　【凭证过账】对话框

图4-22　过账完成提示信息

（3）单击【关闭】按钮，完成凭证过账。

📖温馨提示

如果期初余额试算不平衡，则不允许过账；如果有未审核的凭证，则不允许过账；如果上月未结账，则本月不能过账。

业务五　查询账表

【业务描述】

2021年1月8日，查询洪福商贸有限公司2021年1月的总分类账、明细分类账、科目余额表。

【岗位说明】

李金泽负责查询总分类账、明细分类账、科目余额表。

【操作指导】

1. 查询总分类账

（1）以李金泽的身份登录主控台，执行【账务处理】|【报表】|【总分类账】命令，打开【过滤条件】对话框。选中【无发生额不显示】复选框，如图4-23所示。

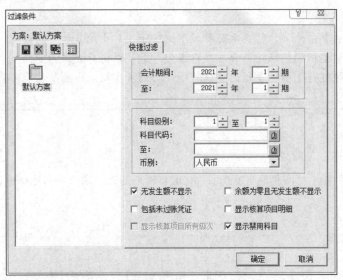

图 4-23 【过滤条件】对话框（1）

（2）单击【确定】按钮，打开【总分类账】窗口，如图 4-24 所示。

科目代码	科目名称	期间	凭证字号	摘要	借方	贷方		余额
1001	库存现金	1		年初余额			借	10,000.00
		1	记1~5	本期合计	2,000.00	3,326.00	借	8,674.00
		1		本年累计	2,000.00	3,326.00	借	8,674.00
1002	银行存款	1		年初余额			借	557,054.60
		1	记2~4	本期合计	0.00	5,000.00	借	552,054.60
		1		本年累计	0.00	5,000.00	借	552,054.60
1221	其他应收款	1		年初余额			平	
		1	记1~3	本期合计	2,000.00	2,000.00	平	
		1		本年累计	2,000.00	2,000.00	平	
2221	应交税费	1		年初余额			平	
		1	记4~5	本期合计	235.81	0.00	借	235.81
		1		本年累计	235.81	0.00	借	235.81
6601	销售费用	1		年初余额			平	
		1	记4	本期合计	2,830.19	0.00	借	2,830.19
		1		本年累计	2,830.19	0.00	借	2,830.19
6602	管理费用	1		年初余额			平	
		1	记3~5	本期合计	3,260.00	0.00	借	3,260.00
		1		本年累计	3,260.00	0.00	借	3,260.00

图 4-24 【总分类账】窗口

2. 查询明细分类账

（1）以李金泽的身份登录主控台，执行【账务处理】|【报表】|【明细分类账】命令，打开【过滤条件】对话框。选中【无发生额不显示】复选框，在科目代码栏输入"1001"，在至栏输入"1001"，如图 4-25 所示。

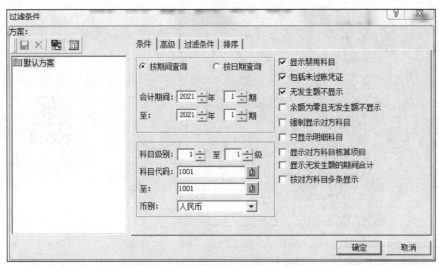

查询明细分类账

图 4-25 【过滤条件】对话框（2）

（2）单击【确定】按钮，打开【明细分类账】窗口，如图 4-26 所示。

图 4-26 【明细分类账】窗口

3. 查询科目余额表

（1）以李金泽的身份登录主控台，执行【账务处理】|【报表】|【科目余额表】命令，打开【过滤条件】对话框。取消选中【包括没有业务发生的科目（期初、本年累计）】复选框，如图 4-27 所示。

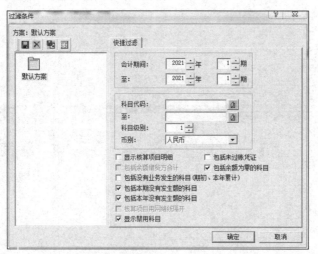

查询科目余额表

图 4-27 【过滤条件】对话框（3）

（2）单击【确定】按钮，打开【科目余额表】窗口，如图 4-28 所示。

图 4-28 【科目余额表】窗口

（3）将账套输出至【F:\账套备份\4-2】文件夹。

> 📖**温馨提示**
>
> （1）利用查询凭证功能既可以查询已记账凭证，也可以查询未记账凭证；而利用填制凭证功能只能查询到未记账凭证。
>
> （2）对于已记账凭证，除了可以利用查询凭证功能查询之外，还可以在查询账簿资料时以联查的方式查询。

现金管理系统业务处理

学习目标

1. 掌握引入现金日记账流程；
2. 掌握现金日报表查询流程；
3. 掌握引入银行存款日记账流程；
4. 掌握银行对账单输入流程；
5. 掌握银行存款与总账对账流程；
6. 掌握银行存款对账流程。

职业素养点拨

诚实守信，廉洁自律

伟大的教育家孔子说过，"人而无信，不知其可也"。诚实守信是人类社会共有的一项根本性道德原则和行为准则，也是我国自古以来遵奉的立身治国之本；廉洁自律是中华民族的传统美德。

诚实守信、廉洁自律更是出纳人员的基本工作准则，要求会计人员从原始资料的取得、凭证的整理、账簿的登记、报表的编制，到经济活动的分析，都要做到实事求是、如实反映、正确记录；严格以经济业务凭证为依据，做到手续完备、账目清楚、数字准确、编报及时；严格按照国家统一会计制度记账、算账、结账、报账，做到账证、账账、账表、账实相符。

出纳人员应注重职业操守，对自己所从事的职业有一个正确的认识和态度，维护职业信誉，诚实守信，保守国家秘密、商业秘密和个人隐私。

实训一　现金管理

为了方便出纳人员的工作，ERP 系统通常都会提供出纳管理功能，其中主要是现金管理和银行存款管理的相关内容。现金管理主要包括从总账系统引入现金日记账、查询现金日报表等业务。

业务一　引入现金日记账

【业务描述】

2021 年 1 月 8 日，引入洪福商贸有限公司 2021 年 1 月的现金日记账。

【岗位说明】

李卉负责引入现金日记账。

引入现金日记账

ERP 财务业务一体化实训教程
（金蝶KIS版）

【操作指导】

（1）以李卉的身份登录主控台，执行【出纳管理】|【现金日记账】命令，打开【现金日记账】对话框，如图5-1所示。

（2）单击【确定】按钮，返回【现金日记账】窗口。

（3）单击【引入】按钮，打开【引入日记账】对话框，选中【引入本期所有凭证】期间模式，其他条件默认，如图5-2所示。

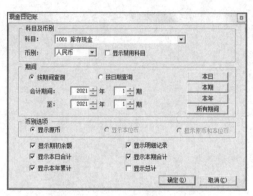

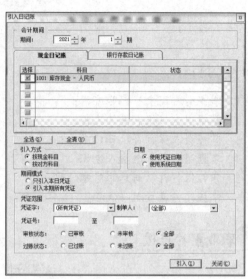

图 5-1 【现金日记账】对话框

图 5-2 【引入日记账】对话框

（4）单击【引入】按钮，系统提示【引入现金日记账完毕！】，如图5-3所示。

（5）单击【确定】按钮，再单击【关闭】按钮，返回【现金日记账】窗口，引入的现金日记账如图5-4所示。

图 5-3 【信息提示】对话框

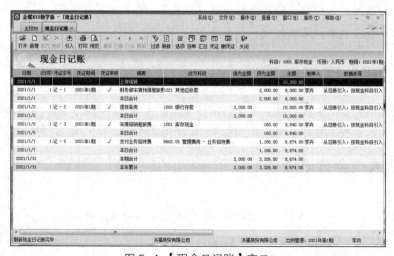

图 5-4 【现金日记账】窗口

业务二　查询现金日报表

【业务描述】

2021 年 1 月 8 日，查询洪福商贸有限公司 2021 年 1 月 2 日的现金日报表。

【岗位说明】

李卉负责查询现金日报表。

【操作指导】

（1）李卉执行【出纳管理】|【报表】|【现金日报表】命令，打开【现金日报表】对话框，修改日期为【2021/1/2】，如图 5-5 所示。

查询现金日报表

（2）单击【确定】按钮，打开【现金日报表】窗口，如图 5-6 所示。

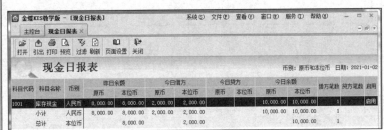

图 5-5 【现金日报表】对话框　　　　　图 5-6 【现金日报表】窗口

（3）将账套输出至【F:\账套备份\5-1】文件夹。

实训二　银行存款管理

金蝶 KIS 教学版中提供了银行存款日记账、银行对账、银行存款与总账对账功能。

业务一　引入银行存款日记账

【业务描述】

2021 年 1 月 8 日，引入洪福商贸有限公司 2021 年 1 月的银行存款日记账。

【岗位说明】

李卉负责引入银行存款日记账。

引入银行存款日记账

【操作指导】

（1）以李卉身份登录主控台，执行【出纳管理】|【银行存款日记账】命令，打开【银行存款日记账】对话框，如图 5-7 所示。

（2）单击【确定】按钮，返回【银行存款日记账】窗口。

（3）单击【引入】按钮，打开【引入日记账】对话框，选中【引入本期所有凭证】期间模式，如图 5-8 所示。

（4）单击【引入】按钮，系统提示【引入银行存款日记账完毕！】。单击【确定】按钮，再单击【关闭】按钮，返回【银行存款日记账】窗口。引入的银行存款日记账如图 5-9 所示。

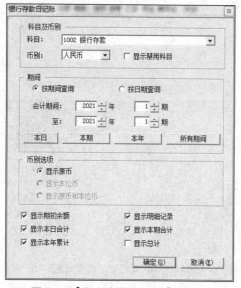

图 5-7 【银行存款日记账】对话框

图 5-8 【引入日记账】对话框

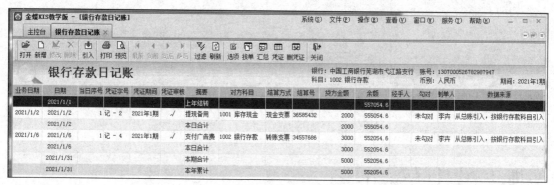

图 5-9 【银行存款日记账】窗口

业务二　输入银行对账单

【业务描述】

2021 年 1 月 8 日，根据表 5-1 输入洪福商贸有限公司 2021 年 1 月的银行对账单。

表 5-1　　　　　　　工商银行 2021 年 1 月银行对账单　　　　　　　单位：元

日期	摘要	结算方式	票号	借方金额	贷方金额
2021-01-04	支取现金	现金支票	36585432	2 000.00	
2021-01-08	支付广告费	转账支票	34557686	3 000.00	

【岗位说明】

李卉负责输入银行对账单。

【操作指导】

（1）以李卉身份登录主控台，执行【出纳管理】|【银行对账单】命令，打开【银行对账单】对话框，如图 5-10 所示。

（2）单击【确定】按钮，打开【银行对账单】窗口，如图 5-11 所示。

输入银行对账单

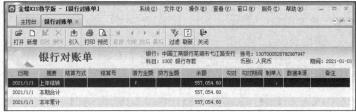

图 5-10 【银行对账单】对话框　　　　　图 5-11 【银行对账单】窗口（1）

（3）单击【新增】按钮，打开【银行对账单录入】窗口，输入银行对账单信息，操作结果如图 5-12 所示。

图 5-12 【银行对账单录入】窗口

（4）单击【保存】按钮，系统提示【数据保存完毕！】，然后单击【确定】按钮。再单击【关闭】按钮，返回【银行对账单】窗口，如图 5-13 所示。

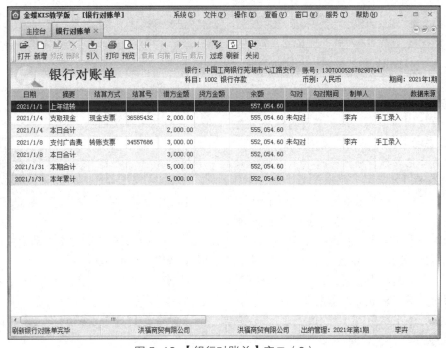

图 5-13 【银行对账单】窗口（2）

业务三　银行存款与总账对账

银行存款与总账对账

【业务描述】

2021 年 1 月 8 日，将洪福商贸有限公司 2021 年 1 月的银行存款与总账对账。

【岗位说明】

李卉负责完成银行存款与总账对账。

【操作指导】

（1）以李卉身份登录主控台，执行【出纳管理】|【银行存款与总账对账】命令，打开【银行存款与总账对账】对话框，如图 5-14 所示。

（2）单击【确定】按钮，打开【银行存款与总账对账】窗口，如图 5-15 所示。

图 5-14　【银行存款与总账对账】对话框　　　图 5-15　【银行存款与总账对账】窗口

业务四　银行存款对账

【业务描述】

2021 年 1 月 8 日，对洪福商贸有限公司 2021 年 1 月的银行存款对账。

【岗位说明】

李卉负责完成银行存款对账。

银行存款对账

【操作指导】

（1）以李卉身份登录主控台，执行【出纳管理】|【银行存款对账】命令，打开【银行存款对账】对话框，如图 5-16 所示。

（2）单击【确定】按钮，打开【银行存款对账】窗口。单击工具栏中的【自动】按钮，打开【银行存款对账设置】对话框，取消选中【日期相同】复选框，如图 5-17 所示。

（3）单击【确定】按钮，系统自动进行对账。对账结束后弹出提示【自动对账完毕！】，如图 5-18 所示，单击【确定】按钮。

（4）执行【出纳管理】|【报表】|【余额调节表】命令，打开【余额调节表】对话框，如图 5-19 所示。

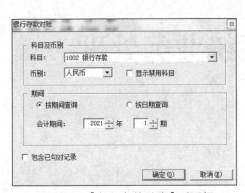

图 5-16 【银行存款对账】对话框

图 5-17 【银行存款对账设置】对话框

图 5-18 【信息提示】对话框

图 5-19 【余额调节表】对话框

（5）单击【确定】按钮，查询的余额调节表如图 5-20 所示。

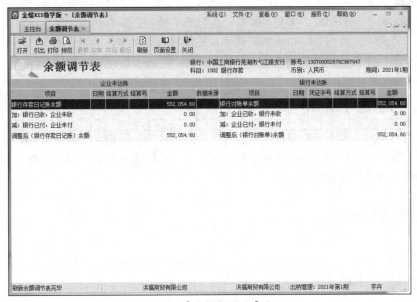

图 5-20 【余额调节表】窗口

（6）将账套输出至【F:\账套备份\5-2】文件夹。

项目六

采购与应付款管理系统业务处理

学习目标

1. 掌握普通采购赊购业务处理流程；
2. 掌握普通采购现购业务处理流程；
3. 掌握付款业务处理流程；
4. 掌握采购退货业务处理流程；
5. 掌握暂估业务处理流程；
6. 掌握采购业务账表查询流程。

职业素养点拨

低成本、高收益

采购部是企业"最花钱"的部门，其重要的职能之一是从外部采购商品或服务。采购业务是企业整体业务战略中的重要内容，它需要提前规划，从而达到采购低成本、高质量商品或服务的目的。采购的目标是在合适的时间从合适的来源采购数量及质量合适的商品或服务。

通常情况下，采购人员负责采购计划制订与需求确认、供应商选择与管理、采购数量控制、采购品质控制、采购价格控制、交货期控制、采购成本控制、采购合同管理、采购记录管理等。因此，采购人员必须了解国家的相关法律规范，具备相关的专业知识和市场意识，有良好的职业道德，不贪图个人小利，严格把好进货关。

实训一　普通采购业务

企业采购材料的一般业务流程包括采购订货、采购到货、采购入库和核算采购成本。采购成本，是指企业物资从采购到入库前所发生的全部支出，包括购买价款、相关税费、运输费、装卸费、保险费及其他应该计入的费用。

业务一　赊购业务

【业务描述】

2021年1月9日，从君乐宝乳业有限公司采购君乐宝200mL原味开啡尔酸奶，原始单据如图6-1、图6-2和图6-3所示。

购销合同

供货方: 君乐宝乳业有限公司   合同号: CG0001

购买方: 洪福商贸有限公司   签订日期: 2021年01月09日

经双方协议, 订立本合同如下:

商品型号	名　称	数　量	单　价	总　额	其他要求
	君乐宝200mL原味开啡尔酸奶	200.00	67.80	13,560.00	
合　计		200.00		¥13,560.00	

货款合计 (大写): 人民币壹万叁仟伍佰陆拾元整

交 货 日 期: 2021年1月9日

交 货 地 点: 芜湖市鸠江区弋江路48号

结 算 方 式: 电汇

结 算 日 期: 2021年1月15日

发 运 方 式: 公路运输。运费由购买方承担。

违约条款: 违约方需赔偿对方一切经济损失。但遇天灾人祸或其他不可抗力而导致延误交货, 购买方不能要求供货方赔偿任何损失。

解决合同纠纷的方式: 经双方友好协商解决, 如协商不成的, 可向当地仲裁委员会提出申诉。

本合同一式两份, 供需双方各执一份, 自签订之日起生效。

供货方 (盖章):   购买方 (盖章):

地　　址: 石家庄市石铜路68号   地　　址: 芜湖市鸠江区弋江路48号

法定代表: 王子恒   法定代表: 李金泽

联系电话: 0311-83830123   联系电话: 0553-5820888

图 6-1　购销合同

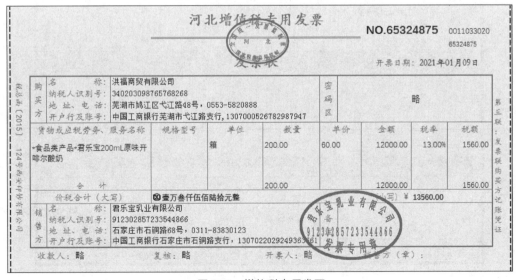

图 6-2　增值税专用发票

入 库 单

2021年　　01月　　09日　　　　　单号：*0089*

交货部门	采购部		发票号码	*65324875*	验收仓库	乳制品库	入库日期	*2021/1/9*	
编号	名 称 及 规 格	单位	数量		实际价格		备 注		会计联
			应 收	实 收	单 价	金 额			
01.01	君乐宝200mL原味开啡尔酸奶	箱	*200.00*	*200.00*					
合　　计			*200.00*	*200.00*					

部门经理：**略**　　　　会计：**略**　　　　仓库：**略**　　　　经办人：**略**

图6-3　入库单

【岗位说明】

叶敏负责填制采购订单、采购专用发票；李红负责填制采购入库单；黄小明负责完成存货核算。

【操作指导】

1．填制采购订单

填制采购订单
（赊购）

（1）叶敏执行【采购管理】|【采购订单】命令，打开【采购订单（新增）】窗口。单击【新增】按钮，供应商选择【君乐宝乳业有限公司】，日期输入"2021-01-09"，编号输入"CG0001"，采购方式选择【赊购】，摘要输入"采购原味开啡尔酸奶"，结算方式选择【电汇】，结算日期输入"2021-01-15"。选中物料代码栏按【F7】键，在打开的对话框中选择【君乐宝200mL原味开啡尔酸奶】，数量输入"200"，含税单价输入"67.8"，交货日期输入"2021-01-09"，单击【保存】按钮，结果如图6-4所示。

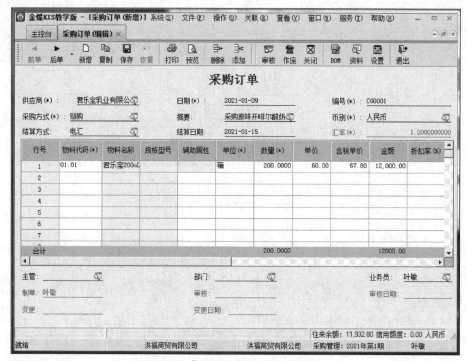

图6-4　【采购订单（新增）】窗口

（2）单击【审核】按钮，系统提示审核单据成功，如图 6-5 所示。

图 6-5　【信息提示】对话框（1）

（3）单击【确定】按钮退出。

2. 填制采购入库单

（1）李红执行【仓存管理】|【采购入库】命令，打开【采购入库（新增）】窗口。供应商选择【君乐宝乳业有限公司】，日期输入"2021-01-09"，源单类型选择【采购订单】，单击选单号右边的放大镜图标，打开【过滤】对话框，如图 6-6 所示。

填制采购入库单
（赊购）

图 6-6　【过滤】对话框

（2）单击【确定】按钮，打开【采购订单序时簿】窗口，如图 6-7 所示。

图 6-7　【采购订单序时簿】窗口

（3）单击【全选】按钮，再单击【返回】按钮，返回【采购入库（编辑）】窗口。单击【保存】按钮，结果如图 6-8 所示。

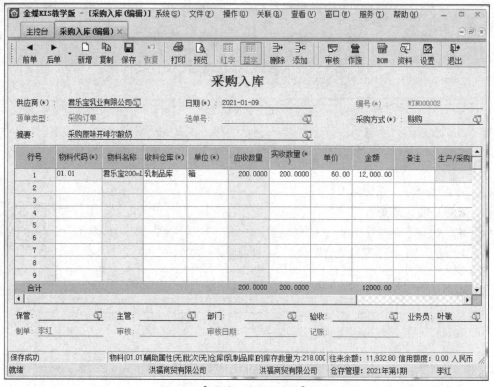

图 6-8 【采购入库（编辑）】窗口

（4）单击【审核】按钮，系统提示单据审核成功，如图 6-9 所示。

图 6-9 【信息提示】对话框（2）

（5）单击【确定】按钮，返回【采购入库（编辑）】窗口，再单击【退出】按钮。

3. 填制采购专用发票

（1）叶敏执行【采购管理】|【采购发票】命令，打开【采购发票（专用）（新增）】窗口。供应商选择【君乐宝乳业有限公司】，源单类型选择【采购入库】，单击选单号右边的放大镜图标，打开【过滤】对话框。

填制采购专用发票
（赊购）

（2）单击【确定】按钮，打开【采购入库序时簿】窗口。单击【全选】按钮，再单击【返回】按钮，发票号码输入"65324875"，生成采购专用发票，如图 6-10 所示。

（3）单击【保存】按钮，再单击【审核】按钮，系统提示单据审核成功，如图 6-11 所示。

（4）单击【确定】按钮，再单击【钩稽】按钮，打开【采购发票钩稽】窗口，如图 6-12 所示。

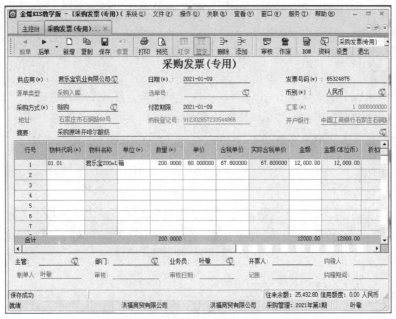

图 6-10 【采购发票（专用）（新增）】窗口

图 6-11 【信息提示】对话框（3）

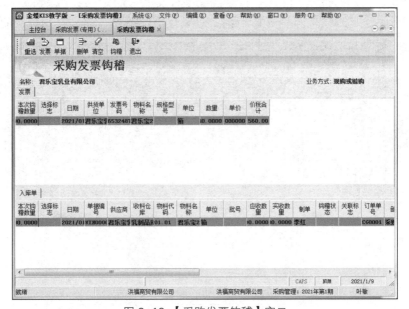

图 6-12 【采购发票钩稽】窗口

（5）单击发票选择标志栏出现【√】，单击入库单选择标志栏出现【√】，再单击【钩稽】按钮，系统提示钩稽成功。

（6）单击【确定】按钮，返回【采购发票钩稽】窗口，再单击【退出】按钮。

存货核算（赊购）

4. 存货核算

（1）黄小明执行【存货核算】|【外购入库核算】命令，打开【条件过滤】对话框。单击【确定】按钮，打开【外购入库核算】窗口，如图 6-13 所示。

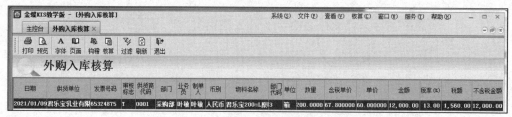

图 6-13 【外购入库核算】窗口

（2）单击【核算】按钮，系统提示核算成功，如图 6-14 所示。

（3）单击【确定】按钮，返回【外购入库核算】窗口，再单击【退出】按钮。

（4）执行【业务生成凭证】命令，打开【金蝶提示】对话框，如图 6-15 所示。

图 6-14 【信息提示】对话框（4）

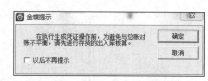

图 6-15 【金蝶提示】对话框

（5）单击【确定】按钮，打开【业务生成凭证】窗口。选中【采购发票-赊购】复选框，单击【重设】按钮，打开【过滤】对话框。单击【确定】按钮，打开【采购发票-赊购】窗口，如图 6-16 所示。

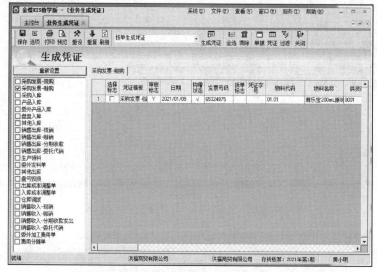

图 6-16 【采购发票-赊购】窗口

（6）选中选择标志栏的复选框，单击【生成凭证】按钮，系统提示【生成凭证成功！】，再单击【确定】按钮。

（7）单击【凭证】按钮，打开【记账凭证-修改】窗口，如图 6-17 所示。

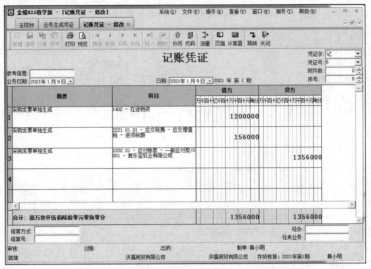

图 6-17　【记账凭证–修改】窗口（1）

（8）单击【关闭】按钮，退出【记账凭证-修改】窗口。再次单击【关闭】按钮，退出【业务生成凭证】窗口。

（9）继续执行【业务生成凭证】命令，打开【业务生成凭证】窗口。选中【采购入库】复选框，单击【重设】按钮，打开【过滤】对话框。单击【确定】按钮，打开【采购入库】窗口，选中选择标志栏的复选框，单击【生成凭证】按钮，系统提示【生成凭证成功！】。

（10）单击【确定】按钮，再单击【凭证】按钮，采购入库凭证生成，如图 6-18 所示。单击【关闭】按钮退出。

图 6-18　【记账凭证–修改】窗口（2）

业务二 现购业务

【业务描述】

2021 年 1 月 11 日，从汇源果汁有限公司采购汇源 2L100%橙汁，原始单据如图 6-19 至图 6-22 所示。

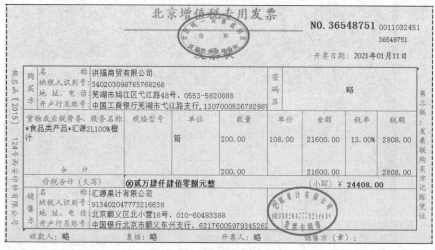

图 6-19 购销合同

图 6-20 增值税专用发票

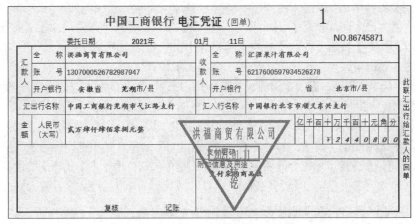

图 6-21　入库单

图 6-22　电汇凭证

【岗位说明】

叶敏负责填制采购订单、采购专用发票，李红负责填制采购入库单，黄小明负责完成存货核算。

【操作指导】

1. 填制采购订单

（1）叶敏执行【采购管理】|【采购订单】命令，打开【采购订单（新增）】窗口。单击【新增】按钮，供应商选择【汇源果汁有限公司】，日期输入"2021-01-11"，编号输入"CG0002"，采购方式选择【现购】，摘要输入"采购汇源橙汁"，结算日期输入"2021-01-11"。选中物料代码栏按【F7】键，在打开的窗口中选择【汇源 2L100%橙汁】，数量输入"200"，含税单价输入"122.04"，交货日期输入"2021-01-11"，单击【保存】按钮。

填制采购订单
（现购）

（2）单击【审核】按钮，系统提示审核单据成功。

2. 填制采购入库单

（1）李红执行【仓存管理】|【采购入库】命令，打开【采购入库（新增）】窗口。供应商选择【汇源果汁有限公司】，源单类型选择【采购订单】，单击选单号右边的放大镜图标，打开【过滤】对话框。单击【确定】按钮，打开【采购订单序时簿】窗口。

填制采购入库单
（现购）

（2）单击【全选】按钮，再单击【返回】按钮，返回【采购入库（新增）】窗口，单击【保存】按钮。

（3）单击【审核】按钮，系统提示单据审核成功。单击【确定】按钮，返回【采购入库（编辑）】窗口，再单击【退出】按钮。

3. 填制采购专用发票

（1）叶敏执行【采购管理】|【采购发票】命令，打开【采购发票（专用）】（新增）窗口。供应商选择【汇源果汁有限公司】，发票号码输入"36548751"，源单类型选择【采购入库】，单击选单号右边的放大镜图标，打开【过滤】对话框。单击【确定】按钮，打开【采购入库序时簿】窗口。单击【全选】按钮，再单击【返回】按钮，日期修改为"2021-01-11"，生成采购专用发票。

填制采购专用发票
（现购）

（2）单击【保存】按钮，再单击【审核】按钮，系统提示单据审核成功。

（3）单击【确定】按钮，再单击【钩稽】按钮，系统提示钩稽成功。

4. 存货核算

（1）黄小明执行【存货核算】|【外购入库核算】命令，打开【条件过滤】对话框。单击【确定】按钮，打开【外购入库核算】窗口。选中第二行汇源果汁有限公司的入库记录，单击【核算】按钮，系统提示核算成功。

（2）单击【确定】按钮，返回【外购入库核算】窗口，再单击【退出】按钮。

存货核算（现购）

（3）执行【业务生成凭证】命令，打开【金蝶提示】对话框。单击【确定】按钮，打开【业务生成凭证】窗口。选中【采购发票-现购】复选框，单击【重设】按钮，打开【过滤】对话框。单击【确定】按钮，打开【采购发票-现购】窗口。选中选择标志栏的复选框，单击【生成凭证】按钮，系统提示生成会计凭证。单击【确定】按钮，再单击【凭证】按钮，生成的记账凭证如图 6-23 所示。选中【1002-银行存款】，结算方式选择【电汇】，结算号输入"86745871"。

摘要	科目	借方	贷方
1 采购发票单独生成	1402 - 在途物资	2160000	
2 采购发票单独生成	2221.01.01 - 应交税费 - 应交增值税 - 进项税额	280800	
3 采购发票单独生成	1002 - 银行存款		2440800
4			
合计 贰万肆仟肆佰零拾捌元零角零分		2440800	2440800

图 6-23 【记账凭证-修改】窗口（1）

（4）单击【保存】按钮，再单击【关闭】按钮，退出【记账凭证-修改】窗口。选中【采购入库】复选框，单击【重设】按钮，打开【过滤】对话框。单击【确定】按钮，打开【采购入库】窗口。选中第二行汇源果汁的入库记录，单击【生成凭证】按钮，系统提示生成采购入库会计凭证。单击【确定】按钮，再单击【凭证】按钮，修改日期为【2021 年 1 月 11 日】，单击【保存】按钮，生成的记账凭证如图 6-24 所示。

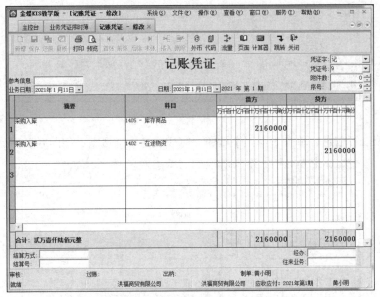

图 6-24 【记账凭证-修改】窗口（2）

（5）单击【关闭】按钮退出。

业务三 付款业务

【业务描述】

2021 年 1 月 15 日，支付君乐宝乳业有限公司 2021 年 1 月 9 日的货款，电汇凭证如图 6-25 所示。

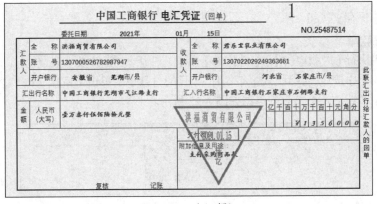

图 6-25 电汇凭证

【岗位说明】

李卉负责填制付款单，黄小明负责审核付款单并制单。

【操作指导】

1. 填制付款单

（1）李卉登录主控台，执行【应收应付】|【付款单】命令，打开【付款单据（新增）】窗口。供应商选择【君乐宝乳业有限公司】，日期输入"2021-01-15"，结算账户选择【1002 银行存款】，结算方式选择【电汇】，结算号输入"25487514"，表头付款金额输入"13560"。选中源单编号栏并按【F7】键，打开【付款源单】窗口，如图 6-26 所示。

填制付款单

图 6-26 【付款源单】窗口

（2）选中第二行信息，单击【返回】按钮，完成表身信息填制，如图 6-27 所示。

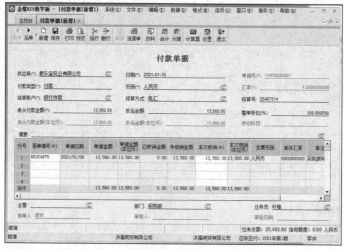

图 6-27 【付款单据（新增）】窗口

（3）单击【保存】按钮。

2. 审核付款单

（1）黄小明执行【应收应付】|【付款单】命令，打开【付款单据（新增）】窗口。单击【前单】按钮，找到 2021 年 1 月 15 日的付款单，单击【审核】按钮，系统提示审核成功。审核后的单据如图 6-28 所示。

审核付款单并生成凭证

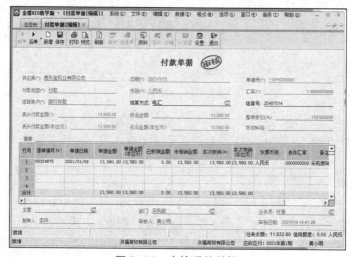

图 6-28 审核后的单据

（2）单击【退出】按钮。继续执行【应收应付】|【应收应付生成凭证】命令，打开【选择事务类型】对话框，事务类型选择【付款】，如图 6-29 所示。

（3）单击【确定】按钮。打开【过滤】对话框，单击【确定】按钮，打开【应收应付生成凭证】窗口，如图 6-30 所示。

图 6-29 【选择事务类型】 对话框

图 6-30 【应收应付生成凭证】窗口

（4）单击【按单】按钮，生成付款会计凭证，如图 6-31 所示。选中【2202.01-应付账款--一般应付款/0001-君乐宝乳业有限公司】，往来业务输入"65324875"。

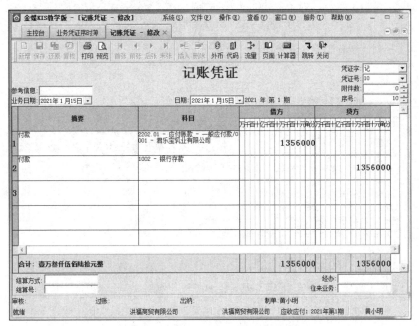

图 6-31 【记账凭证–修改】窗口

（5）单击【保存】按钮，凭证保存成功。

（6）将账套输出至【F:\账套备份\6-1】文件夹。

📖温馨提示

　　在生成凭证前，应先执行【应收应付】|【应收应付凭证模板】命令，将付款凭证模板【2202 应付账款】修改为【2202.01 应付账款-一般应付款】。

实训二　采购退货业务

【业务描述】

2021 年 1 月 18 日，发现于 2021 年 1 月 11 日从汇源果汁有限公司采购的 10 箱汇源 2L100%
橙汁存在质量问题，双方协商退货，原始单据如图 6-32 和图 6-33 所示。

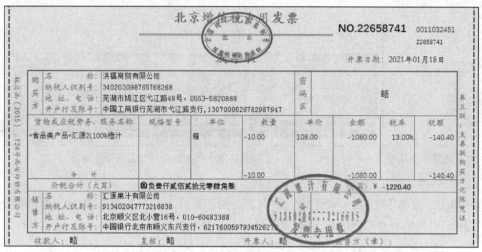

图 6-32　红字增值税发票

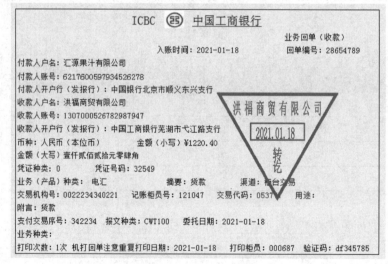

图 6-33　电汇进账单

【岗位说明】

李红负责填制红字入库单，叶敏负责填制红字采购专用发票，黄小明负责
完成存货核算。

【操作指导】

1. 填制红字入库单

（1）李红执行【仓存管理】|【采购入库】命令，打开【采购入库（新增）】
窗口。单击【红字】按钮，供应商选择【汇源果汁有限公司】，日期修改为

填制红字入库单
（采购退货）

【2021-01-18】，源单类型选择【采购入库】，单击选单号右边的放大镜图标，打开【过滤】对话框。单击【确定】按钮，打开【采购入库序时簿】窗口，如图6-34所示。

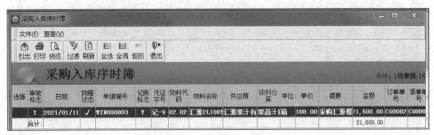

图6-34 【采购入库序时簿】窗口

（2）选择第一行信息，单击【返回】按钮，返回【采购入库（新增）】窗口，将实收数量修改为【10】，如图6-35所示。

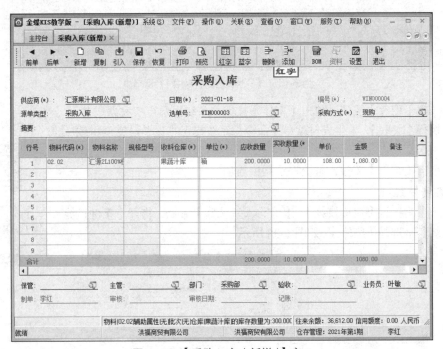

图6-35 【采购入库（新增）】窗口

（3）单击【保存】按钮，红字入库单填制完成。

（4）单击【审核】按钮，系统提示入库单审核成功。

2. 填制红字采购专用发票

（1）叶敏执行【采购管理】|【采购发票】命令，打开【采购发票（专用）（新增）】窗口。单击【红字】按钮，供应商选择【汇源果汁有限公司】，日期修改为【2021-01-18】，发票号码输入"22658741"，源单类型选择【采购入库】，单击选单号右边的放大镜图标，打开【过滤】对话框。单击【确定】按钮，打开【采购入库序时簿】窗口。

填制红字专用发票
（采购退货）

（2）单击【全选】按钮，单击【返回】按钮，完成红字采购发票（专用）表身信息输入，如图6-36所示。

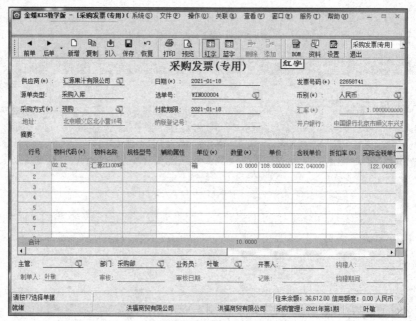

图 6-36 【采购发票（专用）】窗口

（3）单击【保存】按钮，单击【审核】按钮，系统提示审核发票成功。

（4）执行【关联】|【生成付款单】命令，系统提示【该单已完全付款！】，如图 6-37 所示。

（5）单击【钩稽】按钮，系统提示钩稽成功。

存货核算
（采购退货）

3. 存货核算

（1）黄小明执行【存货核算】|【外购入库核算】命令，打开【条件过滤】对话框，红蓝字选择【红字】，如图 6-38 所示。

图 6-37 【信息提示】对话框

图 6-38 【条件过滤】对话框

（2）单击【确定】按钮，打开【外购入库核算】窗口，如图 6-39 所示。

（3）单击【核算】按钮，系统提示核算成功。单击【确定】按钮，返回主控台。

（4）执行【存货核算】|【业务生成凭证】命令，打开【业务生成凭证】窗口。选中【采购发票-现购】复选框，单击【重设】按钮，打开【过滤】对话框。红蓝标志选择【红字】，如图 6-40 所示。

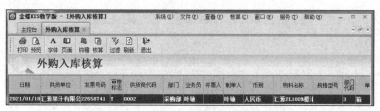

图 6-39 【外购入库核算】窗口

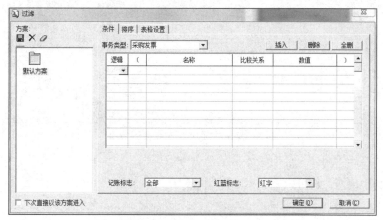

图 6-40 【过滤】对话框

（5）单击【确定】按钮，打开【采购发票-现购】窗口。选中选择标志栏的复选框，单击【生成凭证】按钮，系统生成退货会计凭证。选中【1002-银行存款】，结算方式选择【电汇】，结算号输入"28654789"，如图 6-41 所示。

凭证字：记 凭证号：11 附件数：0 序号：0
业务日期：2021年1月18日 日期：2021年1月18日 2021 年 第 1 期

摘要	科目	借方	贷方
1 采购发票单独生成	1402 - 在途物资	108000	
2 采购发票单独生成	2221.01.01 - 应交税费 - 应交增值税 - 进项税额	14040	
3 采购发票单独生成	1002 - 银行存款		122040
4			
合计：负壹仟贰佰贰拾零元肆角零分		122040	122040

结算方式：电汇
结算号：28654789
审核： 过账： 出纳： 制单：黄小明 经办： 往来业务：

图 6-41 【记账凭证-新增】窗口

（6）单击【保存】按钮，再单击【关闭】按钮，退出【记账凭证-新增】窗口。选中【采购入库】复选框，单击【重设】按钮，打开【过滤】对话框。红蓝标志选择【红字】，单击【确定】按钮，打开【采购入库】窗口。选中选择标志栏的复选框，单击【生成凭证】按钮，生成采购入库会计凭证，如图 6-42 所示。

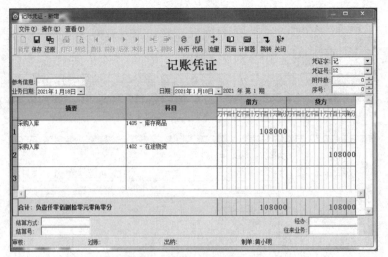

图 6-42　生成采购入库会计凭证

（7）单击【关闭】按钮，返回主控台。

（8）将账套输出至【F:\账套备份\6-2】文件夹。

实训三　暂估业务处理

我们在项目三实训四中输入了一张期初采购入库单，下面就用该笔暂估业务在业务一中介绍暂估入库的具体处理过程和方法。另外，我们将在业务二中介绍期末暂估业务的处理。

业务一　上期暂估本期到票业务

【业务描述】

2021 年 1 月 20 日，收到 2020 年 12 月 25 日采购君乐宝 200mL 香蕉牛奶的发票，如图 6-43 所示。双方约定的付款期限为 2021 年 2 月 25 日。

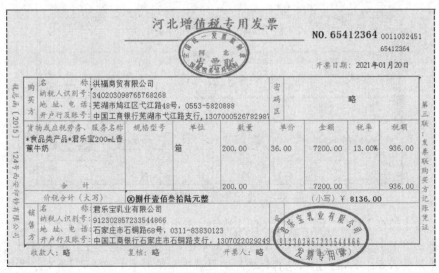

图 6-43　增值税专用发票

【岗位说明】

叶敏负责填制红字采购专用发票，黄小明负责完成存货核算。

【操作指导】

1. 填制红字采购专用发票

（1）叶敏执行【采购管理】|【采购发票】命令，打开【采购发票（专用）（新增）】窗口。供应商选择【君乐宝乳业有限公司】，日期修改为【2021-01-20】，发票号码输入"65412364"，源单类型选择【入库单】。单击选单号右边的放大镜图标，打开【过滤】对话框，时间选择【全部】，如图 6-44 所示。

上期暂估本期到票（填制采购专用发票）

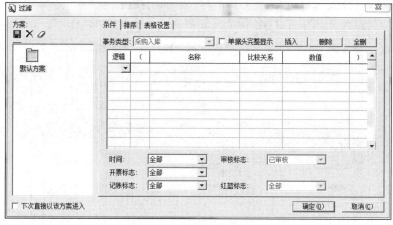

图 6-44 【过滤】对话框

（2）单击【确定】按钮，打开【采购入库序时簿】窗口。单击【选择】栏，再单击【返回】按钮，完成采购发票（专用）表体信息输入。修改付款期限为【2021-02-25】，单击【保存】按钮，如图 6-45 所示。

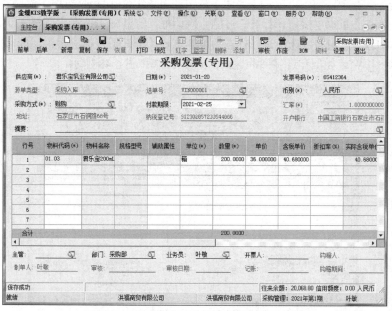

图 6-45 【采购发票（专用）（编辑）】窗口

（3）单击【审核】按钮，系统提示审核发票成功。

（4）单击【钩稽】按钮，系统提示钩稽成功。

2. 存货核算

上期暂估本期到票
（存货核算）

（1）黄小明执行【存货核算】|【外购入库核算】命令，打开【过滤】对话框。单击【确定】按钮，选中【2021-01-25】行信息，单击【核算】按钮，系统提示核算成功。单击【退出】按钮，返回主控台。

（2）执行【存货核算】|【业务生成凭证】命令，打开【业务生成凭证】窗口。选中【采购发票-赊购】复选框，单击【重设】按钮，打开【过滤】对话框。单击【确定】按钮，打开【采购发票-赊购】窗口。选中选择标志栏的复选框（第二行），单击【生成凭证】按钮，系统生成会计凭证。选中【2202.01-应付账款--一般应付款0001-君乐宝乳业有限公司】，往来业务输入"65412364"，如图 6-46 所示。

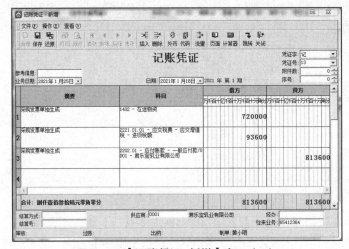

图 6-46 【记账凭证-新增】窗口（1）

（3）单击【保存】按钮，再单击【关闭】按钮，退出【记账凭证-新增】窗口。选中【采购入库】复选框，单击【重设】按钮，打开【过滤】对话框。红蓝标志选择【全部】，单击【确定】按钮，打开【采购入库】窗口。选中选择标志栏的复选框（第四行、第五行），单击【生成凭证】按钮，生成采购入库会计凭证和红字回冲凭证，如图 6-47 和图 6-48 所示。

图 6-47 【记账凭证-新增】窗口（2）

图 6-48 【记账凭证–新增】窗口（3）

（4）单击【保存】按钮，凭证保存成功。

业务二 期末暂估业务

【业务描述】

2021 年 1 月 31 日，与喜乐食品有限公司签订购销合同（CG0003），当天未收到采购发票，相关单据如图 6-49 和图 6-50 所示。

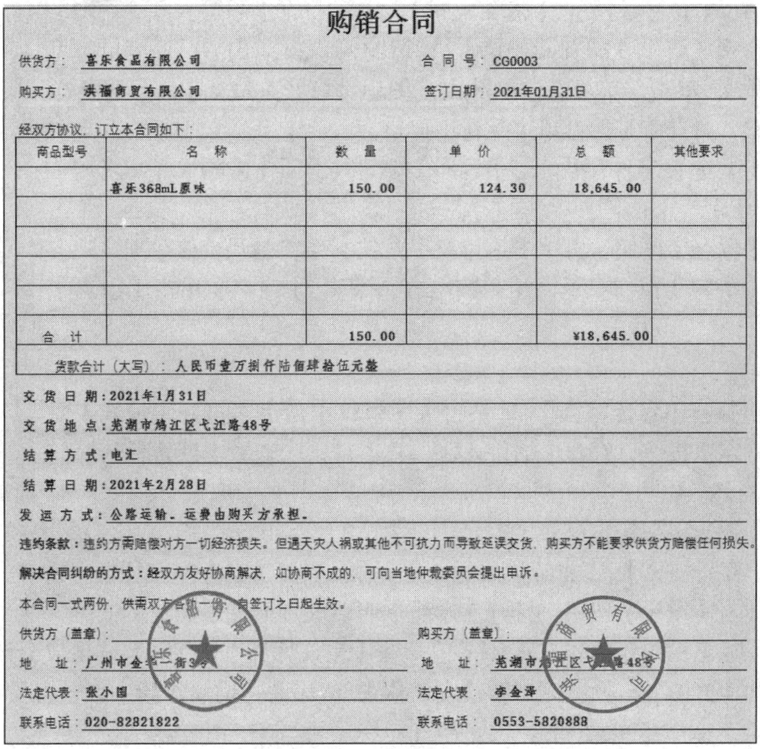

图 6-49 购销合同

入 库 单

2021年 01月 31日 单号：0100

交货部门	采购部		发票号码		验收仓库	乳酸菌库	入库日期	2021/1/31	
编号	名 称 及 规 格	单位	数量		实际价格		备 注		会计联
			应收	实收	单价	金 额			
03.03	喜乐368mL原味	箱	150.00	150.00					
	合 计		150.00	150.00					
部门经理：略		会计：略		仓库：略		经办人：略			

图 6-50 入库单

【岗位说明】

叶敏负责填制采购订单，李红负责填制采购入库单，黄小明负责完成存货核算。

【操作指导】

1. 填制采购订单

（1）叶敏执行【采购管理】|【采购订单】命令，打开【采购订单（新增）】窗口。供应商选择【喜乐食品有限公司】，日期输入"2021-01-31"，编号输入"CG0003"，采购方式选择【赊购】，摘要输入"采购喜乐原味"，结算日期输入"2021-02-28"；选中物料代码栏并按【F7】键，选择【喜乐 368mL 原味】，数量输入"150"，含税单价输入"124.3"，交货日期输入"2021-01-31"，单击【保存】按钮。

期末暂估业务
（填制采购订单）

（2）单击【审核】按钮，系统提示审核单据成功。

2. 填制采购入库单

（1）李红执行【仓存管理】|【采购入库】命令，打开【采购入库（新增）】窗口。供应商选择【喜乐食品有限公司】，日期输入"2021-01-31"，清单类型选择【采购订单】，单击选单号右边的放大镜图标，打开【过滤】对话框。单击【确定】按钮，打开【采购订单序时簿】窗口。

期末暂估业务
（填制采购入库单）

（2）单击【全选】按钮，再单击【返回】按钮，返回【采购入库（新增）】窗口。

（3）单击【保存】按钮，再单击【审核】按钮，系统提示审核单据成功。

（4）单击【确定】按钮，返回【采购入库（编辑）】窗口，单击【退出】按钮。

期末暂估业务
（存货核算）

3. 存货核算

（1）黄小明执行【存货核算】|【估价入库核算】命令，打开【过滤】对话框。单击【确定】按钮，打开【估价入账核算】窗口，查看本期暂估入库信息，如图 6-51 所示。

（2）单击【退出】按钮，返回主控台。

（3）执行【存货核算】|【业务生成凭证】命令，打开【业务生成凭证】窗口。选中【采购入库】复选框，单击【重设】按钮，打开【过滤】对话框。单击【确定】按钮，打开【采购入库】窗口，选中选择标志栏的复选框（第六行），单击【生成凭证】按钮，系统生成会计凭证。修改第二行会计科目为【2202.02-应付账款-暂估应付款】，供应商辅助项选择【喜乐食品有限公司】，如图 6-52 所示。

图 6-51 【估价入账核算】窗口

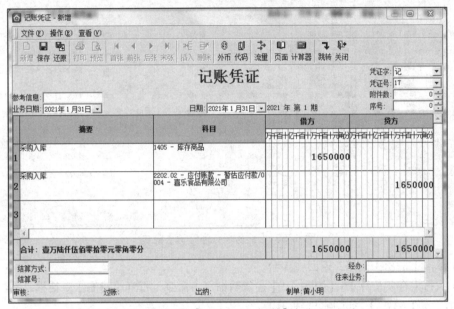

图 6-52 【记账凭证-新增】窗口

（4）单击【保存】按钮，再单击【关闭】按钮，返回主控台。

（5）将账套输出至【F:\账套备份\6-3】文件夹。

实训四 账表查询

关于采购业务相关数据的查询，我们可以在存货核算系统、采购管理系统、应收应付系统等多个管理系统中查询。

业务一 查询存货核算系统账簿

【业务描述】

2021 年 1 月 31 日，以黄小明身份查询存货核算系统的业务凭证序时簿、存货明细账。

【岗位说明】

黄小明负责查询业务凭证序时簿、存货明细账。

【操作指导】

（1）黄小明执行【存货核算】|【序时簿】|【业务凭证序时簿】命令，打开【过滤】对话框。单击【确定】按钮，打开【业务凭证序时簿】窗口，如图 6-53 所示。

查询存货核算系统
账簿（采购）

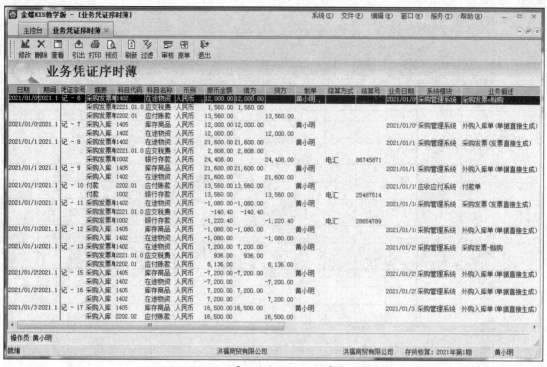

图 6-53 【业务凭证序时簿】窗口

（2）单击【退出】按钮，返回主控台。

（3）执行【存货核算】|【报表】|【存货明细账】命令，打开【过滤】对话框，物料代码选择【01.01】至【03.03】，如图 6-54 所示。

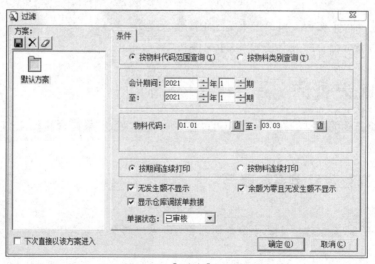

图 6-54 【过滤】对话框

（4）单击【确定】按钮，打开君乐宝 200mL 原味开啡尔酸奶【存货明细账】窗口，如图 6-55 所示。

（5）单击【下一】按钮，打开君乐宝 200mL 香蕉牛奶【存货明细账】窗口，如图 6-56 所示。

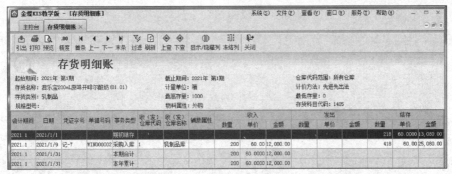

图 6-55　君乐宝 200mL 原味开啡尔酸奶【存货明细账】窗口

图 6-56　君乐宝 200mL 香蕉牛奶【存货明细账】窗口

（6）以此方法，查询其他存货明细账信息。

业务二　查询采购管理系统账簿

【业务描述】

2021 年 1 月 31 日，以叶敏身份查询采购管理系统采购发票明细账。

【岗位说明】

叶敏负责查询采购发票明细账。

查询采购管理系统
账簿

【操作指导】

（1）叶敏执行【采购管理】|【报表】|【采购发票明细表】命令，打开【过滤】对话框。起始日期选择【2021 年 1 月 1 日】，截止日期选择【2021 年 1 月 31 日】，如图 6-57 所示。

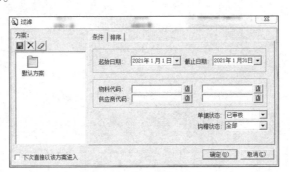

图 6-57　【过滤】对话框

（2）单击【确定】按钮，打开【采购发票明细表】窗口，如图 6-58 所示。

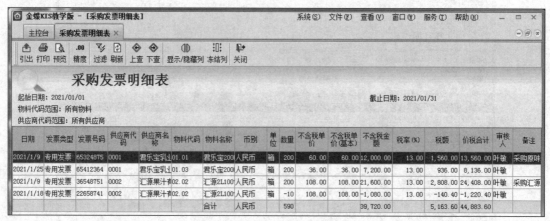

图 6-58 【采购发票明细表】窗口

业务三　查询应收应付系统账簿

【业务描述】

2021 年 1 月 31 日，以黄小明身份查询应收应付系统的付款单序时簿。

【岗位说明】

黄小明负责查询付款单序时簿。

【操作指导】

查询应收应付系统
账簿

（1）黄小明执行【应收应付】|【序时簿】|【付款单序时簿】命令，打开
【过滤】对话框，记账标志选择【全部】，如图 6-59 所示。

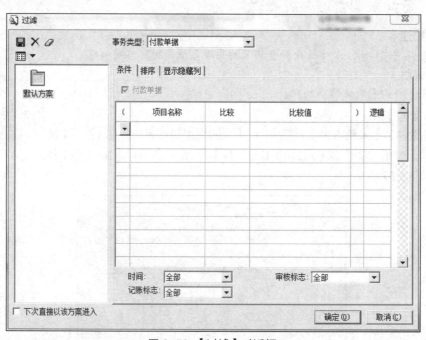

图 6-59 【过滤】对话框

（2）单击【确定】按钮，打开【付款单序时簿】窗口，如图 6-60 所示。

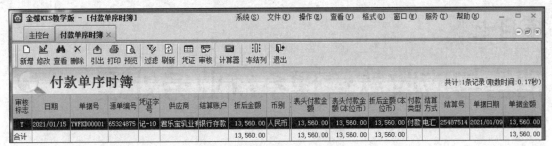

图 6-60 【付款单序时簿】窗口

（3）将账套输出至【F:\账套备份\6-4】文件夹。

项目七

销售与应收款管理系统业务处理

学习目标

1. 掌握普通销售赊销业务处理流程；
2. 掌握普通销售现销业务处理流程；
3. 掌握现金折扣业务处理流程；
4. 掌握销售退货业务处理流程；
5. 掌握销售业务账表查询流程。

职业素养点拨

弘扬我国传统文化，坚守产品品质

春节前的消费市场很热闹，人们忙着采购年货迎新春。在商场、超市和电商平台，不少老字号企业的产品成了受欢迎的"抢手货"。在弘扬我国传统文化、坚守产品品质的同时，老字号企业加快创新脚步，灵活营销、打造品牌，以全新面貌给人们带来更好的消费体验。

字号虽老，若以"创新"为马，也能搭上互联网经济的快车。当然，老字号企业从"老"到"新"，发展也非一帆风顺。可以说，老字号企业之所以能迎来互联网时代的创新机遇，离不开长期对品质的坚守。

对任何一个品牌来说，创新都是有必要的。然而创新不是"无中生有"，也不是"凭空想象"，它必须建立在品质之上。老字号企业产品的品质，往往源于它所坚守的传统。坚守是对时代记忆的传承，其在产生品牌价值方面优于资本。

会计人员也应该注重品质，爱岗敬业、诚实守信、廉洁自律、客观公正、坚持准则、提升技能、参与管理、强化服务，这样才能让自己在会计行业越走越稳、越走越顺、越走越远。

实训一　普通销售业务

企业销售商品一般业务流程包括销售订货、销售到货、核算销售成本。销售成本是指已销售商品的成本，主要包括主营业务成本和其他业务成本。

业务一　赊销业务

【业务描述】

2021 年 1 月 5 日，销售给大润发超市有限公司汇源 1L100%桃+葡萄礼盒装 100 箱，原始单据如图 7-1、图 7-2 和图 7-3 所示。

图 7-1　购销合同

图 7-2　增值税专用发票

图 7-3　出库单

【岗位说明】

张立负责填制销售订单、销售专用发票，李红负责填制销售出库单，黄小明负责完成存货核算。

【操作指导】

1. 填制销售订单

（1）张立执行【销售管理】|【销售订单】命令，打开【销售订单（新增）】窗口。购货单位选择【大润发超市有限公司】，日期输入"2021-01-05"，编号输入"XS0001"，销售方式选择【赊销】，摘要输入"销售汇源 1L100%桃+葡萄礼盒装"，结算方式选择【转账支票】，结算日期输入"2021-02-05"；选中产品代码栏并按【F7】键，选择【汇源 1L100%桃+葡萄礼盒装】，数量输入"100"，含税单价输入"528.84"，交货日期选择【2021-01-05】，如图 7-4 所示。

填制销售订单
（赊销）

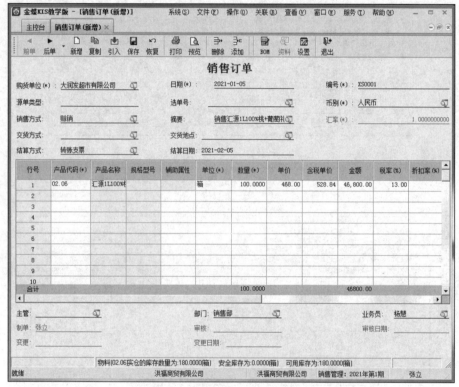

图 7-4 【销售订单（新增）】窗口

（2）单击【保存】和【审核】按钮，系统提示审核单据成功，如图 7-5 所示。

图 7-5 【信息提示】对话框（1）

2.填制销售出库单

（1）李红执行【仓存管理】|【销售出库】命令，打开【销售出库（新增）】窗口。购货单位选择【大润发超市有限公司】，源单类型选择【销售订单】，单击选单号右边的放大镜图标，打开【过滤】对话框，如图7-6所示。

填制销售出库单
（赊销）

图7-6　【过滤】对话框

（2）单击【确定】按钮，打开【销售订单序时簿】窗口，如图7-7所示。

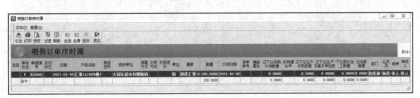

图7-7　【销售订单序时簿】窗口

（3）单击【全选】按钮，再单击【返回】按钮，返回【销售出库（新增）】窗口。也可双击第一行数据，系统自动带入产品销售信息，并返回【销售出库（新增）】窗口。单击【保存】按钮，如图7-8所示。

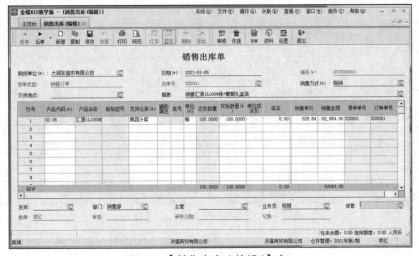

图7-8　【销售出库（编辑）】窗口

（4）单击【审核】按钮，系统提示审核单据成功，如图 7-9 所示。

图 7-9 【信息提示】对话框（2）

（5）单击【确定】按钮，返回【销售出库（编辑）】窗口，再单击【退出】按钮。

3. 填制销售专用发票

（1）张立执行【销售管理】|【销售发票】命令，打开【销售发票（专用）】窗口。购货单位选择【大润发超市有限公司】，发票号码输入"32567801"，源单类型选择【销售出库】，单击选单号右边的放大镜图标，打开【过滤】对话框。单击【确定】按钮，打开【销售出库序时簿】窗口。单击【全选】按钮，再单击【返回】按钮，收款期限输入"2021-02-05"，结算方式选择【转账支票】，生成销售专用发票，如图 7-10 所示。

填制销售专用发票
（赊销）

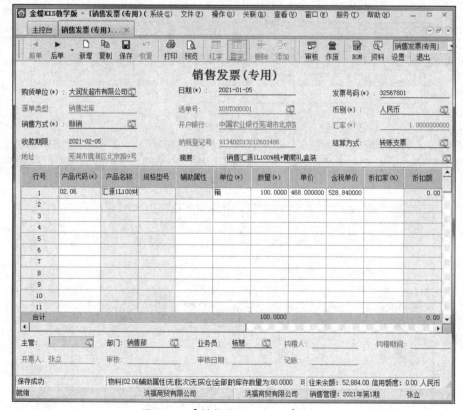

图 7-10 【销售发票（专用）】窗口

（2）单击【保存】按钮，再单击【审核】按钮，系统提示审核单据成功，如图 7-11 所示。

（3）单击【确定】按钮，再单击【钩稽】按钮，系统提示钩稽成功，如图 7-12 所示。

图 7-11　【信息提示】对话框（3）　　　　图 7-12　【信息提示】对话框（4）

4. 存货核算

（1）黄小明执行【存货核算】|【存货出库核算】命令，打开【金蝶提示】对话框。单击【确定】按钮，打开【存货出库核算-结转存货成本-介绍】对话框。单击【下一步】按钮，打开【存货出库核算-结转存货成本-第一步】对话框，存货代码输入"02.06"，如图 7-13 所示。

存货核算（赊销）

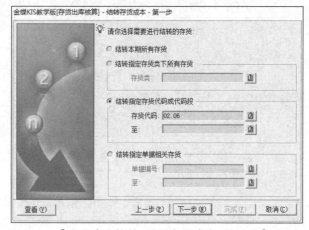

图 7-13　【存货出库核算–结转存货成本–第一步】对话框

（2）单击【下一步】按钮，打开【存货出库核算-结转存货成本-第二步】对话框。单击【下一步】按钮，打开【存货出库核算-结转存货成本-完成】对话框。单击【查看报告】按钮，再单击【成本计算表】链接，打开【成本计算表】窗口，如图 7-14 所示。

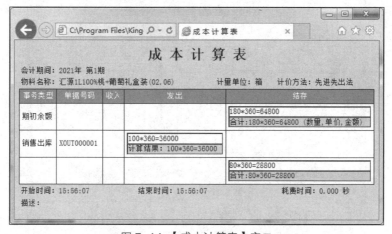

图 7-14　【成本计算表】窗口

（3）单击【关闭】按钮，退出【成本计算表】窗口。单击【完成】按钮，退出【存货出库核算】窗口。

（4）执行【存货核算】|【业务生成凭证】命令，打开【业务生成凭证】窗口。选中【销售出库-赊销】复选框，单击【重设】按钮，打开【过滤】对话框。单击【确定】按钮，打开【销售出库-赊销】窗口，如图 7-15 所示。

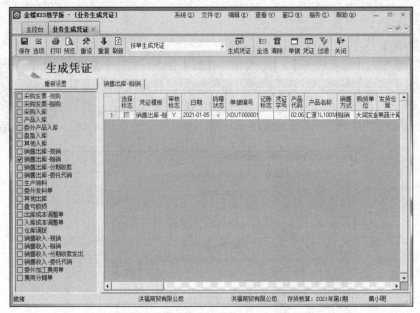

图 7-15 【销售出库–赊销】窗口

（5）选中选择标志栏的复选框，单击【生成凭证】按钮，系统提示生成凭证成功。

（6）单击【确定】按钮，再单击【凭证】按钮，打开【记账凭证-修改】窗口，如图 7-16 所示。

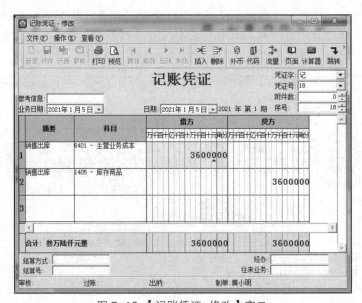

图 7-16 【记账凭证–修改】窗口

（7）单击【关闭】按钮，退出【记账凭证-修改】窗口。选中【销售收入-赊销】复选框，单击【重设】按钮，打开【过滤】对话框。单击【确定】按钮，打开【销售收入-赊销】窗口，如图 7-17 所示。

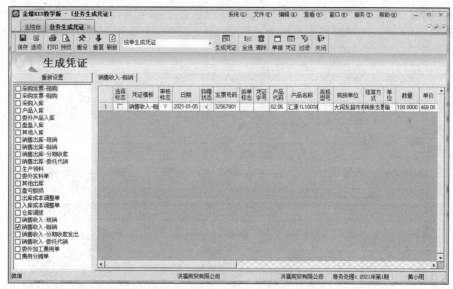

图 7-17　【销售收入–赊销】窗口

（8）选中选择标志栏的复选框，单击【生成凭证】按钮，往来业务编号输入"32567801"，单击【保存】按钮，生成销售收入会计凭证，如图 7-18 所示。

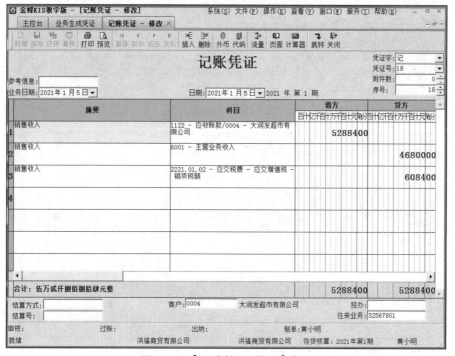

图 7-18　【记账凭证–修改】窗口

（9）单击【保存】按钮，凭证保存成功。

业务二　现销业务

【业务描述】

2021 年 1 月 8 日，向华联超市有限公司销售汇源 1L100%葡萄汁 100 箱，原始单据如图 7-19 至图 7-22 所示。

购销合同

供货方：洪福商贸有限公司　　合同号：XS0002

购买方：华联超市有限公司　　签订日期：2021年01月08日

经双方协议，订立本合同如下：

商品型号	名　称	数　量	单　价	总　额	其他要求
	汇源1L100%葡萄汁	100.00	176.28	17,628.00	
合　计		100.00		¥17,628.00	
货款合计（大写）：人民币壹万柒仟陆佰贰拾捌元整					

交 货 日 期：2021年1月8日

交 货 地 点：芜湖市镜湖区长江路46号

结 算 方 式：转账支票

结 算 日 期：2021年1月8日

发 运 方 式：公路运输，运费由购买方承担。

违约条款：违约方需赔偿对方一切经济损失。但遇天灾人祸或其他不可抗力而导致延误交货，购买方不能要求供货方赔偿任何损失。

解决合同纠纷的方式：经双方友好协商解决，如协商不成的，可向当地仲裁委员会提出申诉。

本合同一式两份，供需双方各执一份，自签订之日起生效。

供货方（盖章）：　　购买方（盖章）：

地　址：芜湖市鸠江区弋江路48号　　地　址：芜湖市镜湖区长江路46号

法定代表：李[illegible]　　法定代表：崔永

联系电话：0553-5820888　　联系电话：0553-3617288

图 7-19　购销合同

安徽增值税专用发票　NO.32567802　3210015221　32567802

此联不作报销、扣税凭证使用　　开票日期：2021年01月08日

购买方	名　　称：华联超市有限公司 纳税人识别号：913402020357608877 地 址、电 话：芜湖市镜湖区长江路46号，0553-3617288 开户行及账号：中国工商银行芜湖市长江路支行，1307310182600024932
密码区	略

货物或应税劳务、服务名称	规格型号	单位	数量	单价	金额	税率	税额
*软饮料*汇源1L100%葡萄汁		箱	100.00	156.00	15600.00	13.00%	2028.00
合　计			100.00		15600.00		2028.00
价税合计（大写）	⊗壹万柒仟陆佰贰拾捌元整				（小写）¥17628.00		

销货方	名　　称：洪福商贸有限公司 纳税人识别号：340203098765768268 地 址、电 话：芜湖市鸠江区弋江路48号，0553-5820888 开户行及账号：中国工商银行芜湖市弋江路支行，13070005267829810[illegible]47
备注	

收款人：略　　复核：略　　开票人：略　　销售方（章）：

税总函〔2015〕562号上海印钞有限公司

第一联：记账联　销货方记账凭证

图 7-20　增值税专用发票

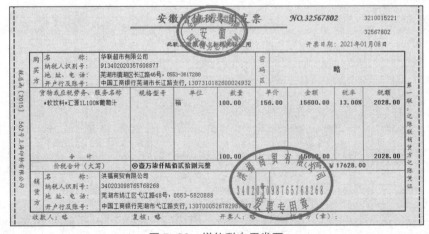

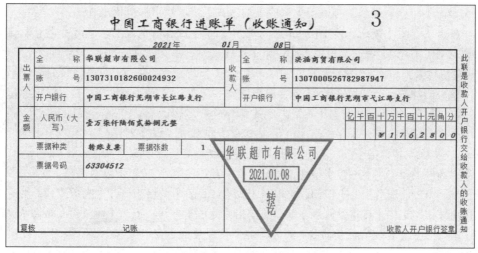

图 7-21 出库单

图 7-22 银行进账单

【岗位说明】

张立负责填制销售订单、销售专用发票，李红负责填制销售出库单，黄小明负责完成存货核算。

【操作指导】

1. 填制销售订单

（1）张立执行【销售管理】|【销售订单】命令，打开【销售订单（新增）】窗口。购货单位选择【华联超市有限公司】，日期输入"2021-01-08"，编号输入"XS0002"，销售方式选择【现销】，摘要输入"销售汇源 1L100%葡萄汁"，结算方式选择【转账支票】，结算日期选择【2021-01-08】；选中产品代码栏并按【F7】键选择【汇源 1L100%葡萄汁】，数量输入"100"，含税单价输入"176.28"，交货日期选择【2021-01-08】，单击【保存】按钮。

（2）单击【审核】按钮，系统提示审核单据成功。

2. 填制销售出库单

（1）李红执行【仓存管理】|【销售出库】命令，打开【销售出库（新增）】窗口。购货单位选择【华联超市有限公司】，源单类型选择【销售订单】，单击选单号右边的放大镜图标，打开【过滤】对话框。单击【确定】按钮，打开【销

填制销售订单
（现销）

填制销售出库单
（现销）

售订单序时簿】窗口。

（2）单击【全选】按钮，再单击【返回】按钮，返回【销售出库（新增）】窗口。

（3）单击【保存】按钮，再单击【审核】按钮，系统提示审核单据成功。单击【确定】按钮，返回【销售出库（编辑）】窗口，单击【退出】按钮。

3. 填制销售专用发票

（1）张立执行【销售管理】|【销售发票】命令，打开【销售发票（专用）】窗口。购货单位选择【华联超市有限公司】，发票号码输入"32567802"，源单类型选择【销售出库】，单击选单号右边的放大镜图标，打开【过滤】对话框。单击【确定】按钮，打开【销售出库序时簿】窗口。单击【全选】按钮，再单击【返回】按钮，结算方式选择【转账支票】，生成销售专用发票。

填制销售专用发票
（现销）

（2）单击【保存】按钮，再单击【审核】按钮，系统提示审核单据成功。

（3）单击【确定】按钮，再单击【钩稽】按钮，系统提示钩稽成功。单击【确定】按钮，返回【销售发票（专用）】窗口，再单击【退出】按钮。

4. 存货核算

（1）黄小明执行【存货核算】|【存货出库核算】命令，打开【金蝶提示】对话框。单击【确定】按钮，打开【存货出库核算-结转存货成本-介绍】对话框。单击【下一步】按钮，打开【存货出库核算-结转存货成本-第一步】对话框。存

存货核算（现销）

货代码输入"02.04"，单击【下一步】按钮，打开【存货出库核算-结转存货成本-第二步】对话框。单击【下一步】按钮，打开【存货出库核算-结转存货成本-完成】对话框。单击【查看报告】按钮，再单击【成本计算表】链接，打开【成本计算表】窗口。单击【关闭】按钮，退出【成本计算表】窗口。单击【完成】按钮，退出【存货出库核算】窗口。

（2）执行【业务生成凭证】命令，打开【业务生成凭证】窗口。选中【销售出库-现销】复选框，单击【重设】按钮，打开【过滤】对话框。单击【确定】按钮，打开【销售出库-现销】窗口。选中选择标志栏的复选框，单击【生成凭证】按钮，系统生成会计凭证，如图 7-23 所示。

图 7-23 【记账凭证-新增】窗口

（3）单击【保存】按钮，再单击【关闭】按钮，退出【记账凭证-新增】窗口。

（4）选中【销售收入-现销】复选框，单击【重设】按钮，打开【过滤】对话框。单击【确定】按钮，打开【销售收入-现销】窗口。选中选择标志栏的复选框，单击【生成凭证】按钮，再单击【确定】按钮，生成销售收入会计凭证。单击【凭证】按钮，打开【记账凭证-修改】窗口，如图 7-24 所示。选中【1002-银行存款】，结算方式选择【转账支票】，结算号输入"63304512"，单击【保存】按钮，凭证保存成功。

图 7-24 【记账凭证–修改】窗口

业务三 收款业务

【业务描述】

2021 年 1 月 24 日，收到大润发超市有限公司 2021 年 1 月 5 日货款。银行进账单如图 7-25 所示。

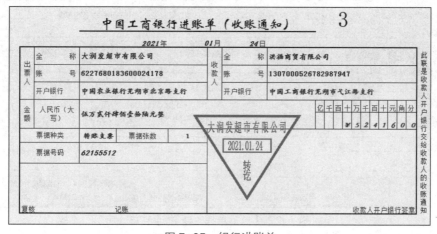

图 7-25 银行进账单

【岗位说明】

李卉负责填制收款单，黄小明负责审核收款单并制单。

【操作指导】

1. 填制收款单

（1）李卉登录主控台，执行【应收应付】|【收款单】命令，打开【收款单据（新增）】窗口。客户选择【大润发超市有限公司】，日期输入"2021-01-24"，结算账户选择【银行存款】，结算方式选择【转账支票】，结算号输入"62155512"，表头收款金额输入"52884.00"，折后金额输入"52416.00"，折扣科目选择【财务费用】。选中源单编号栏并按【F7】键，打开【收款源单】窗口，如图 7-26 所示。

填制收款单

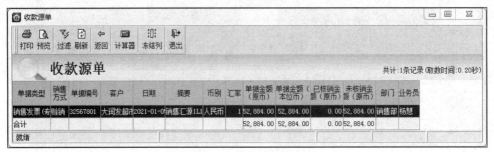

图 7-26 【收款源单】窗口

（2）选中第一行信息，单击【返回】按钮，完成表身信息输入，如图 7-27 所示。

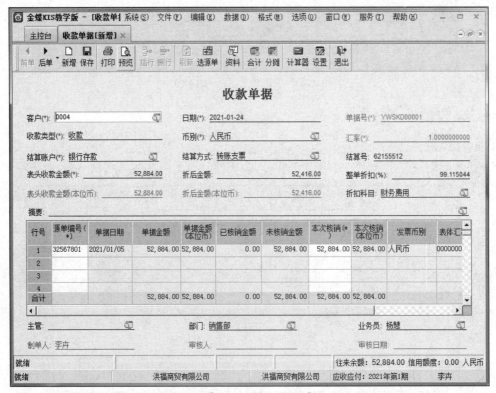

图 7-27 【收款单据（新增）】窗口

（3）单击【保存】按钮。

2. 收款单生成凭证

（1）黄小明执行【应收应付】|【收款单】命令，打开【收款单据（新增）】窗口。单击【前单】按钮，找到单据号为"YWSKD00001"的收款单。单击【审核】按钮，系统提示审核成功。审核成功的单据如图 7-28 所示。

收款单生成凭证

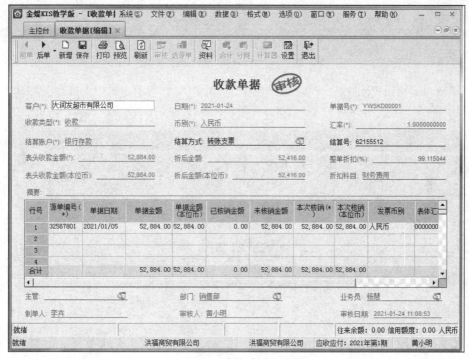

图 7-28 审核成功的单据

（2）单击【退出】按钮。执行【应收应付生成凭证】命令，打开【选择事务类型】对话框，事务类型选择【收款】，如图 7-29 所示。

图 7-29 【选择事务类型】对话框

ERP 财务业务一体化实训教程

（金蝶 KIS 版）

（3）单击【确定】按钮，打开【过滤】对话框。单击【确定】按钮，打开【应收应付生成凭证】窗口，如图 7-30 所示。

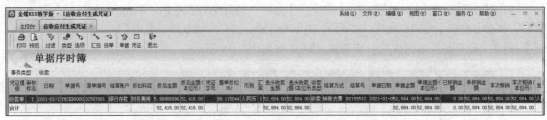

图 7-30 【应收应付生成凭证】窗口

（4）单击【按单】按钮，生成收款会计凭证，如图 7-31 所示。选中【1122-应收账款/0004-大润发超市有限公司】，往来业务输入"32567801"，单击【保存】按钮，凭证保存成功。

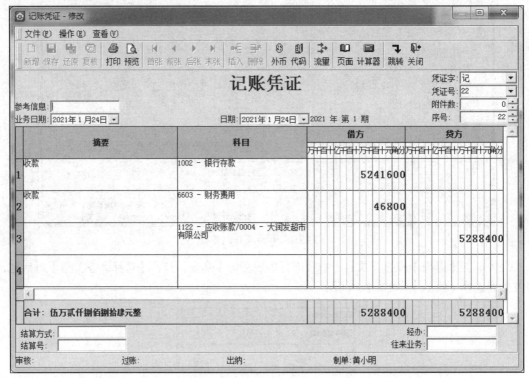

图 7-31 【记账凭证-修改】窗口

（5）将账套输出至【F:\账套备份\7-1】文件夹。

实训二　销售退货业务

【业务描述】

2021 年 1 月 28 日，洪福商贸有限公司接到通知：2021 年 1 月 8 日向华联超市有限公司销售的 100 箱汇源 1L100%葡萄汁中有 5 箱存在质量问题，双方协商退货。原始单据如图 7-32、图 7-33 和图 7-34 所示。

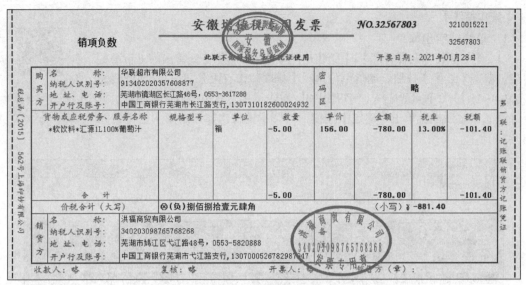

图 7-32　红字增值税发票

图 7-33　转账支票存根

<table>
</table>

入　库　单										
2021年　01月　28日								单号：**0111**		
交货部门	销售部		发票号码	32567803	验收仓库	果蔬汁库	入库日期	**2021-1-28**		会计联
编号	名称及规格	单位	数量		实际价格			备注		
			应收	实收	单价	金额				
02.04	汇源1L100%葡萄汁	箱	*5.00*	*5.00*						
	合　　计		*5.00*	*5.00*						
部门经理：**略**　　　会计：**略**　　　仓库：**略**　　　经办人：**略**										

图 7-34　入库单

【岗位说明】

李红负责填制红字出库单，张立负责填制红字销售专用发票，黄小明负责完成存货核算。

【操作指导】

1. 填制红字出库单

（1）李红执行【仓存管理】|【销售出库】命令，打开【销售出库（新增）】窗口。单击【红字】按钮，购货单位选择【华联超市有限公司】，日期修改为【2021-01-28】，源单类型选择【销售出库】，单击选单号右边的放大镜图标，打开【过滤】对话框。单击【确定】按钮，打开【销售出库序时簿】窗口，如图 7-35 所示。

填制红字出库单（退货）

图 7-35 【销售出库序时簿】窗口

（2）选择第一行信息，单击【返回】按钮，返回【销售出库（新增）】窗口，将实发数量修改为"5"，如图 7-36 所示。

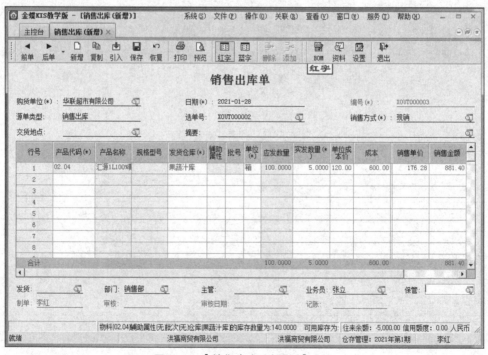

图 7-36 【销售出库（新增）】窗口

（3）单击【保存】按钮，红字出库单填制完成。

（4）单击【审核】按钮，系统提示审核出库单成功，再单击【退出】按钮。

2. 填制红字销售专用发票

（1）张立执行【销售管理】|【销售发票】命令，打开【销售发票（专用）】窗口。单击【红字】按钮，购货单位选择【华联超市有限公司】，日期修改为【2021-01-28】，发票号码输入"32567803"，源单类型选择【销售出库】，单击选单号右边的放大镜图标，打开【过滤】对话框。单击【确定】按钮，打开【销售出库序时簿】窗口。

填制红字销售专用发票（退货）

（2）单击【全选】按钮，再单击【返回】按钮，结算方式选择【转账支票】，完成红字销售发票（专用）表身信息输入，如图 7-37 所示。

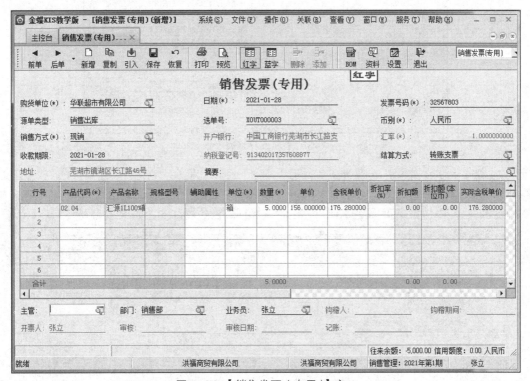

图 7-37 【销售发票（专用）】窗口

（3）单击【保存】按钮，再单击【审核】按钮，系统提示审核发票成功。

（4）执行【关联】|【生成收款单】命令，系统提示该单已完全收款，如图 7-38 所示。

（5）单击【钩稽】按钮，系统提示钩稽成功。单击【退出】按钮，返回主控台。

图 7-38 【信息提示】对话框

3. 存货核算

（1）黄小明执行【存货核算】|【存货出库核算】命令，打开【金蝶提示】对话框。单击【确定】按钮，打开【存货出库核算-结转存货成本-介绍】对话框。单击【下一步】按钮，打开【存货出库核算-结转存货成本-第一步】对话框。存货代码输入"02.04"，打开【存货出库核算-结转存货成本-第二步】对话框。单击【下一步】按钮，打开【存货出库核算-结转存货成本-完成】对话

存货核算（退货）

框。单击【查看报告】按钮，打开【成本计算表】窗口，如图 7-39 所示。单击【关闭】按钮，退出【成本计算表】窗口。单击【完成】按钮，退出【存货出库核算】窗口。

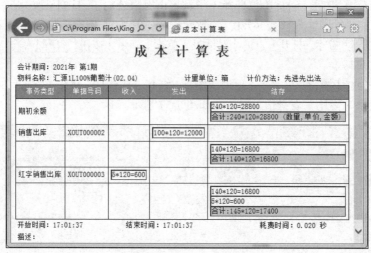

图 7-39 【成本计算表】窗口

（2）执行【存货核算】|【业务生成凭证】命令，打开【业务生成凭证】窗口。选中【销售出库-现销】复选框，单击【重设】按钮，打开【过滤】对话框。红蓝标志选择【红字】，单击【确定】按钮，打开【销售出库-现销】窗口，选中选择标志栏的复选框，如图 7-40 所示。

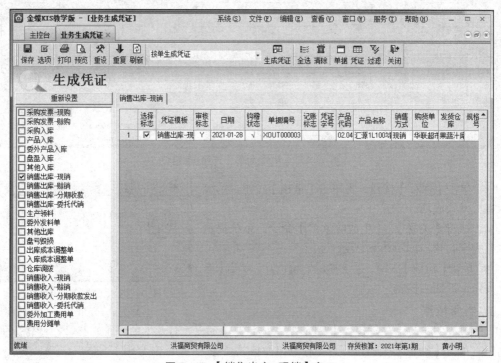

图 7-40 【销售出库-现销】窗口

（3）单击【生成凭证】按钮，打开【记账凭证-新增】窗口。单击【保存】按钮，凭证保存成功，如图 7-41 所示。

图 7-41 【记账凭证-新增】窗口

（4）单击【关闭】按钮，退出【记账凭证-修改】窗口。单击【确定】按钮，生成凭证成功。

（5）选中【销售收入-现销】复选框，单击【重设】按钮，打开【过滤】对话框。红蓝标志选择【红字】，单击【确定】按钮，打开【销售收入-现销】窗口。选中选择标志栏的复选框，单击【生成凭证】按钮，系统生成退货会计凭证，如图 7-42 所示。选中【1002-银行存款】，结算方式选择【转账支票】，结算号输入"34557690"，单击【保存】按钮。

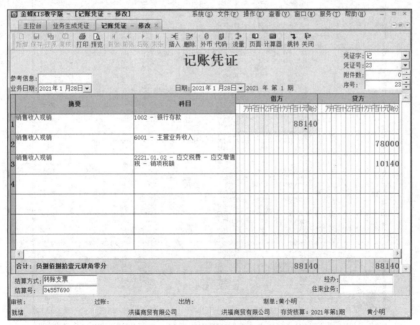

图 7-42 【记账凭证-修改】窗口

（6）单击【关闭】按钮，再单击【确定】按钮，生成凭证成功。单击【关闭】按钮，返回主控台。

（7）将账套输出至【F:\账套备份\7-2】文件夹。

实训三　账表查询

我们可以在存货核算系统、销售管理系统、应收应付系统等多个管理系统中查询销售业务相关数据。

业务一　查询存货核算系统账簿

【业务描述】

2021 年 1 月 31 日，以黄小明身份查询存货核算系统的业务凭证序时簿、存货明细账。

【岗位说明】

黄小明负责查询业务凭证序时簿、存货明细账。

【操作指导】

（1）黄小明执行【存货核算】|【序时簿】|【业务凭证序时簿】命令，打开【过滤】对话框。单击【确定】按钮，打开【业务凭证序时簿】窗口，如图 7-43 所示。

图 7-43 【业务凭证序时簿】窗口

（2）单击【退出】按钮，返回主控台。

（3）执行【存货核算】|【报表】|【存货明细账】命令，打开【过滤】对话框。物料代码选择【02.04】至【03.03】，如图 7-44 所示。

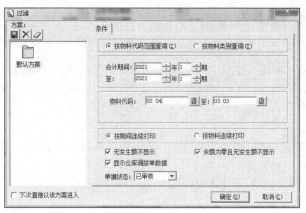

图 7-44 【过滤】对话框

（4）单击【确定】按钮，打开汇源 1L100%葡萄汁【存货明细账】窗口，如图 7-45 所示。

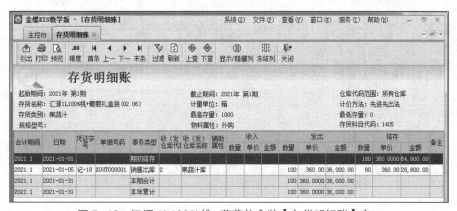

图 7-45 汇源 1L100% 葡萄汁【存货明细账】窗口

（5）单击【下一】按钮，打开汇源 1L100%桃+葡萄礼盒装【存货明细账】窗口，如图 7-46 所示。

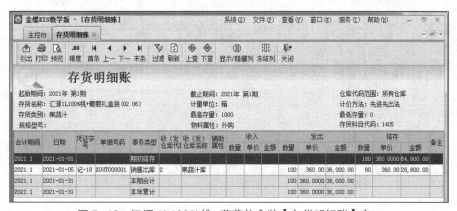

图 7-46 汇源 1L100%桃+葡萄礼盒装【存货明细账】窗口

（6）以此方法继续查询其他存货明细账信息。

业务二　查询销售管理系统账簿

【业务描述】

2021 年 1 月 31 日，以张立身份查询销售管理系统的销售收入明细账。

【岗位说明】

张立负责查询销售收入明细账。

【操作指导】

（1）张立执行【销售管理】|【报表】|【销售收入明细表】命令，打开【过滤】对话框，如图 7-47 所示。

查询销售管理系统
账簿

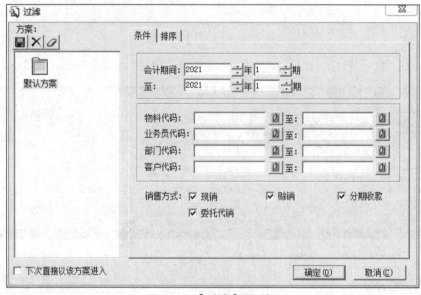

图 7-47 【过滤】对话框

（2）单击【确定】按钮，打开【销售收入明细表】窗口，如图 7-48 所示。

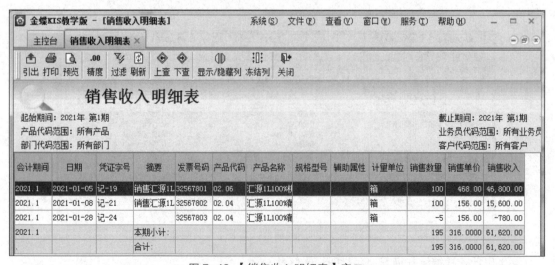

会计期间	日期	凭证字号	摘要	发票号码	产品代码	产品名称	规格型号	辅助属性	计量单位	销售数量	销售单价	销售收入
2021.1	2021-01-05	记-19	销售汇源1L	32567801	02.06	汇源1L100%林			箱	100	468.00	46,800.00
2021.1	2021-01-08	记-21	销售汇源1L	32567802	02.04	汇源1L100%糖			箱	100	156.00	15,600.00
2021.1	2021-01-28	记-24		32567803	02.04	汇源1L100%糖			箱	-5	156.00	-780.00
2021.1			本期小计:							195	316.0000	61,620.00
			合计:							195	316.0000	61,620.00

图 7-48 【销售收入明细表】窗口

业务三 查询应收应付系统账簿

【业务描述】

2021 年 1 月 31 日，以黄小明身份查询应收应付系统的收款单序时簿。

【岗位说明】

黄小明负责查询收款单序时簿。

查询应收应付系统
账簿

【操作指导】

（1）黄小明执行【应收应付】|【序时簿】|【收款单序时簿】命令，打开
【过滤】对话框，记账标志选择【全部】，如图 7-49 所示。

图 7-49 【过滤】对话框

（2）单击【确定】按钮，打开【收款单序时簿】窗口，即可查看相关信息，如图 7-50 所示。

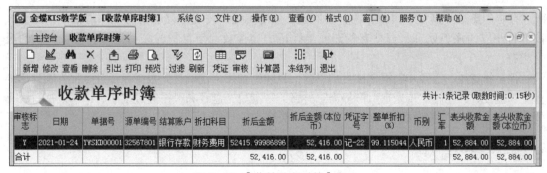

图 7-50 【收款单序时簿】窗口

（3）将账套输出至【F:\账套备份\7-3】文件夹。

项目八

仓存管理系统业务处理

学习目标

1. 掌握存货盘亏业务处理流程；
2. 掌握存货盘盈业务处理流程；
3. 掌握仓库管理系统账表查询流程。

职业素养点拨

凡事预则立，不预则废

做任何事情，事前有准备就很可能成功，没有准备就很可能失败。说话先有准备，就不会理屈词穷；行事前有计划，就能少犯错、少后悔。

在仓库管理中，我们应该确保企业不断料、不囤料、不呆料。不断料是指不让生产单位领不到需要的物料以致待料；不囤料是指进料适时、适量，不至于过时、过量；不呆料指的是没有呆滞的物料，也就是说，所有物料都能够合理流转，近期可以使用。断料就可能待料，待料就会导致生产运作受阻，生产计划就会落空，生产乱象就难以避免。呆料、囤料导致资金和场地被占用，成本提高，管理难度加大，实在得不偿失。

因此，在仓库管理中，我们应该做好合理规划，提前做好物料安排。

实训一　仓存日常业务处理

存货的盘盈、盘亏和毁损，在查明原因、分清责任、按规定程序报有关部门批准以后，应该进行相应的账务处理，调整存货账面上登记的实存数，使存货的账面记录和存货实物的数量相符。

存货的盘盈、盘亏和毁损在被批准以前，只能先到账，也就是先根据存货盘点报告表列出的盘盈、盘亏数，结转"待处理财产损溢"科目，等盘盈、盘亏和毁损经过批准后，再根据盈、亏的不同原因和不同处理结果，做进一步的账务处理。

业务一　盘亏业务

【业务描述】

2021 年 1 月 31 日，李红对乳制品库进行盘点，盘亏君乐宝 200mL 原味开啡尔酸奶 3 箱，存货盘点表如图 8-1 所示。

存货盘点表

仓库:乳制品库　　　　盘点日期:2021年1月31日　　　　　　　　　　　　盘点人:李红

序号	物料名称	计量单位	账面			盘盈	盘亏	实盘		
			数量	单价	金额	数量	数量	数量	单价	金额
1	君乐宝200mL原味开啡尔酸奶	箱	418.00	60.00	25080.00		3.00	415.00	60.00	24900.00
2	君乐宝200mL优致牧场纯牛奶	箱	100.00	52.80	5280.00			100.00	52.80	5280.00
3	君乐宝200mL香蕉牛奶	箱	280.00	36.00	10080.00			280.00	36.00	10080.00
	合计		---	---	---	0.00	3.00	---	---	---

图 8-1　存货盘点表

【岗位说明】

　　李红负责填制存货盘点单、盘亏毁损单，黄小明负责完成存货核算。

【操作指导】

1. 填制存货盘点单、盘亏毁损单

　　（1）李红执行【仓存管理】|【盘点】命令，单击【新建】按钮，打开【备份仓库数据】对话框。备份日期选择截止日期【2021/1/31】，仓库选择【乳制品库】，如图 8-2 所示。

填制存货盘点单、盘亏毁损单（盘亏）

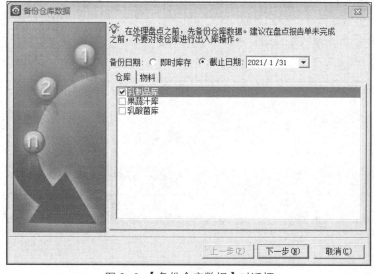

图 8-2　【备份仓库数据】对话框

　　（2）单击【下一步】按钮，备份完成。单击【完成】按钮，退出【备份仓库数据】对话框。

　　（3）单击【盘点】按钮，打开【物料盘点表】窗口。修改君乐宝 200mL 原味开啡尔酸奶盘点数量为"415"，如图 8-3 所示。

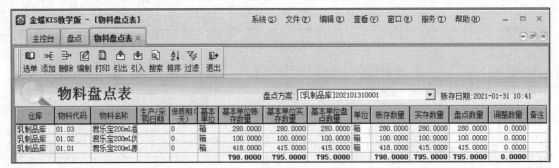

图 8-3 【物料盘点表】窗口

（4）单击【编制】按钮，打开【物料盘点报告单】窗口，如图 8-4 所示。

图 8-4 【物料盘点报告单】窗口

（5）单击【盘亏】按钮，打开【信息提示】对话框，如图 8-5 所示。

（6）单击【确定】按钮，打开【盘亏毁损（编辑）】窗口。输入君乐宝 200mL 原味开啡尔酸奶单价为"60"，单击【保存】按钮，再单击【审核】按钮，单据审核成功。审核成功的单据如图 8-6 所示。

图 8-5 【信息提示】对话框

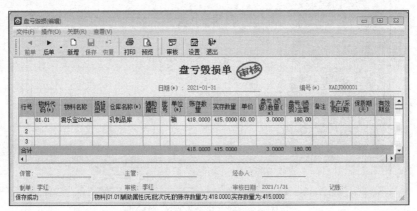

图 8-6 【盘亏毁损（编辑）】窗口

（7）单击【退出】按钮，退出【盘亏毁损（编辑）】窗口。单击【退出】按钮，退出【物料盘点报告单】窗口。单击【退出】按钮，退出【物料盘点表】窗口。在【盘点】窗口，单击【刷新】按钮，已盘栏显示【Y】，如图 8-7 所示。

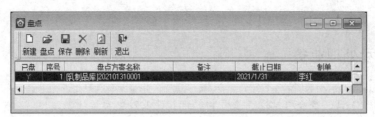

图 8-7 【盘点】窗口

2. 存货核算

（1）黄小明执行【存货核算】|【业务生成凭证】命令，选中【盘亏毁损】复选框，单击【重设】按钮，打开【过滤】对话框。单击【确定】按钮，打开【盘亏毁损】窗口，如图 8-8 所示。

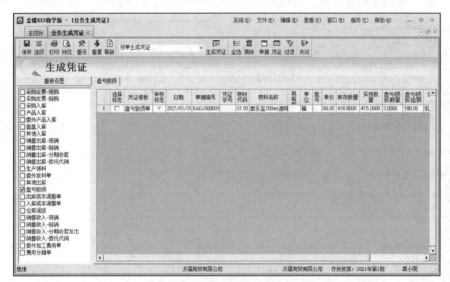

存货核算（盘亏）

图 8-8 【盘亏毁损】窗口

（2）选中选择标志栏的复选框，单击【生成凭证】按钮，系统提示生成凭证成功。单击【凭证】按钮，查看凭证，结果如图 8-9 所示。

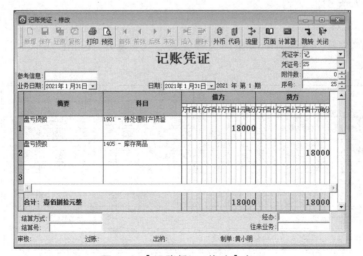

图 8-9 【记账凭证-修改】窗口

（3）单击【关闭】按钮，退出【记账凭证-修改】窗口。单击【关闭】按钮，生成凭证成功。

业务二　盘亏处理业务

【业务描述】

2021 年 1 月 31 日，经公司批准，盘亏物料计入营业外支出。

【岗位说明】

黄小明负责填制凭证。

【操作指导】

黄小明执行【账务处理】|【凭证录入】命令，打开【记账凭证-新增】窗口。填制一张记账凭证，单击【保存】按钮，结果如图 8-10 所示。

盘亏处理业务

图 8-10　【记账凭证-新增】窗口

业务三　盘盈业务

【业务描述】

2021 年 1 月 31 日，李红对乳酸菌库进行盘点，盘盈喜乐 368mL 原味 1 箱，存货盘点表如图 8-11 所示。

存货盘点表

仓库:乳酸菌库　　盘点日期:2021年1月31日　　　　　　盘点人:李红

序号	物料名称	计量单位	账面			盘盈	盘亏	实盘		
			数量	单价	金额	数量	数量	数量	单价	金额
1	喜乐368mL蓝莓味	箱	200.00	117.60	23520.00			200.00	117.60	23520.00
2	喜乐368mL香橙味	箱	300.00	117.60	35280.00			300.00	117.60	35280.00
3	喜乐368mL原味	箱	300.00	110.00	33000.00	1.00		301.00	110.00	33110.00
	合计		—	—	—	1.00	0.00	—	—	—

图 8-11　存货盘点表

【岗位说明】

李红负责填制存货盘点单、盘盈单，黄小明负责完成存货核算。

【操作指导】

1. 填制存货盘点单、盘盈入库单

（1）李红执行【仓存管理】|【盘点】命令，单击【新建】按钮，打开【备份仓库数据】对话框。备份日期选择截止日期【2021/1/31】，仓库选择【乳酸菌库】，单击【下一步】按钮，备份完成。单击【完成】按钮，退出【备份仓库数据】对话框，打开【盘点】窗口，如图 8-12 所示。

填制存货盘点单、
盘盈入库单（盘盈）

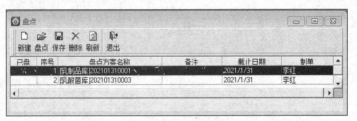

图 8-12　【盘点】窗口

（2）选中第二行信息，单击【盘点】按钮，打开【物料盘点表】窗口。修改喜乐 368mL 原味盘点数量为"301"，如图 8-13 所示。

图 8-13　【物料盘点表】窗口

（3）单击【编制】按钮，打开【物料盘点报告单】窗口。单击【盘盈】按钮，打开【信息提示】对话框，成功生成盘盈单。单击【确定】按钮，打开【盘盈入库（编辑）】窗口。输入喜乐 368mL 原味单价为"110"，单击【保存】按钮，再单击【审核】按钮，单据审核成功，如图 8-14 所示。

图 8-14　【盘盈入库（编辑）】窗口

（4）单击【退出】按钮，退出【盘盈入库（编辑）】窗口。单击【退出】按钮，退出【物料盘点报告单】窗口。单击【退出】按钮，退出【物料盘点表】窗口。在【盘点】窗口，单击【刷新】按钮，已盘栏第二行显示【Y】，单击【退出】按钮，退出【盘点】窗口。

2. 存货核算

（1）黄小明执行【存货核算】|【业务生成凭证】命令，选中【盘盈入库】复选框，单击【重设】按钮，打开【过滤】对话框。单击【确定】按钮，打开【盘盈入库】窗口，如图 8-15 所示。

存货核算（盘盈）

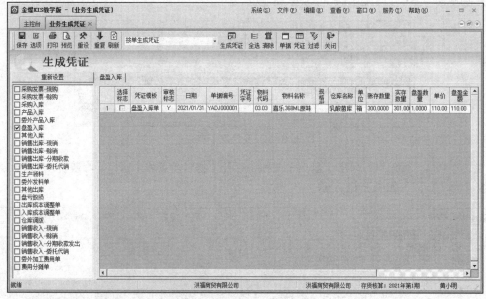

图 8-15 【盘盈入库】窗口

（2）选中选择标志栏的复选框，单击【生成凭证】按钮，系统提示生成凭证成功。单击【凭证】按钮，查看凭证，结果如图 8-16 所示。

图 8-16 【记账凭证-修改】窗口

（3）单击【关闭】按钮，退出【记账凭证-修改】窗口。单击【关闭】按钮，生成凭证成功。

业务四　盘盈处理业务

盘盈处理业务

【业务描述】

2021 年 1 月 31 日，经公司批准，盘盈物料冲减管理费用。

【岗位说明】

黄小明负责填制凭证。

【操作指导】

（1）黄小明执行【账务处理】|【凭证录入】命令，打开【记账凭证-新增】窗口。填制一张记账凭证，单击【保存】按钮，结果如图 8-17 所示。

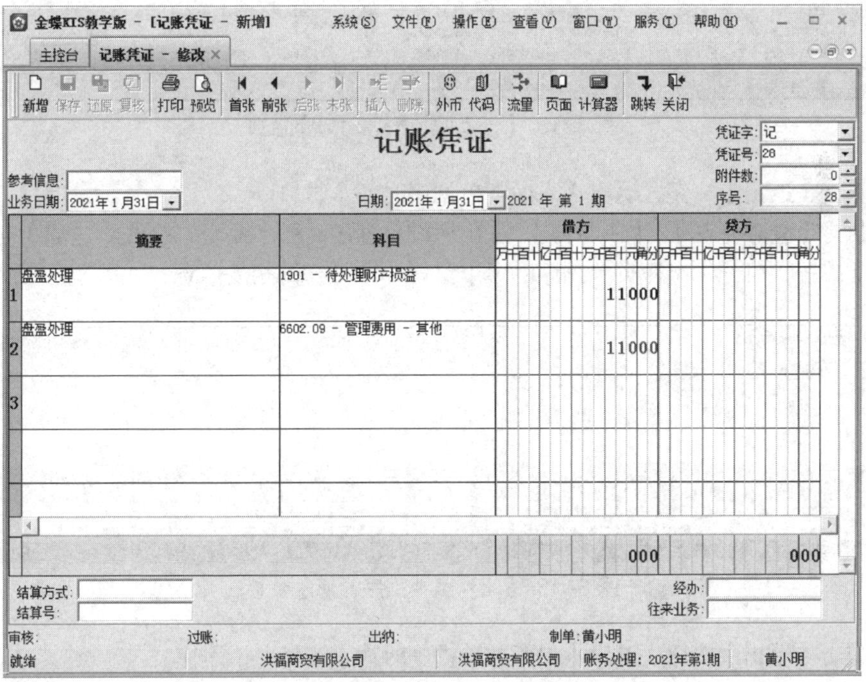

图 8-17　【记账凭证-新增】窗口

（2）将账套输出至【F:\账套备份\8-1】文件夹。

实训二　账表查询

金蝶 KIS 库存管理系统提供了查询出入库账簿、库存及物料收发明细账簿等功能，用户可以根据需要查询不同的账簿。

业务一　查询出入库序时簿

查询出入库序时簿

【业务描述】

2021 年 1 月 31 日，以李红身份查询仓存管理系统的入库类序时簿、出库类序时簿。

【岗位说明】

李红负责查询入库类序时簿、出库类序时簿。

【操作指导】

（1）李红执行【仓存管理】|【序时簿】|【入库类单据序时簿】命令，打开【过滤】对话框。单击【确定】按钮，打开【入库类单据序时簿】窗口，即可查询相关信息，如图 8-18 所示。

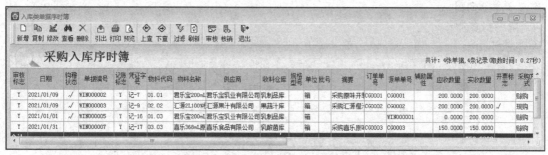

图 8-18 【入库类单据序时簿】窗口

（2）单击【退出】按钮，退出【入库类单据序时簿】窗口。

（3）执行【仓存管理】|【序时簿】|【出库类单据序时簿】命令，打开【过滤】对话框。单击【确定】按钮，打开【出库类单据序时簿】窗口，即可查询相关信息，如图 8-19 所示。

图 8-19 【出库类单据序时簿】窗口

（4）单击【退出】按钮，退出【出库类单据序时簿】窗口。

业务二　查询库存及物料收发明细

【业务描述】

2021 年 1 月 31 日，以李红身份查询库存及物料收发明细。

【岗位说明】

李红负责查询库存及物料收发明细。

【操作指导】

（1）李红执行【仓存管理】|【报表】|【可用库存查询】命令，打开【过滤】对话框。单击【确定】按钮，打开【可用库存查询】窗口，即可查询相关信息，如图 8-20 所示。

（2）单击【退出】按钮，退出【可用库存查询】窗口。

（3）执行【仓存管理】|【报表】|【物料收发明细表】命令，打开【过滤】对话框。单击【确定】按钮，打开【物料收发明细表】窗口，即可查询相关信息，如图 8-21 所示。

查询库存及物料收发明细

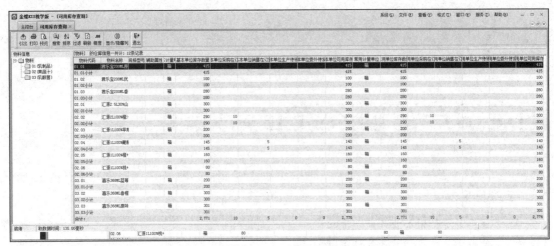

图 8-20　【可用库存查询】窗口

图 8-21　【物料收发明细表】窗口

（4）单击【关闭】按钮，退出【物料收发明细表】窗口。

（5）将账套输出至【F:\账套备份\8-2】文件夹。

项目九

固定资产管理系统业务处理

📋 **学习目标**

1. 掌握固定资产增加业务处理流程；
2. 掌握固定资产变动业务处理流程；
3. 掌握固定资产期末业务处理流程；
4. 掌握固定资产对账业务处理流程；
5. 掌握固定资产管理系统账表查询流程。

📋 **职业素养点拨**

固定资产投资成为拉动经济增长的重要力量

固定资产是指为生产商品、提供劳务、出租、经营或管理而持有，使用期限在一年以上的房屋及建筑物、机器、机械、运输工具，以及其他与生产、经营、管理有关的设备、器具、工具等。固定资产投资反映了建造和购置固定资产的经济活动，它是一个国家或地区经济增长的前提保证，是社会增加固定资产、扩大生产规模、推动经济持续健康发展的重要手段。

改革开放以来，我国固定资产投资保持快速增长，成为拉动经济的重要力量。1981—2017 年，全社会投资累计完成 490 万亿元，年均增长 20.2%。2021 年上半年国民经济运行情况显示，1—6 月全国固定资产投资（不含农户）255 900 亿元，同比增长 12.6%；比 2019 年 1—6 月增长 9.1%，两年平均增长 4.4%。其中，民间固定资产投资 147 957 亿元，同比增长 15.4%。从环比看，6 月固定资产投资（不含农户）增长 0.35%。

固定资产投资对经济增长具有双重效应，既能增加生产能力，又对生产构成需求，即兼有供给效应和需求效应，是影响经济的重要因素。

实训一　固定资产增加业务

固定资产增加，是指固定资产管理系统启用以后，企业新增加了固定资产，反映到操作上，就是新卡片的输入。新卡片和原始卡片的区别在于：新卡片的输入日期中年份和月份一定是等于资产开始使用日期的年份和月份，同时晚于系统启用日期的；而原始卡片的输入日期中年份或者月份是晚于资产开始使用日期的，同时资产开始使用日期一定是早于系统启用日期的。

业务一　采购需要安装的设备

【业务描述】

2021 年 1 月 13 日，为了方便装卸和搬运货物，仓储部购入一台需要安装的 3T 柴油叉车，取得与该业务相关的凭证，如图 9-1 和图 9-2 所示。

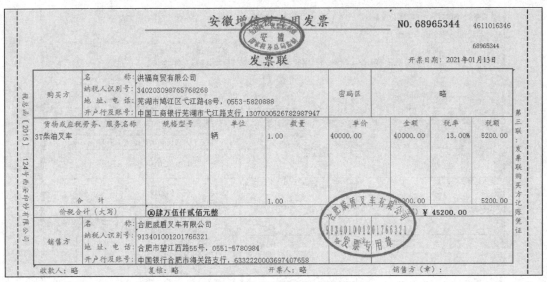

图 9-1 增值税专用发票

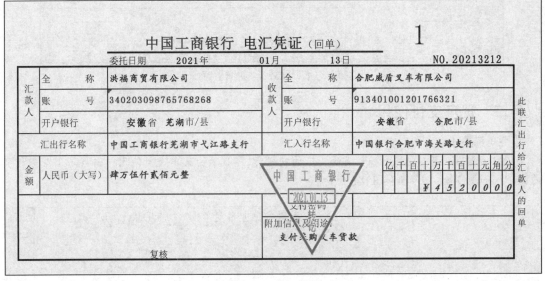

图 9-2 电汇凭证

【岗位说明】

黄小明负责录入增加在建工程的会计凭证。

【操作指导】

（1）黄小明执行【账务处理】|【凭证录入】命令，打开【记账凭证-新增】窗口。

（2）单击【新增】按钮，修改业务日期为【2021年1月13日】，修改日期为【2021年1月13日】，根据增值税专用发票和电汇凭证输入凭证信息，单击【保存】按钮，凭证保存成功，如图9-3所示。

采购设备

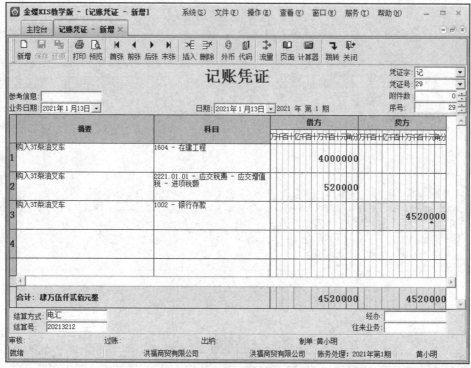

图 9-3 【记账凭证-新增】窗口

业务二　资产交付使用

【业务描述】

2021 年 1 月 15 日，支付 3T 柴油叉车的安装费，3T 柴油叉车交付使用，取得与该业务相关的凭证，如图 9-4、图 9-5 和图 9-6 所示。

图 9-4　增值税专用发票

中国工商银行 电汇凭证（回单） 1

委托日期 2021年 01月 15日 NO.20214635

汇款人	全称	洪福商贸有限公司	收款人	全称	合肥润东机械设备安装有限公司
	账号	340203098765768268		账号	6220020003697401286
	开户银行	安徽省 芜湖市/县		开户银行	安徽省 合肥市/县
汇出行名称		中国工商银行芜湖市弋江路支行	汇入行名称		中国银行合肥蜀山区望江西路支行
金额	人民币（大写）	叁仟壹佰捌拾元整		亿千百十万千百十元角分	¥318000
			附加信息及用途：支付安装费		
复核					

中国工商银行 2021.01.15 转讫

此联汇出行给汇款人的回单

图 9-5 电汇凭证

固定资产卡片

使用单位：仓储部　　填制日期：*2021年01月15日*

类别	运输设备	出厂或交接验收日期	2020年6月20日	预计使用年限	5年
编号	010	购入或使用日期	2021年1月15日	预计残值	2150.00
名称	3T柴油叉车	放置或使用地址	仓储部	预计清理费用	
型号规格		负责人		月折旧率	
建造单位	合肥威盾叉车有限公司	总造价	43000.00	月大修理费用提存率	

设备主要技术参数或建筑物占地面积、建筑面积及结构	设备主要配件名称数量或建筑物附设设备	大修理记录		固定资产改变记录
		时间	项目	

图 9-6 固定资产卡片

【岗位说明】

黄小明负责在账务处理系统中输入支付固定资产安装费的会计凭证，在固定资产管理系统中输入固定资产增加的卡片；李金泽负责审核新增固定资产卡片；黄小明负责生成固定资产增加的会计凭证。

【操作指导】

（1）黄小明执行【账务处理】|【凭证录入】命令，打开【记账凭证-新增】窗口。

（2）单击【新增】按钮，修改业务日期为【2021 年 1 月 15 日】，修改日期为【2021 年 1 月 15 日】，根据增值税专用发票和电汇凭证输入凭证信息，如图 9-7 所示。

资产交付使用

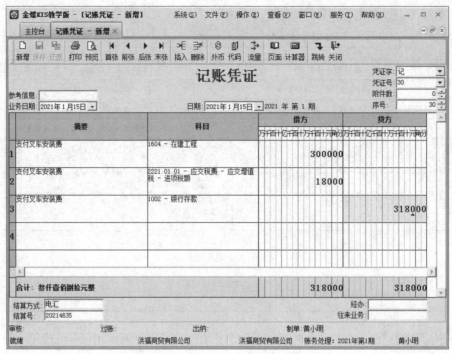

图 9-7 【记账凭证–新增】窗口

（3）单击【保存】按钮，凭证保存成功。

（4）执行【固定资产】|【固定资产增加】命令，打开【固定资产卡片及变动-新增】对话框。在【基本信息】选项卡中输入【资产类别】【资产名称】【入账日期】【使用状况】【变动方式】信息，如图 9-8 所示。

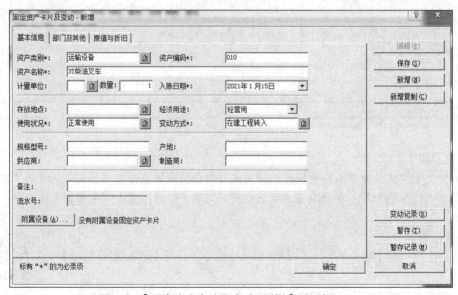

图 9-8 【固定资产卡片及变动–新增】对话框（1）

（5）选择【部门及其他】选项卡，使用部门选择【单一】|【仓储部】，折旧费用分配选择【单一】|【管理费用-折旧费】，如图 9-9 所示。

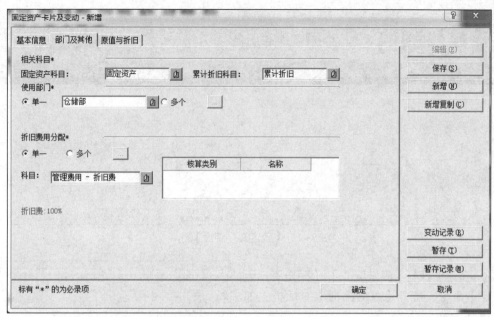

图 9-9 【固定资产卡片及变动–新增】对话框（2）

（6）选择【原值与折旧】选项卡，原币金额输入"43000"，开始使用日期修改为【2021 年 1月 15 日】，其他信息默认，如图 9-10 所示。

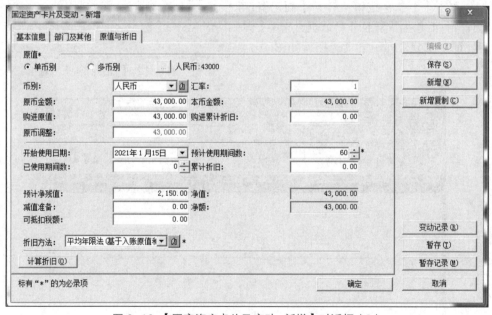

图 9-10 【固定资产卡片及变动–新增】对话框（3）

（7）单击【保存】按钮，卡片保存成功。

（8）李金泽登录主控台，执行【固定资产】|【卡片管理】|【卡片查询】命令，打开【过滤】对话框。所有条件默认，单击【确定】按钮，进入【固定资产管理】窗口。单击【操作】按钮，对新增固定资产卡片进行审核，如图 9-11 所示。

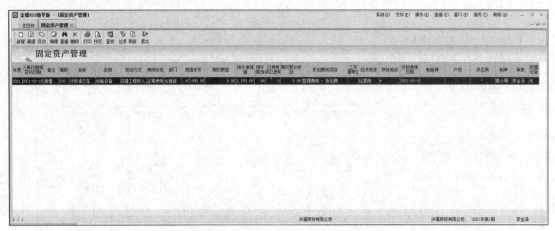

图 9-11 【固定资产管理】窗口

（9）黄小明执行【固定资产】|【固定资产生成凭证】命令，打开【过滤界面】对话框，如图 9-12 所示。

（10）所有条件默认，单击【确定】按钮，打开【固定资产生成凭证】窗口，如图 9-13 所示。

（11）单击【汇总】按钮，打开【固定资产生成凭证——汇总生成凭证】对话框，选中【固定资产凭证分录分开列示】复选框，如图 9-14 所示。

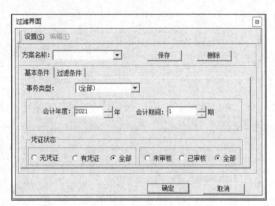

图 9-12 【过滤界面】对话框

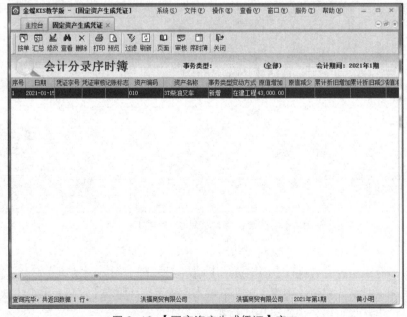

图 9-13 【固定资产生成凭证】窗口

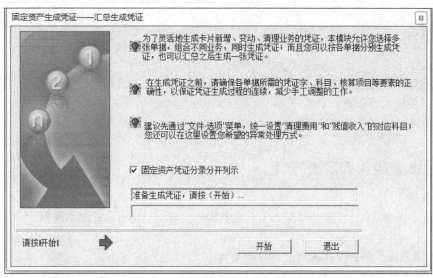

图 9-14 【固定资产生成凭证——汇总生成凭证】对话框

（12）单击【开始】按钮，提示【完毕，成功！】。单击【退出】按钮，返回【固定资产生成凭证】窗口。

（13）单击【查看】按钮，打开【记账凭证-查看】窗口，如图 9-15 所示。

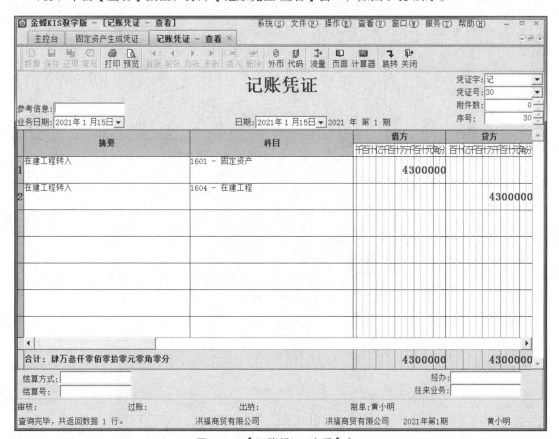

图 9-15 【记账凭证-查看】窗口

> 📖**温馨提示**
>
> （1）固定资产系统生成凭证后，可以执行【固定资产生成凭证】|【序时簿】命令，进入【会计分录序时簿】窗口，在此处可以查看凭证的详细内容，也可以查看、修改、删除、审核和反审核凭证，还可以设置各种过滤条件过滤出自己需要的凭证。
>
> （2）当期输入的卡片，如果还没有被审核或生成凭证，则可对卡片进行修改或删除，否则只能对卡片进行变动或清理来改变卡片的数据资料。

业务三　批量购入固定资产

【业务描述】

2021 年 1 月 20 日，因企业信息化平台发展需要，财务处购入三台联想电脑，取得与该业务相关的原始凭证，如图 9-16、图 9-17 和图 9-18 所示。（另外两张固定资产卡片，其信息与图 9-18 所示相同，卡片编号分别为 012、013，此处省略。）

图 9-16　增值税专用发票

图 9-17　转账支票存根

固定资产卡片

使用单位：财务部		填制日期：*2021年01月20日*			
类别	办公设备	出厂或交接验收日期	2020年9月20日	预计使用年限	3年
编号	011	购入或使用日期	2021年1月20日	预计残值	50.00
名称	联想电脑	放置或使用地址	财务部	预计清理费用	
型号规格		负责人	黄小明	月折旧率	
建造单位	联想集团股份有限公司	总造价	5000.00	月大修理费用提存率	
设备主要技术参数或建筑物占地面积、建筑面积及结构		设备主要配件名称数量或建筑物附设设备		大修理记录	固定资产改变记录
				时间　　项目	

图 9-18　固定资产卡片

【岗位说明】

黄小明负责在固定资产管理系统中输入固定资产增加的卡片，复制固定资产卡片；李金泽负责审核新增固定资产卡片；黄小明负责生成固定资产增加的会计凭证。

【操作指导】

（1）黄小明执行【固定资产】|【固定资产增加】命令，打开【固定资产卡片及变动-新增】对话框。分别在【基本信息】【部门及其他】【原值与折旧】选项卡中根据固定资产原始卡片输入相应信息，输入完成后单击【保存】按钮，如图9-19所示。

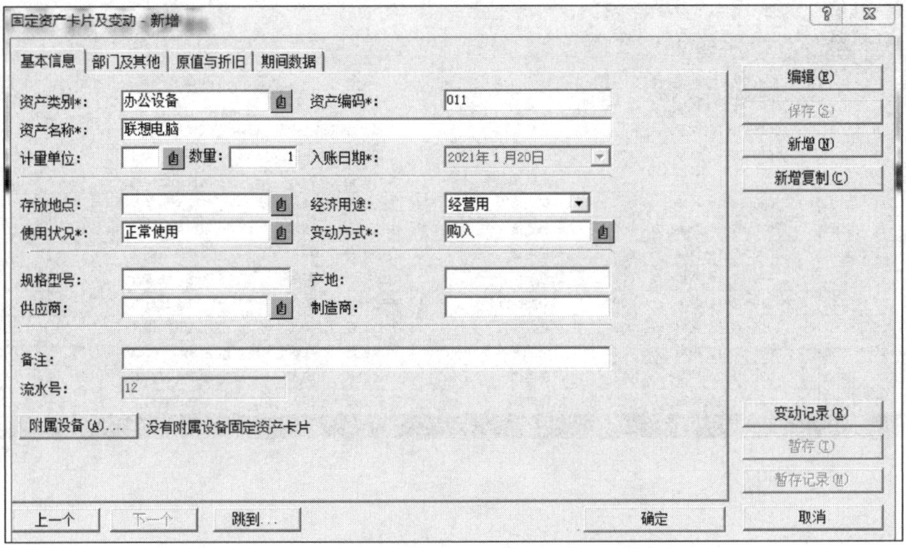

批量购入固定资产

图 9-19　【固定资产卡片及变动-新增】对话框（1）

（2）单击【新增复制】按钮，系统自动复制并生成【012】固定资产卡片，单击【保存】按钮，如图 9-20 所示。

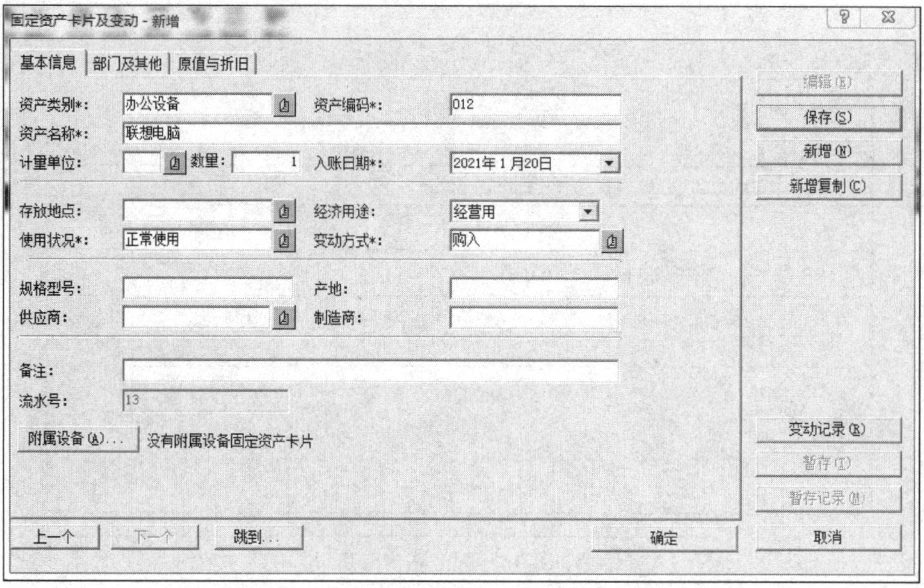

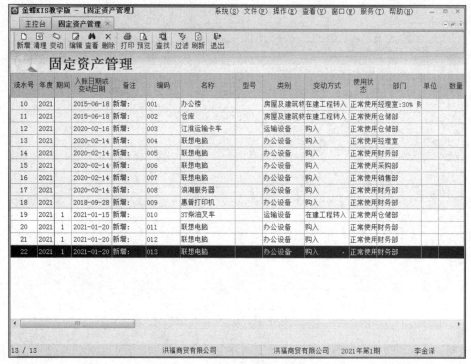

图 9-20　【固定资产卡片及变动-新增】对话框（2）

（3）以此方法，新增复制生成【013】固定资产卡片。

（4）单击【取消】按钮，返回【固定资产管理】窗口，再单击【关闭】按钮。

（5）李金泽执行【固定资产】|【卡片管理】|【卡片查询】命令，打开【过滤】对话框。所有条件默认，单击【确定】按钮，打开【固定资产管理】窗口。分别选中新增记录，打开右上侧菜单栏的【操作】|【审核】选项，对新增固定资产卡片进行审核，如图 9-21 所示。

图 9-21　【固定资产管理】窗口

（6）黄小明执行【固定资产】|【固定资产生成凭证】命令，打开【过滤界面】对话框。所有条件默认，单击【确定】按钮，打开【固定资产生成凭证】窗口，如图9-22所示。

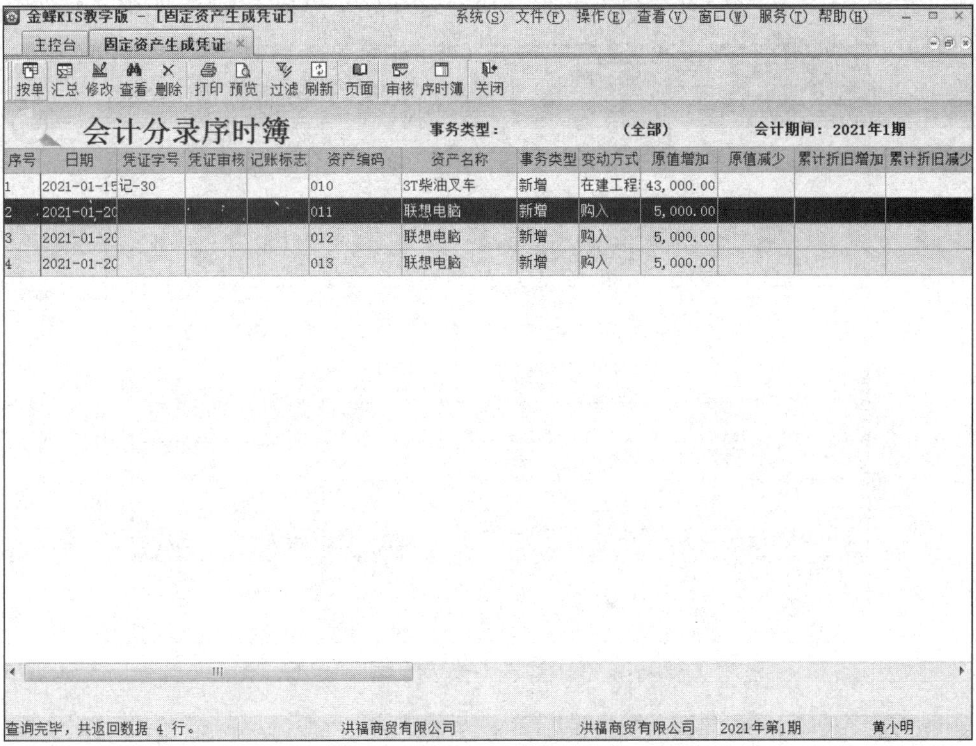

序号	日期	凭证字号	凭证审核	记账标志	资产编码	资产名称	事务类型	变动方式	原值增加	原值减少	累计折旧增加	累计折旧减少
1	2021-01-15	记-30			010	3T柴油叉车	新增	在建工程	43,000.00			
2	2021-01-20				011	联想电脑	新增	购入	5,000.00			
3	2021-01-20				012	联想电脑	新增	购入	5,000.00			
4	2021-01-20				013	联想电脑	新增	购入	5,000.00			

图9-22　【固定资产生成凭证】窗口

（7）按【Ctrl】键或【Shift】键，同时选中【011】【012】【013】三张卡片，单击【汇总】按钮，打开【固定资产生成凭证——汇总生成凭证】对话框。取消选中【固定资产凭证分录分开列示】复选框，单击【开始】按钮，如图9-23所示。

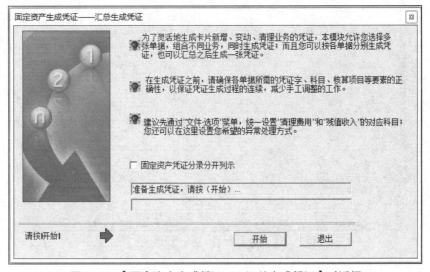

图9-23　【固定资产生成凭证——汇总生成凭证】对话框

（8）单击【开始】按钮，提示【完毕，成功！】。单击【退出】按钮，返回【固定资产生成凭证】窗口。

（9）选中凭证记录，单击【修改】按钮，打开【记账凭证-修改】窗口，如图 9-24 所示。

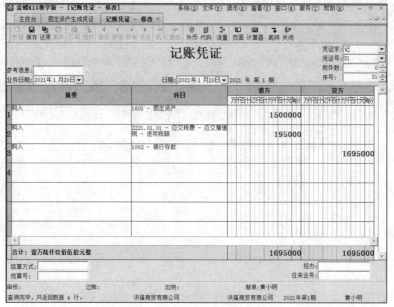

图 9-24 【记账凭证-修改】窗口（1）

（10）输入【1002】的辅助项，结算方式输入"转账支票"，结算号输入"32102239"，单击【保存】按钮，如图 9-25 所示。

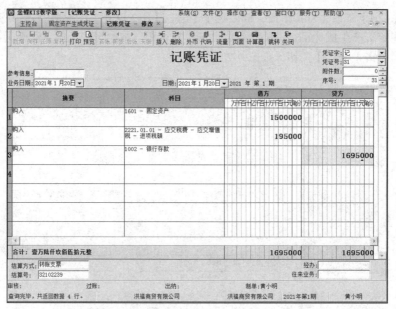

图 9-25 【记账凭证-修改】窗口（2）

（11）将账套输出至【F:\账套备份\9-1】文件夹。

实训二　固定资产变动业务

固定资产变动是指固定资产在使用过程中所发生的原值变动、部门转移、使用状况变动、使用年限调整、折旧方法调整、净残值（率）调整、工作总量调整、累计折旧调整、计提固定资产减值准备等情况。固定资产变动不改变企业使用的固定资产的数量，而固定资产增加或减少则是指企业使用的固定资产在数量上的变化。

业务一　资产原值变动

【业务描述】

2021 年 1 月 22 日，因经理室使用的联想电脑（004）需要提高配置，现增加一个内存条，取得与该业务相关的原始凭证，如图 9-26 和图 9-27 所示。

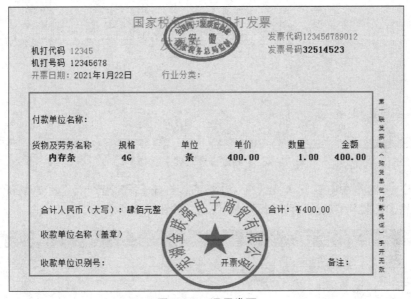

图 9-26　通用发票

图 9-27　付款申请书

【岗位说明】

黄小明负责在固定资产管理系统中输入固定资产原值变动单，李金泽负责审核固定资产变动，黄小明负责生成资产变动的会计凭证。

【操作指导】

（1）黄小明执行【固定资产】|【固定资产变动】命令，打开【固定资产管理】窗口，如图 9-28 所示。

资产原值变动

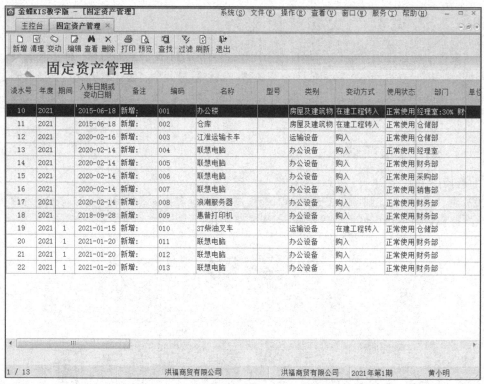

图 9–28 【固定资产管理】窗口（1）

（2）选中【004 联想电脑】，单击【变动】按钮，打开【固定资产卡片及变动-新增】对话框。在【基本信息】选项卡中选择变动方式为【购入】，如图 9-29 所示。

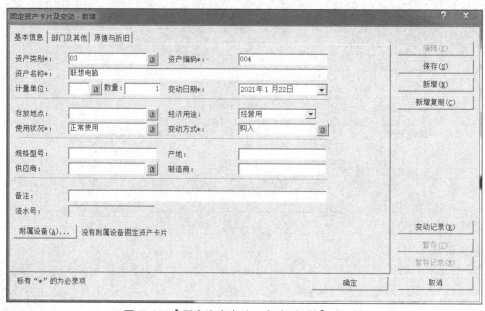

图 9–29 【固定资产卡片及变动–新增】对话框

（3）选择【原值与折旧】选项卡，原币调整输入"400"，如图 9-30 所示。

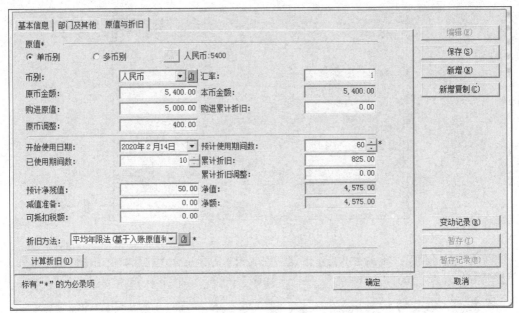

图 9-30　【原位与折旧】选项卡

（4）单击【保存】按钮，004 卡片变动完成。单击【退出】按钮，退出【固定资产管理】窗口。

（5）李金泽执行【固定资产】|【卡片管理】|【卡片查询】命令，打开【过滤】对话框。所有条件默认，单击【确定】按钮，打开【固定资产管理】窗口。选中变动记录，打开右上侧菜单栏的【操作】|【审核】选项，对变动固定资产进行审核，如图 9-31 所示。

流水号	年度	期间	入账日期或变动日期	备注	编码	名称	型号	类别	变动方式	使用状态	部门	单位	数量	期初数量	币别	汇率	原值原币
10	2021		2015-06-18	新增	001	办公楼		房屋及建筑物	在建工程转入	正常使用经理室:30%			1	1	人民币	1	300,000.00
11	2021		2015-06-18	新增	002	仓库		房屋及建筑物	在建工程转入	正常使用仓储部			1	1	人民币	1	450,000.00
12	2021		2020-02-16	新增	003	江淮运输卡车		运输设备	购入	正常使用经理室			1	1	人民币	1	90,000.00
13	2021		2020-02-14	新增	004	联想电脑		办公设备	购入	正常使用财务部			1	1	人民币	1	5,000.00
14	2021		2020-02-14	新增	005	联想电脑		办公设备	购入	正常使用采购部			1	1	人民币	1	5,000.00
15	2021		2020-02-14	新增	006	联想电脑		办公设备	购入	正常使用销售部			1	1	人民币	1	5,000.00
16	2021		2020-02-14	新增	007	联想电脑		办公设备	购入	正常使用财务部			1	1	人民币	1	5,000.00
17	2021		2020-02-14	新增	008	浪潮服务器		办公设备	购入	正常使用财务部			1	1	人民币	1	12,000.00
18	2021		2018-09-28	新增	009	惠普打印机		办公设备	购入	正常使用财务部			1	1	人民币	1	3,000.00
24	2021	1	2021-01-22	变动:	004	联想电脑		办公设备	购入	正常使用经理室			1	1	人民币	1	5,400.00
19	2021	1	2021-01-15	新增	010	3T柴油叉车		运输设备	在建工程转入	正常使用仓储部			1	0	人民币	1	43,000.00
20	2021	1	2021-01-20	新增	011	联想电脑		办公设备	购入	正常使用财务部			1	0	人民币	1	5,000.00
21	2021	1	2021-01-20	新增	012	联想电脑		办公设备	购入	正常使用财务部			1	0	人民币	1	5,000.00
22	2021	1	2021-01-20	新增	013	联想电脑		办公设备	购入	正常使用财务部			1	0	人民币	1	5,000.00

图 9-31　【固定资产管理】窗口（2）

（6）黄小明执行【固定资产】|【固定资产生成凭证】命令，打开【过滤】对话框。事务类型选择【其他变动】，如图 9-32 所示，单击【确定】按钮，打开【固定资产生成凭证】窗口。

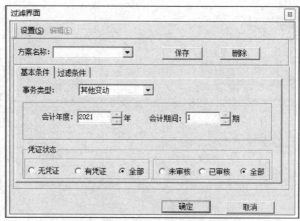

图 9-32 【过滤界面】对话框

（7）选中凭证信息，单击【汇总】按钮，生成购入内存条会计凭证。单击【修改】按钮，修改凭证贷方科目为【1001-库存现金】，单击【保存】按钮，结果如图 9-33 所示。

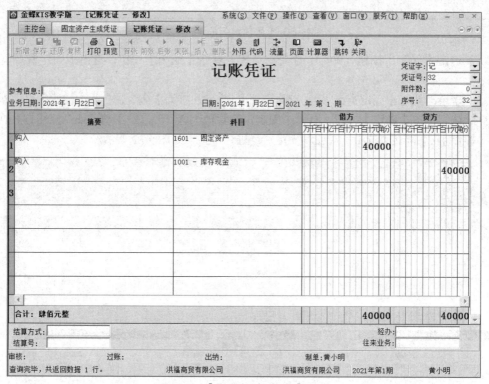

图 9-33 【记账凭证-修改】窗口

📖 **温馨提示**

（1）当期已进行变动的固定资产不能清理，需要将变动记录删除后才可进行清理。

（2）固定资产变动是针对以前会计期间入账的固定资产卡片资料的变动，不包括固定资产的清理、报废、盘亏、投资转出等业务。

（3）对当期输入的固定资产卡片，不能在当期变动，可直接修改卡片数据。

业务二　计提减值准备

【业务描述】

2021年1月30日，对财务部使用的浪潮服务器（008）进行测试，确认其可收回金额为6 700元。取得与该业务相关的原始凭证如图9-34所示。

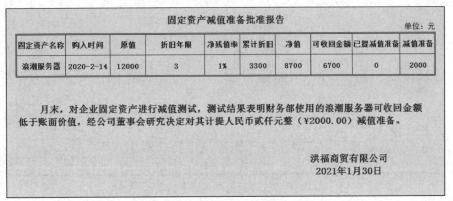

固定资产减值准备批准报告

单位：元

固定资产名称	购入时间	原值	折旧年限	净残值率	累计折旧	净值	可收回金额	已提减值准备	减值准备
浪潮服务器	2020-2-14	12000	3	1%	3300	8700	6700	0	2000

月末，对企业固定资产进行减值测试，测试结果表明财务部使用的浪潮服务器可收回金额低于账面价值，经公司董事会研究决定对其计提人民币贰仟元整（¥2000.00）减值准备。

洪福商贸有限公司
2021年1月30日

图9-34　固定资产减值批准报告

【岗位说明】

黄小明负责在固定资产管理系统中输入计提减值准备变动单，李金泽负责审核固定资产减值，黄小明负责生成计提减值准备的会计凭证。

计提减值准备

【操作指导】

（1）黄小明执行【固定资产】|【固定资产变动】命令，打开【固定资产管理】窗口。

（2）选中【008 浪潮服务器】，单击【变动】按钮，打开【固定资产卡片及变动-新增】对话框。在【基本信息】选项卡中，变动日期选择【2021年1月30日】，变动方式选择【其他】，如图9-35所示。在【原值与折旧】选项卡中，减值准备输入"2000"，单击【保存】按钮，如图9-36所示。

图9-35　【基本信息】选项卡

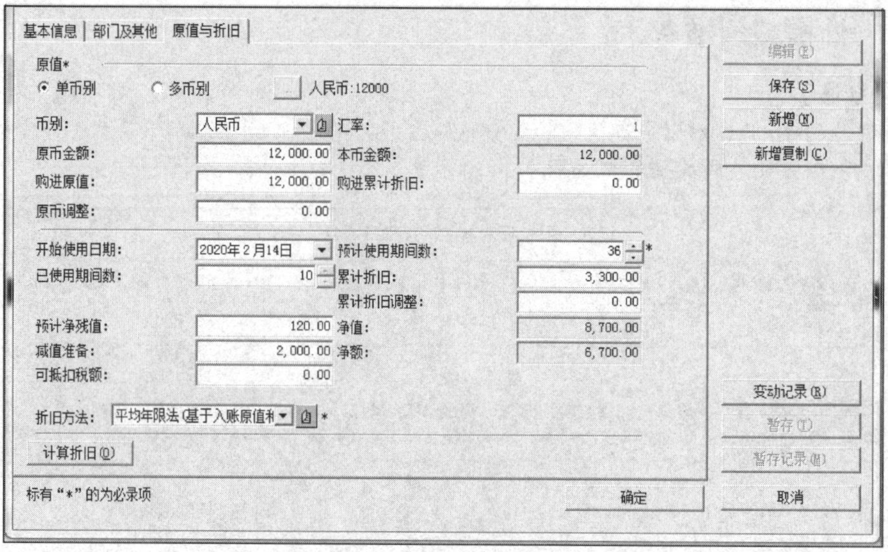

图 9-36 【原值与折旧】选项卡

（3）单击【退出】按钮，退出【固定资产管理】窗口。

（4）李金泽执行【固定资产】|【卡片管理】|【卡片查询】命令，打开【过滤】对话框。所有条件默认，单击【确定】按钮，打开【固定资产管理】窗口。选中变动记录，单击【操作】按钮，对变动固定资产进行审核，如图 9-37 所示。

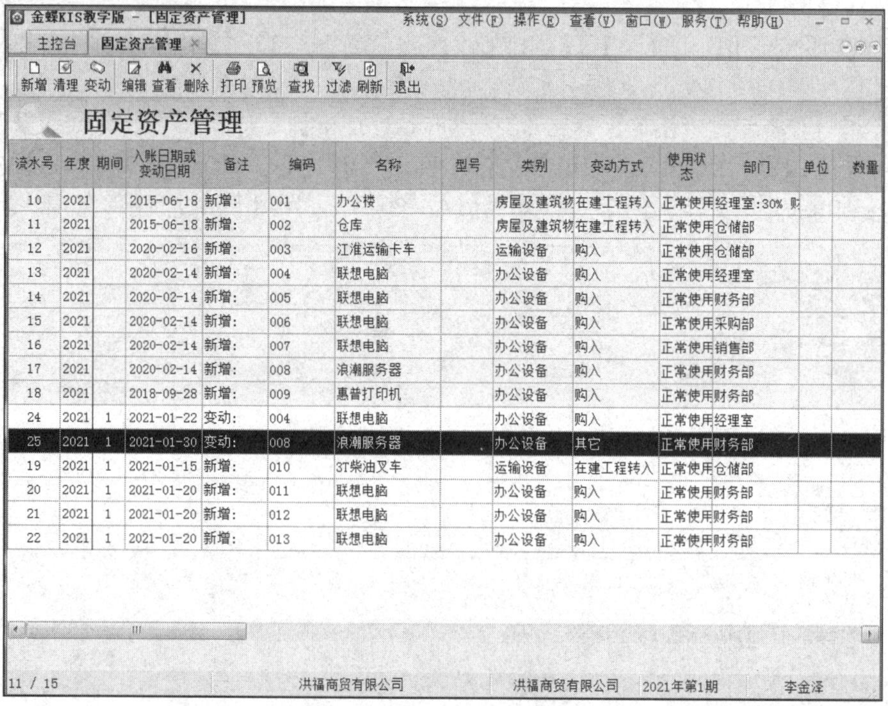

图 9-37 【固定资产管理】窗口

（5）黄小明执行【固定资产】|【固定资产生成凭证】命令，打开【过滤界面】对话框。事务类型选择【其他变动】，单击【确定】按钮，打开【固定资产生成凭证】窗口，如图 9-38 所示。

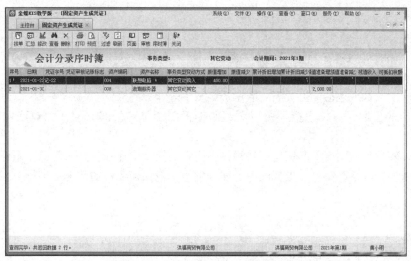

图9-38 【固定资产生成凭证】窗口

（6）选中资产编码【008】记录，单击【汇总】按钮，打开【固定资产生成凭证——汇总生成凭证】对话框。单击【开始】按钮，系统跳出【信息提示】对话框，如图9-39所示。

（7）单击【是】按钮，打开【记账凭证-修改】窗口。输入借方科目"6701"，单击【保存】按钮，如图9-40所示。

图9-39 【信息提示】对话框

图9-40 【记账凭证-修改】窗口

（8）将账套输出至【F:\账套备份\9-2】文件夹。

实训三　固定资产期末处理

固定资产期末处理包括计提折旧、固定资产减少等业务的操作。

固定资产的折旧，具体包括计提折旧、制作折旧清单和折旧分配表、对账、制作凭证等工作。

固定资产减少是指固定资产在使用过程中，由于毁损、出让、盘亏等而退出企业经营活动。固定资产的减少，必须在每月计提折旧以后在未发生其他任何业务的情况下进行。

业务一　计提折旧

【业务描述】

2021 年 1 月 31 日，对所有固定资产计提折旧。

【岗位说明】

黄小明负责在固定资产管理系统中计提固定资产折旧，并生成计提固定资产折旧的会计凭证。

【操作指导】

（1）黄小明执行【固定资产】|【计提折旧】命令，打开【计提折旧】对话框，如图 9-41 所示。

计提折旧

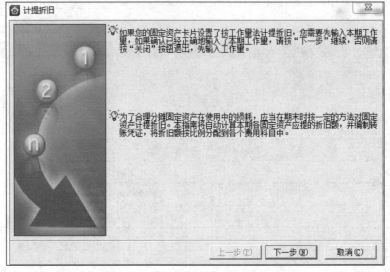

图 9-41　【计提折旧】对话框（1）

（2）单击【下一步】按钮，系统弹出生成转账凭证的凭证摘要及凭证字，所有信息默认，如图 9-42 所示。

（3）单击【下一步】按钮，系统提示【按"计提折旧"按钮开始计提本期折旧费用】，如图 9-43 所示，所有信息默认。

（4）单击【计提折旧】按钮，系统提示【计提折旧完成！】，如图 9-44 所示。

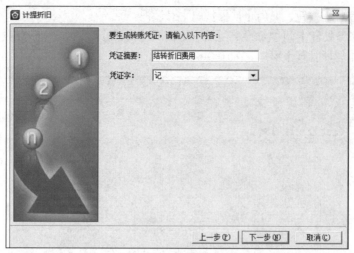

图 9-42 【计提折旧】对话框（2）

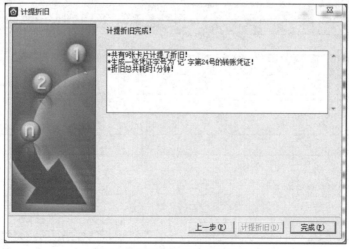

图 9-43 【计提折旧】对话框（3）

图 9-44 【计提折旧】对话框（4）

（5）单击【完成】按钮，退出【计提折旧】对话框。

（6）执行【账务处理】|【凭证管理】命令，打开【过滤】对话框。所有信息默认，单击【确定】按钮，打开【凭证管理】窗口，如图 9-45 所示。

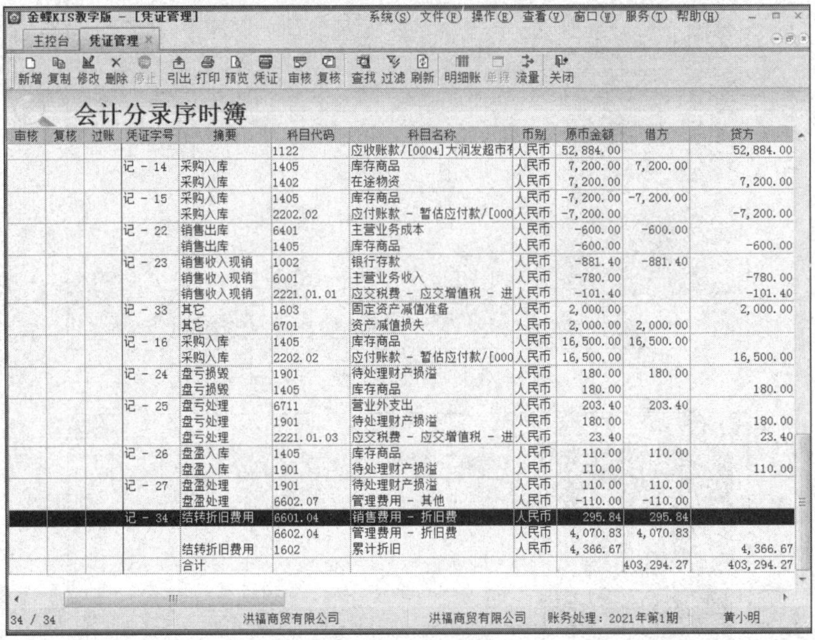

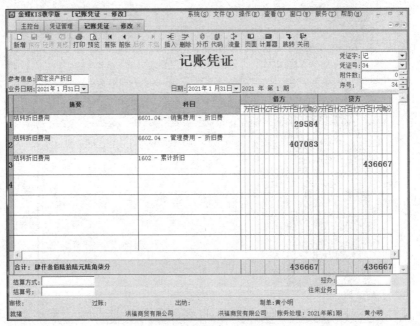

图 9-45 【凭证管理】窗口

（7）选中【结转折旧费用】会计凭证，单击【修改】按钮，打开【记账凭证-修改】窗口。将凭证摘要补充完整，单击【保存】按钮，凭证保存成功，如图 9-46 所示。

图 9-46 【记账凭证-修改】窗口

📖 **温馨提示**

（1）如果上次计提折旧已经制单，则必须删除该凭证才能重新计提折旧。

（2）计提折旧后又对系统进行了影响折旧计算或分配的操作，必须重新计提折旧，否则系统不允许结账。

（3）如果自定义的折旧方法中月折旧率或月折旧额出现负数，则系统会自动终止计提折旧。

（4）如果用户需要调整本期折旧，可直接修改【本期折旧额】栏中的数据。本期应提折旧额是按照固定资产的折旧要素和折旧方法计算出来的，供用户修正折旧时参考，用户不能修改。

（5）修改【本期折旧额】栏数据后，单击【保存】按钮，保存所作的修改。对已提折旧进行修正后，相应的折旧凭证也随之更新，不需要再单独处理。

（6）如果要取消对折旧的修正，可单击【还原】按钮，即可恢复到上一次保存后的状态。

业务二 资产报废

【业务描述】

2021 年 1 月 31 日，财务部使用的惠普打印机因配件老化、性能不能满足需求而报废，取得与该业务相关的原始凭证，如图 9-47 和图 9-48 所示。

图 9-47 固定资产报废单

图 9-48 收款收据

【岗位说明】

黄小明负责在固定资产管理系统中减少固定资产；李金泽负责审核固定资产减少；黄小明负责生成固定资产减少的会计凭证，在总账系统中填制结转固定资产清理的会计凭证。

资产报废

【操作指导】

（1）黄小明执行【固定资产】|【固定资产变动】命令，打开【固定资产

管理】窗口。

（2）选中【009　惠普打印机】，单击【清理】按钮，打开【固定资产清理-新增】对话框。清理日期选择【2021 年 1 月 31 日】，变动方式选择【报废】，摘要输入"打印机报废"，如图 9-49 所示。

（3）单击【保存】按钮，系统提示【保存清理数据前必须生成一条变动记录，确认要生成吗？】，如图 9-50 所示。

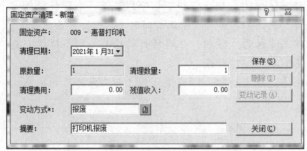

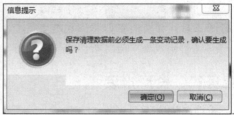

图 9-49 【固定资产清理-新增】对话框　　　　图 9-50 【信息提示】对话框

（4）单击【确定】按钮，打印机清理数据保存成功。

（5）李金泽执行【固定资产】|【卡片管理】|【卡片查询】命令，打开【过滤】对话框。所有条件默认，单击【确定】按钮，打开【固定资产管理】窗口。选中清理记录，执行【操作】|【审核】命令，对变动固定资产进行审核，如图 9-51 所示。

流水号	年度	期间	入账日期或变动日期	备注	编码	名称	型号	类别	变动方式	使用状态	部门	单位	数量
10	2021		2015-06-18	新增:	001	办公楼		房屋及建筑物	在建工程转入	正常使用	经理室:30%		
11	2021		2015-06-18	新增:	002	仓库		房屋及建筑物	在建工程转入	正常使用	仓储部		
12	2021		2020-02-16	新增:	003	江淮运输卡车		运输设备	购入	正常使用	仓储部		
13	2021		2020-02-14	新增:	004	联想电脑		办公设备	购入	正常使用	经理室		
14	2021		2020-02-14	新增:	005	联想电脑		办公设备	购入	正常使用	财务部		
15	2021		2020-02-14	新增:	006	联想电脑		办公设备	购入	正常使用	采购部		
16	2021		2020-02-14	新增:	007	联想电脑		办公设备	购入	正常使用	销售部		
17	2021		2020-02-14	新增:	008	浪潮服务器		办公设备	购入	正常使用	财务部		
18	2021		2018-09-28	新增:	009	惠普打印机		办公设备	购入	正常使用	财务部		
24	2021	1	2021-01-22	变动:	004	联想电脑		办公设备	购入	正常使用	经理室		
25	2021	1	2021-01-30	变动:	008	浪潮服务器		办公设备	其它	正常使用	财务部		
26	2021	1	2021-01-31	完全清理:	009	惠普打印机		办公设备	报废	正常使用	财务部		
19	2021	1	2021-01-15	新增:	010	3T柴油叉车		运输设备	在建工程转入	正常使用	仓储部		
20	2021	1	2021-01-20	新增:	011	联想电脑		办公设备	购入	正常使用	财务部		
21	2021	1	2021-01-20	新增:	012	联想电脑		办公设备	购入	正常使用	财务部		
22	2021	1	2021-01-20	新增:	013	联想电脑		办公设备	购入	正常使用	财务部		

图 9-51 【固定资产管理】窗口

（6）黄小明执行【固定资产】|【固定资产生成凭证】命令，打开【过滤】对话框。事务类型选择【清理】，单击【确定】按钮，打开【固定资产生成凭证】窗口。单击【汇总】按钮，生成打印机报废会计凭证。单击【查看】按钮，报废打印机的会计凭证如图 9-52 所示。

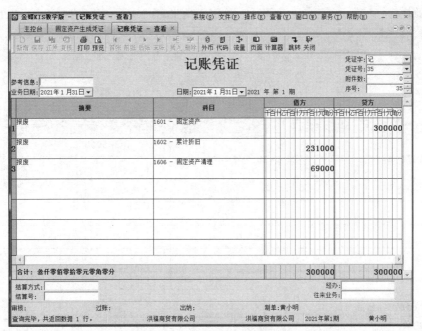

图 9-52 【记账凭证–查看】窗口

（7）执行【账务处理】|【凭证录入】命令，打开【记账凭证-新增】窗口。

（8）单击【新增】按钮，修改业务日期为【2021 年 1 月 31 日】，修改日期为【2021 年 1 月 31 日】，根据收款收据输入凭证信息，如图 9-53 所示。

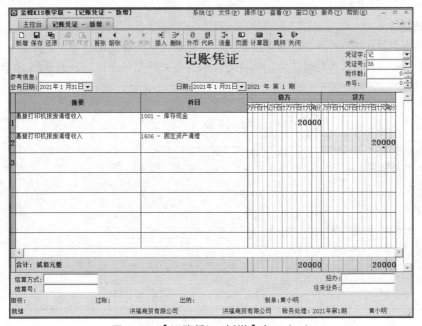

图 9-53 【记账凭证–新增】窗口（1）

（9）单击【保存】按钮，凭证保存成功。

（10）继续单击【新增】按钮，输入结转固定资产清理会计凭证，如图 9-54 所示。

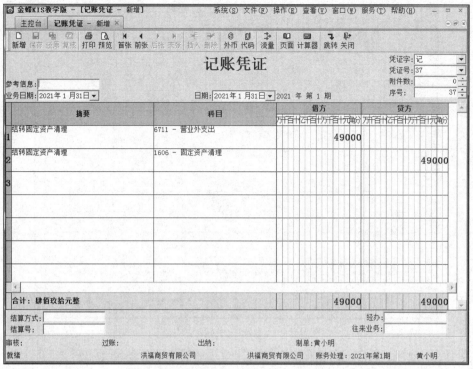

图 9-54 【记账凭证–新增】窗口（2）

业务三　资产盘点

【业务描述】

2021 年 1 月 31 日，对办公设备进行盘点，发现销售部的联想电脑丢失。经查，损失由该部门负责人张立赔偿，尚未收到赔偿款，取得与该业务相关的原始凭证，如图 9-55 所示。

固定资产盘盈盘亏表
2021 年 1 月 31 日
单位：元

固定资产编号	固定资产名称	盘盈				盘亏					
		数量	原价	估计折旧额	估计净值	数量	原价	已提折旧额	已提减值准备	净值	
007	联想电脑					1.00	5000.00	1512.50		3487.50	第一联会计联
合　计						1.00	5000.00	1512.50		3487.50	
差异原因	联想电脑丢失										
资产管理部门建议处理意见	由销售部门负责人赔偿。										
单位主管部门批复处理意见	同意										

单位主管：略　　　　财务经理：略　　　　资产管理部门：略　　　　制单：略

图 9-55　固定资产盘盈盘亏表

【岗位说明】

黄小明负责在固定资产管理系统中盘点固定资产，处理盘亏的固定资产；李金泽负责审核盘亏的固定资产；黄小明负责生成固定资产盘亏的会计凭证，在总账系统中输入结转固定资产清理的会计凭证。

【操作指导】

（1）黄小明执行【固定资产】|【固定资产变动】命令，打开【固定资产管理】窗口。

资产盘点

（2）选中【007 联想电脑】，单击【清理】按钮，打开【固定资产清理-新增】对话框。清理日期选择【2021 年 1 月 31 日】，变动方式选择【盘亏】，摘要输入"联想电脑盘亏"，如图 9-56 所示。

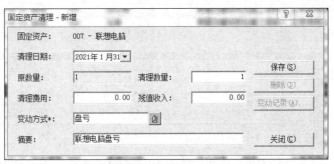

图 9-56 【固定资产清理–新增】对话框

（3）单击【保存】按钮，系统提示【保存清理数据前必须生成一条变动记录，确认要生成吗？】。单击【确定】按钮，联想电脑清理数据保存成功，如图 9-57 所示。

流水号	年度	期间	入账日期或变动日期	备注	编码	名称	型号	类别	变动方式	使用状态	部门	单价
10	2021		2015-06-18	新增:	001	办公楼		房屋及建筑物	在建工程转入	正常使用	经理室:30% 财	
11	2021		2015-06-18	新增:	002	仓库		房屋及建筑物	在建工程转入	正常使用	仓储部	
12	2021		2020-02-16	新增:	003	江淮运输卡车		运输设备	购入	正常使用	经理室	
13	2021		2020-02-14	新增:	004	联想电脑		办公设备	购入	正常使用	财务部	
14	2021		2020-02-14	新增:	005	联想电脑		办公设备	购入	正常使用	财务部	
15	2021		2020-02-14	新增:	006	联想电脑		办公设备	购入	正常使用	采购部	
16	2021		2020-02-14	新增:	007	联想电脑		办公设备	购入	正常使用	销售部	
17	2021		2020-02-14	新增:	008	浪潮服务器		办公设备	购入	正常使用	财务部	
18	2021		2018-09-28	新增:	009	惠普打印机		办公设备	购入	正常使用	财务部	
24	2021	1	2021-01-22	变动:	004	联想电脑		办公设备	购入	正常使用	经理室	
27	2021	1	2021-01-31	完全清理:/	007	联想电脑		办公设备	盘亏	正常使用	销售部	
25	2021	1	2021-01-30	变动:	008	浪潮服务器		办公设备	其他	正常使用	财务部	
26	2021	1	2021-01-31	完全清理:/	009	惠普打印机		办公设备	报废	正常使用	财务部	
19	2021	1	2021-01-15	新增:	010	3T柴油叉车		运输设备	在建工程转入	正常使用	仓储部	
20	2021	1	2021-01-20	新增:	011	联想电脑		办公设备	购入	正常使用	财务部	
21	2021	1	2021-01-20	新增:	012	联想电脑		办公设备	购入	正常使用	财务部	
22	2021	1	2021-01-20	新增:	013	联想电脑		办公设备	购入	正常使用	财务部	

11 / 17　　洪福商贸有限公司　　洪福商贸有限公司　2021年第1期　　黄小明

图 9-57 【固定资产管理】窗口（1）

（4）单击【退出】按钮，退出【固定资产管理】窗口。

（5）李金泽执行【固定资产】|【卡片管理】|【卡片查询】命令，打开【过滤】对话框。所

有条件默认，单击【确定】按钮，打开【固定资产管理】窗口。选中清理记录，单击【操作】按钮，对变动固定资产进行审核，如图 9-58 所示。

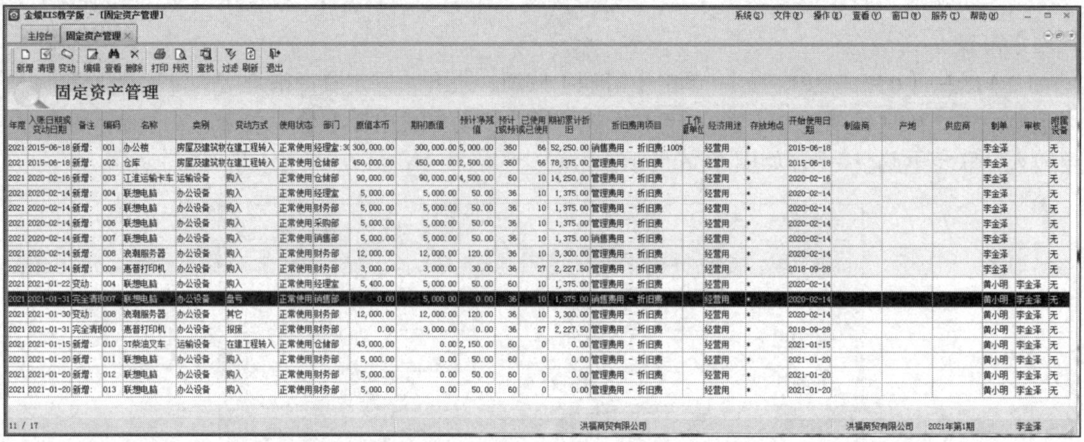

图 9-58 【固定资产管理】窗口（2）

（6）黄小明执行【固定资产】|【固定资产生成凭证】命令，打开【过滤】对话框。事务类型选择【清理】，单击【确定】按钮，打开【固定资产生成凭证】窗口。选中固定资产盘亏记录，单击【汇总】按钮，生成联想电脑盘亏会计凭证。单击【查看】按钮，盘亏联想电脑会计凭证如图 9-59 所示。

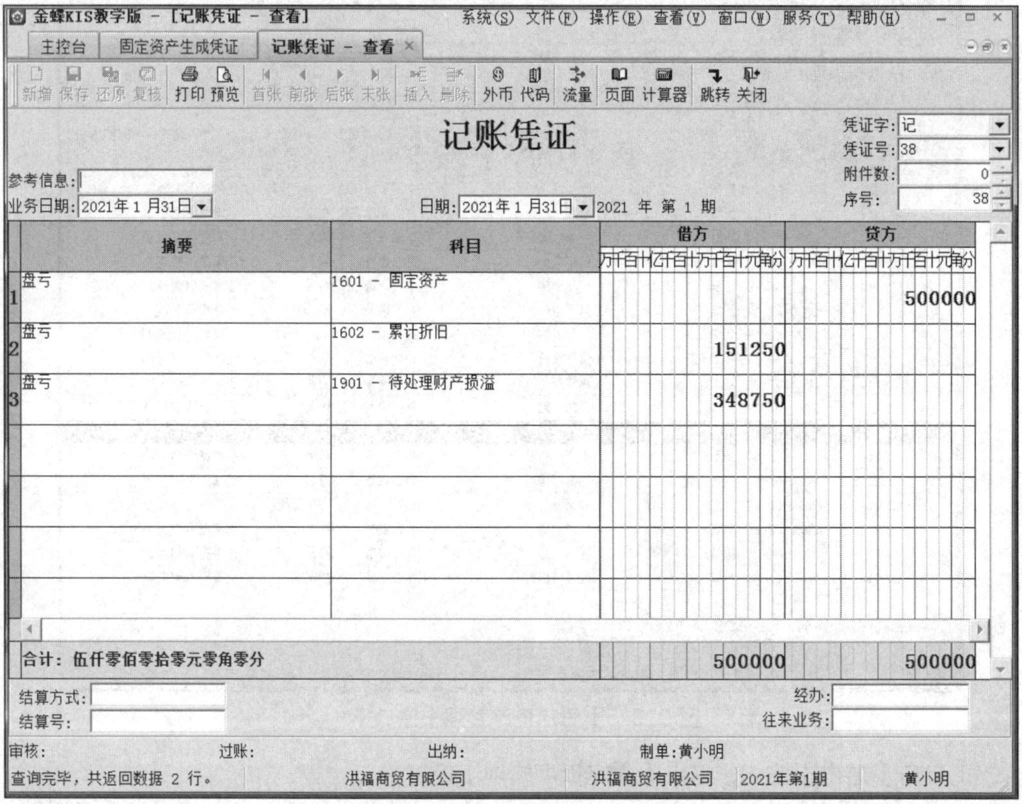

图 9-59 盘亏联想电脑会计凭证

（7）执行【账务处理】|【凭证录入】命令，打开【记账凭证-新增】窗口。

（8）单击【新增】按钮，修改业务日期为【2021 年 1 月 31 日】，修改日期为【2021 年 1 月 31 日】，输入盘亏联想电脑凭证信息，如图 9-60 所示。

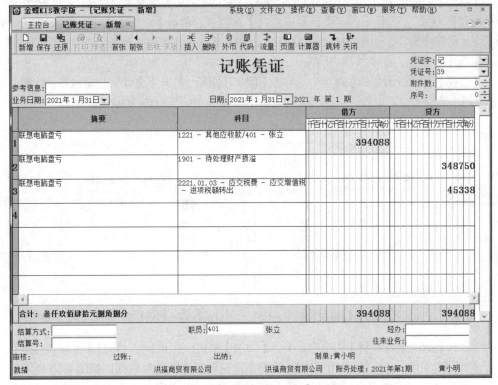

图 9-60 【记账凭证-新增】窗口

（9）单击【保存】按钮，凭证保存成功。

（10）将账套输出至【F:\账套备份\9-3】文件夹。

> 📖温馨提示
>
> 如果要恢复已清理的固定资产，在【卡片管理】窗口，选择需要恢复的资产，单击【清理】按钮，打开【固定资产清理-查看】窗口。单击【删除】按钮，即可恢复。

实训四 固定资产对账及账表查询

每个月月末，必须进行结账处理。结账前要先对账，并且进行下列检查：是否已经正确输入了所有原始固定资产卡片和本月新增固定资产的卡片；是否输入了本月所有的变动单。

业务一 固定资产对账

【业务描述】

2021 年 1 月 31 日，财务部对固定资产对账。

【岗位说明】

黄小明负责对固定资产对账。

【操作指导】

（1）黄小明执行【固定资产】|【固定资产与总账对账】命令，打开【对账方案】对话框。

固定资产对账及
账表查询

（2）单击【增加】按钮，打开【固定资产对账】对话框。方案名称输入"固定资产与总账对账"，选择【固定资产原值科目】选项卡，单击【增加】按钮，打开【会计科目】窗口。选择【1601-固定资产】，单击【确定】按钮，返回【固定资产对账】对话框，如图 9-61 所示。

（3）选择【累计折旧科目】选项卡，单击【增加】按钮，打开【会计科目】窗口。选择【1602-累计折旧】，单击【确定】按钮，返回【固定资产对账】对话框，如图 9-62 所示。

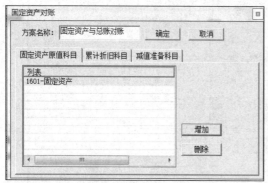

图 9-61 【固定资产对账】对话框（1）

图 9-62 【固定资产对账】对话框（2）

（4）选择【减值准备科目】选项卡，单击【增加】按钮，打开【会计科目】窗口。选择【1603-固定资产减值准备】，单击【确定】按钮，返回【固定资产对账】对话框，如图 9-63 所示。

（5）单击【确定】按钮，系统提示【确定要新增方案[固定资产与总账对账]数据吗？】，如图 9-64 所示。

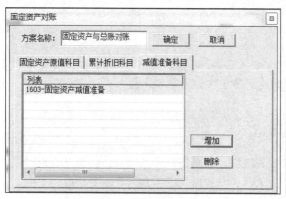
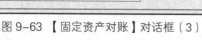

图 9-63 【固定资产对账】对话框（3）

图 9-64 【信息提示】对话框

（6）单击【确定】按钮，返回【对账方案】对话框，选中【包括未过账凭证】复选框，如图 9-65 所示。

（7）单击【确定】按钮，打开【固定资产与总账对账】窗口，如图 9-66 所示。

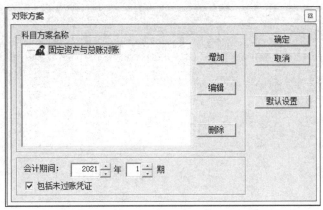

图 9-65 【对账方案】对话框

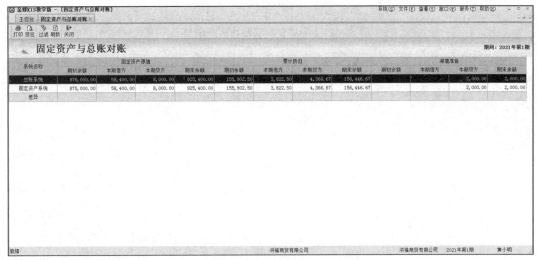

图 9-66 【固定资产与总账对账】窗口

业务二 查询固定资产变动情况表

【业务描述】

2021 年 1 月 31 日，查询固定资产变动情况表。

【岗位说明】

黄小明负责在固定资产管理系统中查询固定资产变动情况表。

【操作指导】

（1）黄小明执行【固定资产】|【固定资产变动情况表】命令，打开【固定资产变动情况表——方案设置】对话框，选中【包含本期已清理的卡片】，如图 9-67 所示。

（2）单击【确定】按钮，打开【固定资产变动情况表】窗口，如图 9-68 所示。

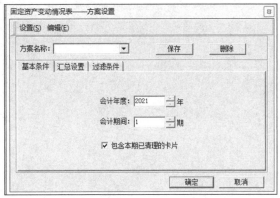

图 9-67 【固定资产变动情况表——方案设置】对话框

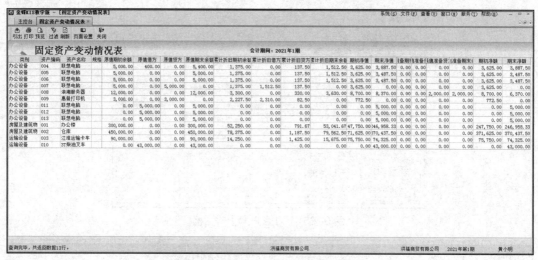

图 9-68 【固定资产变动情况表】窗口

（3）将账套输出至【F:\账套备份\9-4】文件夹。

项目十

工资管理系统业务处理

实训一 工资管理系统初始化

工资管理系统初始设置主要包括工资类别管理、部门和职员等设置，只有初始设置正确，在最后的工资报表业务处理中才能得到所需要的报表，并能方便地分配费用。

业务一 建立工资类别

【业务描述】

2021 年 1 月 1 日，以李金泽身份登录主控台，建立"正式人员"工资类别。

【岗位说明】

李金泽负责建立工资类别。

【操作指导】

（1）李金泽执行【工资管理】|【类别管理】命令，打开【类别管理】对话框。单击【新建】按钮，打开【新建工资类别】对话框，类别名称输入"正式人员"，如图 10-1 所示。

建立工资类别

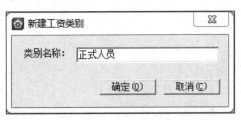

图 10-1 【新建工资类别】对话框

（2）单击【确定】按钮，系统提示【新建工资类别成功！】，如图 10-2 所示。

（3）单击【确定】按钮，返回【类别管理】对话框，如图 10-3 所示。

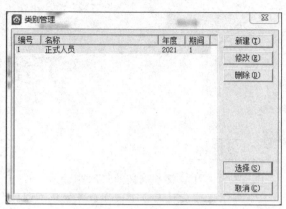

图 10-2 【信息提示】对话框   图 10-3 【类别管理】对话框

（4）单击【取消】按钮退出。

业务二　建立部门档案

【业务描述】

2021 年 1 月 1 日，以李金泽身份登录主控台，建立部门档案。

【岗位说明】

李金泽负责建立部门档案。

【操作指导】

建立部门档案

（1）李金泽执行【工资管理】|【部门】命令，打开【部门】窗口。单击【引入】按钮，选择导入数据源【总账数据】，如图 10-4 所示。

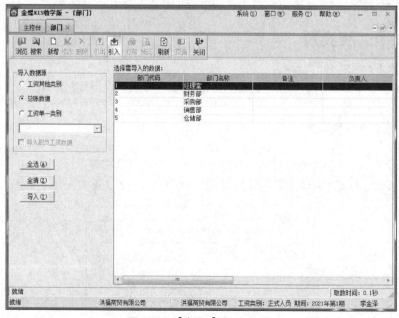

图 10-4 【部门】窗口（1）

（2）单击【全选】按钮，如图 10-5 所示。

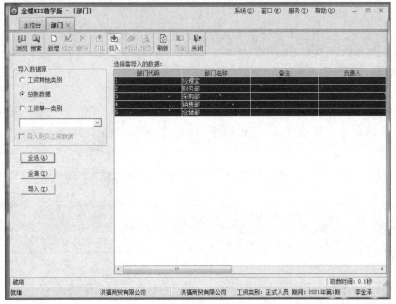

图 10-5　【部门】窗口（2）

（3）单击【导入】按钮，系统提示【所导入的
部门信息可能不完全。请检查所导入部门信息，并
将其补充完全！】，如图 10-6 所示。

（4）单击【确定】按钮，返回【部门】窗口。
单击【浏览】按钮，操作结果如图 10-7 所示。

图 10-6　【信息提示】对话框——建立部门档案

图 10-7　【部门】窗口（3）

业务三　建立银行档案

【业务描述】

2021 年 1 月 1 日，以李金泽身份登录主控台，建立银行档案。

代码：01。名称：中国工商银行芜湖市弋江路支行。账号长度：19。

【岗位说明】

李金泽负责建立银行档案。

【操作指导】

（1）李金泽执行【工资管理】|【银行】命令，打开【银行】窗口，如图 10-8 所示。

建立银行档案

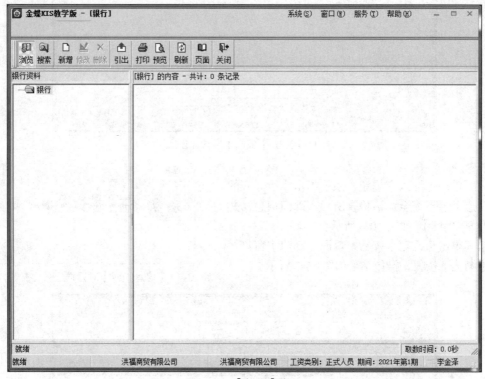

图 10-8　【银行】窗口

（2）单击【新增】按钮，打开【银行-新增】对话框，输入代码、名称、账号长度，如图 10-9 所示。

（3）单击【保存】按钮。

业务四　建立职员档案

【业务描述】

2021 年 1 月 1 日，以李金泽身份登录主控台，建立职员档案。

【岗位说明】

李金泽负责建立职员档案。

图 10-9　【银行-新增】对话框

【操作指导】

（1）李金泽执行【工资管理】|【职员】命令，打开【职员】窗口。单击【引入】按钮，选择导入数据源【总账数据】，如图10-10所示。

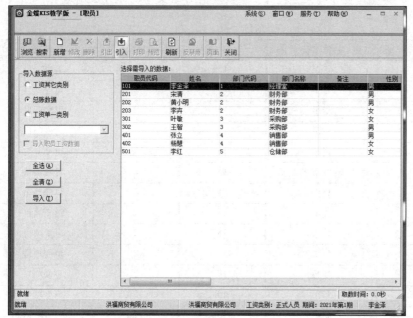

建立职员档案

图 10-10 【职员】窗口（1）

（2）单击【全选】按钮，再单击左下角的【导入】按钮，信息提示【所导入的职员类别可能不完全。请检查所导入职员的职员类别，并将其补充完全！】。单击【确定】按钮，导入完成后，再单击【浏览】按钮即可查看导入的人员，如图10-11所示。

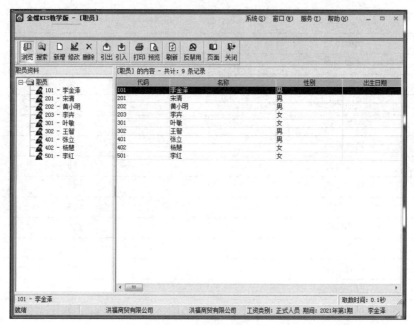

图 10-11 【职员】窗口（2）

业务五　设置工资项目

【业务描述】

2021 年 1 月 1 日，以李金泽身份登录主控台，根据表 10-1 和表 10-2 设置工资项目。

表 10-1　　　　　　　　　　　　　　　工资项目

项目名称	数据类型	数据长度	小数位数	项目属性
交通补贴	货币	15	2	可变项目
岗位工资	货币	15	2	可变项目
物价补贴	货币	15	2	可变项目
医疗保险	货币	15	2	可变项目
养老保险	货币	15	2	可变项目
工伤保险	货币	15	2	可变项目
失业保险	货币	15	2	可变项目
生育保险	货币	15	2	可变项目
住房公积金	货币	15	2	可变项目
缺勤扣款	货币	15	2	可变项目
缺勤天数	实数	18	2	可变项目
五险一金计提基数	货币	15	2	可变项目
工资分配基数	货币	15	2	可变项目

表 10-2　　　　　　　　　　　　　　工资项目排序

项目名称	顺序号
职员代码	1
职员姓名	2
部门名称	3
职员类别	4
基本工资	5
奖金	6
交通补贴	7
岗位工资	8
物价补贴	9
应发合计	10
医疗保险	11
养老保险	12
工伤保险	13
失业保险	14
生育保险	15
住房公积金	16
缺勤扣款	17
缺勤天数	18

续表

项目名称	顺序号
代扣税	19
扣款合计	20
实发合计	21
五险一金计提基数	22
工资分配基数	23
个人账号	24

【岗位说明】

李金泽负责设置工资项目。

【操作指导】

设置工资项目

（1）李金泽执行【工资管理】|【项目设置】命令，打开【工资项目设置】对话框。单击【新增】按钮，打开【工资项目-新增】对话框。项目名称输入"交通补贴"，数据类型选择【货币】，小数位数输入"2"，如图 10-12 所示。

图 10-12 【工资项目-新增】对话框

（2）单击【新增】按钮，以此方式继续增加其他工资项目，操作结果如图 10-13 所示。

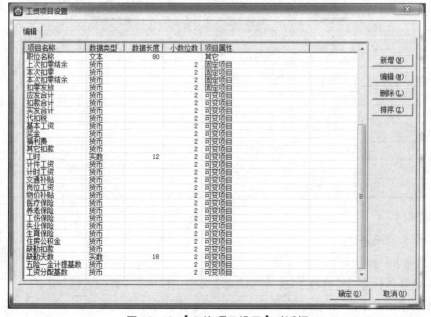

图 10-13 【工资项目设置】对话框

（3）单击【排序】按钮，打开【设置工资项目显示顺序】对话框。选择需要调整顺序的工资项目，单击【上移】【下移】按钮进行排序，操作结果如图 10-14 所示。

图 10-14 【设置工资项目显示顺序】对话框

业务六　设置公式

【业务描述】

2021 年 1 月 1 日，以李金泽身份登录主控台，根据表 10-3 设置公式。

表 10-3　　　　　　　　　　　　工资计算公式

工资项目	计算公式
交通补贴	企业管理人员为 1 000 元/月，采购人员为 1 000 元/月，销售人员为 600 元/月
缺勤扣款	如果缺勤天数<=2，则缺勤扣款 =（基本工资/22）*缺勤天数*0.50 如果缺勤天数>2，缺勤扣款 =（基本工资/22）*缺勤天数
五险一金计提基数	基本工资+岗位工资
工资分配基数	基本工资+奖金+交通补贴+岗位工资+物价补贴-缺勤扣款
养老保险（个人）	五险一金计提基数*0.08
医疗保险（个人）	五险一金计提基数*0.02
失业保险（个人）	五险一金计提基数*0.002
住房公积金	五险一金计提基数*0.10
应发合计	基本工资+奖金+交通补贴+岗位工资+物价补贴
扣款合计	缺勤扣款+养老保险+医疗保险+失业保险+住房公积金+代扣税
实发合计	应发合计-扣款合计

【岗位说明】

李金泽负责设置公式。

【操作指导】

（1）李金泽执行【工资管理】|【公式设置】命令，打开【工资公式设置】对话框，单击【新增】按钮，公式名称输入"正式人员工资计算公式"。

设置公式

（2）单击条件【如果…否则…】，则计算方法框内显示：

如果…则

否则

如果完

（3）将光标移到"如果"之后，空一格。然后双击项目中的【职员类别】，单击运算符【＝】，再双击项目中的【销售人员】。

（4）在"则"之后输入"交通补贴=600"，再在"否则"之后输入"交通补贴=1000"。（提示：注意增加空格分隔符。）

（5）以此方法继续在计算方法框内输入其他工资计算公式，单击【公式检查】按钮，操作结果如图 10-15 和图 10-16 所示。

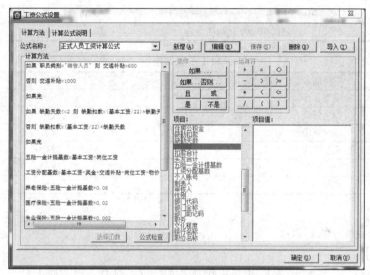

图 10-15 【工资公式设置】对话框（1）

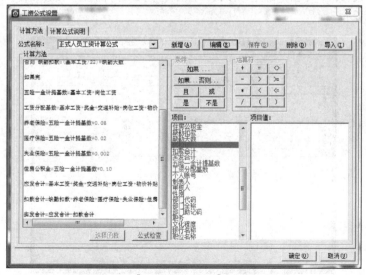

图 10-16 【工资公式设置】对话框（2）

业务七　设置个人所得税

【业务描述】

2021 年 1 月 1 日，以李金泽身份登录主控台，根据表 10-4、表 10-5 设置个人所得税。基本扣除标准为每月 5 000 元。

表 10-4　　　　　　　　　　　　工资薪金个人所得税税率表

级数	全月应纳税所得额（含税级距）	税率/%	速算扣除数
1	不超过 3 000 元的	3	0
2	超过 3 000 元至 12 000 元的部分	10	210
3	超过 12 000 元至 25 000 元的部分	20	1 410
4	超过 25 000 至 35 000 元的部分	25	2 660
5	超过 35 000 元至 55 000 元的部分	30	4 410
6	超过 55 000 元至 80 000 元的部分	35	7 160
7	超过 80 000 元的部分	45	15 160

表 10-5　　　　　　　　　　　　计税工资税率项目

所得项目	属性
应发合计	增项
养老保险	减项
医疗保险	减项
失业保险	减项
住房公积金	减项
缺勤扣款	减项

【岗位说明】

李金泽负责设置个人所得税。

【操作指导】

（1）李金泽执行【工资管理】|【所得税计算】命令，打开【过滤器】对话框。保持默认设置值，单击【确定】按钮，打开【个人所得税数据录入】窗口，如图 10-17 所示。

设置个人所得税

图 10-17　【个人所得税数据录入】窗口

（2）单击【设置】按钮，打开【个人所得税初始设置】对话框，如图 10-18 所示。

个人所得税初始设置
新增
保存
编辑
删除
退出
名称：
税率类别
税率项目
所得计算
所得期间
外币币别
外币汇率
基本扣除
其他扣除

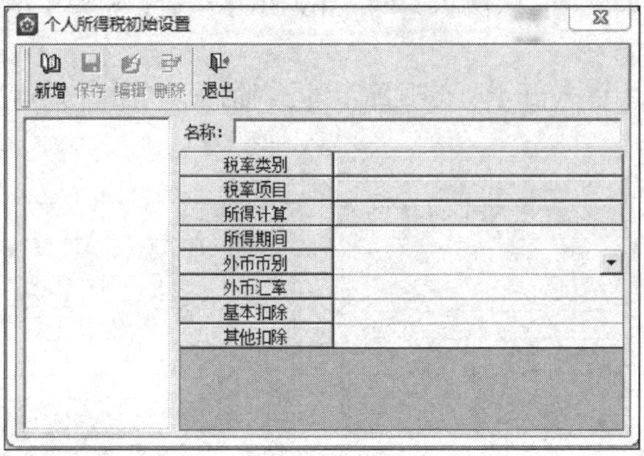

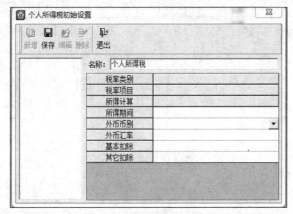

图 10-18 【个人所得税初始设置】对话框（1）

（3）单击【新增】按钮，名称输入“个人所得税”，如图 10-19 所示。

个人所得税初始设置
新增
保存
编辑
删除
退出
名称：
个人所得税
税率类别
税率项目
所得计算
所得期间
外币币别
外币汇率
基本扣除
其它扣除

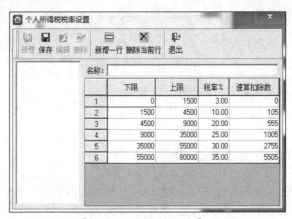

图 10-19 【个人所得税初始设置】对话框（2）

（4）单击【税率类别】，打开【个人所得税税率设置】对话框。单击【新增】按钮，系统弹出信息提示【是否使用预设税率】。单击【确定】按钮，系统弹出【税率预设选择】窗口。选择【含税级距（2011 年最新调整）】，单击【确定】按钮，如图 10-20 所示。

个人所得税税率设置
新增
保存
编辑
删除
新增一行
删除当前行
退出
名称：
下限
上限
税率%
速算扣除数
1 0 1500 3.00 0
2 1500 4500 10.00 105
3 4500 9000 20.00 555
4 9000 35000 25.00 1005
5 35000 55000 30.00 2755
6 55000 80000 35.00 5505

图 10-20 【个人所得税税率设置】对话框（1）

（5）在【个人所得税税率设置】对话框，名称输入"税率"，按表 10-4 进行税率设置，单击【保存】按钮，结果如图 10-21 所示。单击【退出】按钮，返回【个人所得税初始设置】对话框。

（6）单击【税率项目】，打开【所得项目计算】对话框。单击【新增】按钮，结果如图 10-22所示。

图 10-21 【个人所得税税率设置】对话框（2）

图 10-22 【所得项目计算】对话框（1）

（7）名称输入"计税工资"，按表 10-5 设置所得项目，操作结果如图 10-23 所示。

（8）单击【保存】按钮，再单击【退出】按钮，返回【个人所得税初始设置】对话框。

（9）所得计算选择【计税工资】，外币币别选择【人民币】，基本扣除输入"5000"，如图 10-24所示。

图 10-23 【所得项目计算】对话框（2）

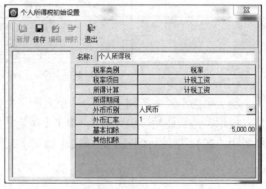

图 10-24 【个人所得税初始设置】对话框（3）

（10）单击【保存】按钮，单击【退出】按钮，系统弹出【信息提示】对话框。单击【确定】按钮，退出【个人所得税初始设置】对话框。

（11）将账套输出至【F:\账套备份\10-1】文件夹。

实训二　工资变动及分摊设置

工资变动及分摊设置主要包括工资数据输入、计算个人所得税、引入个人所得税、工资数据计算、工资分摊设置等内容。下面将详细介绍工资变动及分摊设置业务处理流程。

業務一　輸入工資數據

【業務描述】

以黃小明身份根據表10-6輸入所有人員工資數據。

表10-6　　　　　　洪福商貿有限公司2021年1月人員工資數據　　　　　　單位：元

人員編號	人員姓名	性別	行政部門	人員類別	基本工資	獎金	崗位工資	物價補貼	缺勤天數
101	李金澤	男	經理室	企業管理人員	3 000	2 000	1 200	400	
201	宋清	男	財務部	企業管理人員	2 500	1 500	1 000	400	
202	黃小明	男	財務部	企業管理人員	2 000	1 200	800	400	1
203	李卉	女	財務部	企業管理人員	2 000	1 000	500	400	
301	葉敏	女	採購部	採購人員	2 200	1 500	800	400	3
302	王智	男	採購部	採購人員	2 000	1 200	600	400	
401	張立	男	銷售部	銷售人員	2 400	1 500	800	400	
402	楊慧	女	銷售部	銷售人員	2 000	1 300	500	400	
501	李紅	女	倉儲部	企業管理人員	2 000	1 500	900	400	2
	合計								6

【崗位說明】

黃小明負責輸入所有人員基本工資、獎金、崗位工資、物價補貼及缺勤天數。

【操作指導】

輸入工資數據

（1）黃小明執行【工資管理】|【工資錄入】命令，打開【類別管理】對話框。選擇【正式人員】，單擊【選擇】按鈕，打開【過濾器】對話框。單擊【增加】按鈕，打開【定義過濾條件】對話框，過濾名稱輸入"工資數據錄入"。在【基本信息】選項卡中，計算公式選擇【正式人員工資計算公式】，工資項目選中【職員代碼】【職員姓名】【部門名稱】【職員類別】【基本工資】【獎金】【交通補貼】【崗位工資】【物價補貼】【應發合計】【醫療保險】【養老保險】【工傷保險】【失業保險】【生育保險】【住房公積金】【缺勤扣款】【缺勤天數】【代扣稅】【扣款合計】【實發合計】【五險一金計提基數】【工資分配基數】複選框，如圖10-25所示。

圖10-25　【定義過濾條件】對話框

（2）单击【确定】按钮，系统提示【确定要新增过滤条件[工资数据录入]数据吗？】，如图 10-26 所示。

图 10-26 【信息提示】对话框

（3）单击【确定】按钮，返回【过滤器】对话框，如图 10-27 所示。

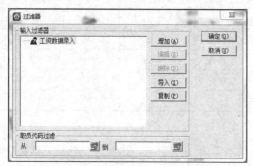

图 10-27 【过滤器】对话框

（4）选中【工资数据录入】，单击【确定】按钮，打开【工资数据录入】窗口。

（5）根据表 10-6 输入基本工资、奖金、岗位工资、物价补贴及缺勤天数等数据，如图 10-28 所示。

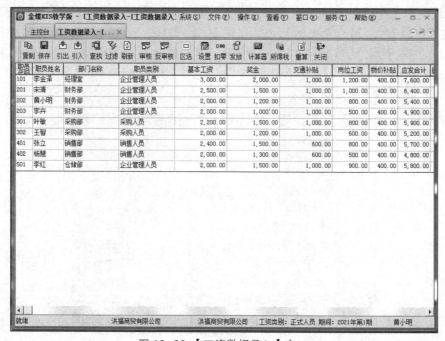

图 10-28 【工资数据录入】窗口

（6）单击【保存】按钮，数据保存成功。

业务二　计算个人所得税

计算个人所得税

【业务描述】

以黄小明身份计算个人所得税。

【岗位说明】

黄小明负责计算个人所得税。

【操作指导】

（1）黄小明执行【工资管理】|【所得税计算】命令，打开【过滤器】对话框，如图10-29所示。

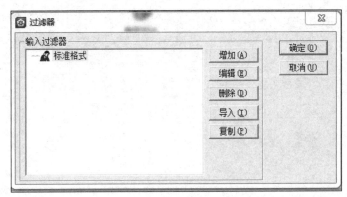

图 10-29　【过滤器】对话框

（2）选中【标准格式】，单击【确定】按钮，打开【个人所得税数据录入-[标准格式]】窗口。单击【设置】按钮，打开【个人所得税初始设置】对话框，如图10-30所示。

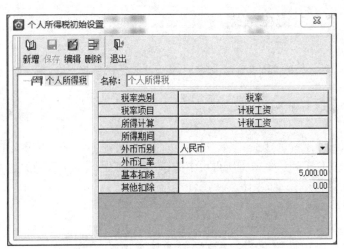

图 10-30　【个人所得税初始设置】对话框

（3）双击【个人所得税】，系统提示【用选定的初始设置重新计算工资数据吗？】，如图10-31所示。

（4）单击【确定】按钮，系统提示【重新计算税率及纳税额吗？】，如图10-32所示。

图 10-31 【信息提示】对话框（1）

图 10-32 【信息提示】对话框（2）

（5）单击【确定】按钮，个人所得税计算完毕，如图 10-33 所示。

纳税义务人	证件号码	所得项目	所得期	收入人民	外币名称	外币金额	外汇牌价	外币折合	人民币合	减费用额	应纳税所	税率项目	税率项目	税率计算	税率	速算扣除数	扣缴所得税额	批准	实际扣缴所得税
李金泽		计税工资		6,751.60	人民币	0.00	1	0.00	6,751.60	5,000.00	1,751.60	6,751.60	6,751.60	1,751.60	0.03	0.00	52.55	0.00	52.55
宋涛		计税工资		5,693.00	人民币	0.00	1	0.00	5,693.00	5,000.00	693.00	5,693.00	5,693.00	693.00	0.03	0.00	20.79	0.00	20.79
黄小明		计税工资		4,788.95	人民币	0.00	1	0.00	4,788.95	5,000.00	0.00	4,788.95	4,788.95	0.00	0	0.00	0.00	0.00	0.00
李卉		计税工资		4,395.00	人民币	0.00	1	0.00	4,395.00	5,000.00	0.00	4,395.00	4,395.00	0.00	0	0.00	0.00	0.00	0.00
叶敏		计税工资		4,994.00	人民币	0.00	1	0.00	4,994.00	5,000.00	0.00	4,994.00	4,994.00	0.00	0	0.00	0.00	0.00	0.00
王智		计税工资		4,674.80	人民币	0.00	1	0.00	4,674.80	5,000.00	0.00	4,674.80	4,674.80	0.00	0	0.00	0.00	0.00	0.00
张立		计税工资		5,053.60	人民币	0.00	1	0.00	5,053.60	5,000.00	53.60	5,053.60	5,053.60	53.60	0.03	0.00	1.61	0.00	1.61
杨慧		计税工资		4,295.00	人民币	0.00	1	0.00	4,295.00	5,000.00	0.00	4,295.00	4,295.00	0.00	0	0.00	0.00	0.00	0.00
李红		计税工资		5,123.29	人民币	0.00	1	0.00	5,123.29	5,000.00	123.29	5,123.29	5,123.29	123.29	0.03	0.00	3.70	0.00	3.70

图 10-33 【个人所得税数据录入-[标准格式]】窗口

业务三　引入个人所得税数据

【业务描述】

2021 年 1 月 1 日，黄小明在工资数据中引入个人所得税数据。

【岗位说明】

黄小明负责引入个人所得税数据。

【操作指导】

（1）黄小明执行【工资管理】|【工资录入】命令，打开【工资数据录入】窗口。

（2）选中【代扣税】列，单击【所得税】按钮，系统提示【确定要在当前项目[代扣税]导入扣缴个人所得税数据吗？】，如图 10-34 所示。

引入个人所得税数据

图 10-34 【信息提示】对话框

（3）单击【确定】按钮，【代扣税】数据引入成功，如图 10-35 所示。

职员	职员姓名	交通补贴	岗位工资	物价补贴	应发合计	医疗保险	养老保险	工伤保险	失业保险	生育保险	住房公积金	缺勤扣款	缺勤天数	代扣税	扣款合计
101	李金泽	1,000.00	1,200.00	400.00	7,600.00	84.00	336.00		8.40		420.00			52.55	900.95
201	宋清	1,000.00	1,000.00	400.00	6,400.00	70.00	280.00		7.00		350.00			20.79	727.79
202	黄小明	1,000.00	800.00	400.00	5,400.00	56.00	224.00		5.60		280.00	45.45	1.00		611.05
203	余卉	1,000.00	500.00	400.00	4,900.00	50.00	200.00		5.00		250.00				505.00
301	叶敏	1,000.00	800.00	400.00	5,900.00	60.00	240.00		6.00		300.00	300.00	3.00		906.00
302	王智	1,000.00	600.00	400.00	5,200.00	52.00	208.00		5.20		260.00				525.20
401	张立	600.00	800.00	400.00	5,700.00	64.00	256.00		6.40		320.00			1.61	648.01
402	杨慧	600.00	600.00	400.00	4,800.00	50.00	200.00		5.00		250.00				505.00
501	李红	1,000.00	900.00	400.00	5,800.00	58.00	232.00		5.80		290.00	90.91	2.00	3.70	680.41

图 10-35 【工资数据录入】窗口

业务四 计算工资数据

【业务描述】

2021 年 1 月 1 日，以黄小明身份计算正式人员工资。

【岗位说明】

黄小明负责计算正式人员工资。

计算工资数据

【操作指导】

（1）黄小明执行【工资管理】|【工资计算】命令，打开【工资计算向导】
对话框，选中【工资数据录入】复选框，如图 10-36 所示。

（2）单击【下一步】按钮，系统提示计算工资信息，如图 10-37 所示。

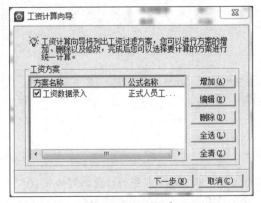

图 10-36 【工资计算向导】对话框（1）

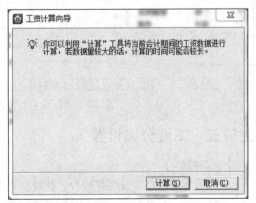

图 10-37 【工资计算向导】对话框（2）

（3）单击【计算】按钮，系统提示工资计算成功，数据已经保存，如图10-38所示。

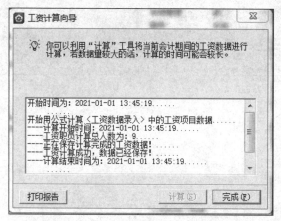

图 10-38 【工资计算向导】对话框（3）

（4）单击【完成】按钮，退出【工资计算向导】对话框。

（5）选择【工资录入】，在弹出的【过滤器】窗口中单击【确定】按钮，打开【工资数据输入】窗口，工资数据计算结果如图10-39所示。

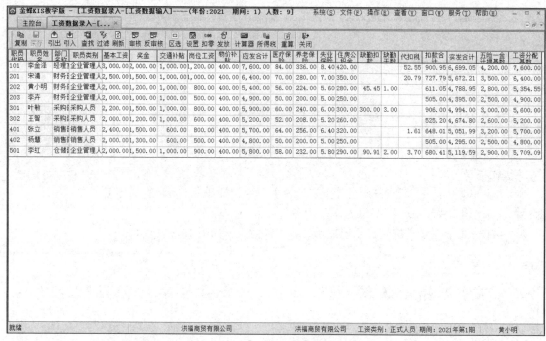

图 10-39 【工资数据输入】窗口

业务五　工资分摊设置

【业务描述】

洪福商贸有限公司社会保险费、住房公积金、工会经费、职工教育经费的计提比例如表10-7所示；计提工资、工会经费、职工教育经费、公司——设定提存、公司——社会保险费、公司——住房公积金和代扣个人所得税的转账分录分别如表10-8至表10-14所示。

2021年1月1日，黄小明根据表10-7至表10-14的要求进行工资分摊设置。

表10-7 工资分摊比例 单位：%

工资项目	分摊基数	单位计提比例	个人计提比例
养老保险	五险一金计提基数	20	8
医疗保险	五险一金计提基数	10	2
失业保险	五险一金计提基数	1	0.2
工伤保险	五险一金计提基数	1	
生育保险	五险一金计提基数	0.8	
住房公积金	五险一金计提基数	10	10
工会经费	应发合计	2	
职工教育经费	应发合计	8	

📖 温馨提示

公司承担的养老保险和失业保险通过"设定提存计划"工资项目核算；公司承担的医疗保险、工伤保险和生育保险通过"社会保险费"工资项目核算；费用项目统一计入二级科目"社会保险费"。

表10-8 计提工资转账分录一览表

分摊构成设置（计提比例100%）				
部门名称	人员类别	项目	借方科目	贷方科目
经理室、财务部、仓储部	企业管理人员	工资分配基数	6602.01	2211.01
采购部	采购人员	工资分配基数	6602.01	2211.01
销售部	销售人员	工资分配基数	6601.01	2211.01

表10-9 计提工会经费转账分录一览表

分摊构成设置（计提比例2%）				
部门名称	人员类别	项目	借方科目	贷方科目
经理室、财务部、仓储部	企业管理人员	应发合计	6602.01	2211.05
采购部	采购人员	应发合计	6602.01	2211.05
销售部	销售人员	应发合计	6601.01	2211.05

表10-10 计提职工教育经费转账分录一览表

分摊构成设置（计提比例8%）				
部门名称	人员类别	项目	借方科目	贷方科目
经理室、财务部、仓储部	企业管理人员	应发合计	6602.01	2211.06
采购部	采购人员	应发合计	6602.01	2211.06
销售部	销售人员	应发合计	6601.01	2211.06

表 10-11　　　　　　　　计提公司——设定提存计划转账分录一览表

分摊构成设置（计提比例 21%）				
部门名称	人员类别	项目	借方科目	贷方科目
经理室、财务部、仓储部	企业管理人员	五险一金计提基数	6602.02	2211.03
采购部	采购人员	五险一金计提基数	6602.02	2211.03
销售部	销售人员	五险一金计提基数	6601.02	2211.03

表 10-12　　　　　　　　计提公司——社会保险费转账分录一览表

分摊构成设置（计提比例 11.8%）				
部门名称	人员类别	项目	借方科目	贷方科目
经理室、财务部、仓储部	企业管理人员	五险一金计提基数	6602.02	2211.02
采购部	采购人员	五险一金计提基数	6602.02	2211.02
销售部	销售人员	五险一金计提基数	6601.02	2211.02

表 10-13　　　　　　　　计提公司——住房公积金转账分录一览表

分摊构成设置（计提比例 10%）				
部门名称	人员类别	项目	借方科目	贷方科目
经理室、财务部、仓储部	企业管理人员	五险一金计提基数	6602.01	2211.04
采购部	采购人员	五险一金计提基数	6602.01	2211.04
销售部	销售人员	五险一金计提基数	6601.01	2211.04

表 10-14　　　　　　　　代扣个人所得税转账分录一览表

分摊构成设置（计提比例 100%）				
部门名称	人员类别	项目	借方科目	贷方科目
经理室、财务部、仓储部	企业管理人员	代扣税	2211.01	2221.07
采购部	采购人员	代扣税	2211.01	2221.07
销售部	销售人员	代扣税	2211.01	2221.07

【岗位说明】

黄小明负责进行工资分摊设置。

【操作指导】

工资分摊设置

（1）黄小明执行【工资管理】|【费用分配】命令，打开【费用分配】对话框，如图 10-40 所示。

（2）单击【新增】按钮，打开【费用分配-新增】对话框。分配名称输入"计提工资"，凭证字默认【记】，摘要内容输入"计提工资"，分配比例默认【100%】。表身第一行部门选择【经理室】，职员类别选择【企业管理人员】，工资项目选择【工资分配基数】，费用科目输入"6602.01"，工资科目输入"2211.01"，其他信息默认。以此方法继续输入其他工资项目信息。计提工资费用分配完成，如图 10-41 所示。

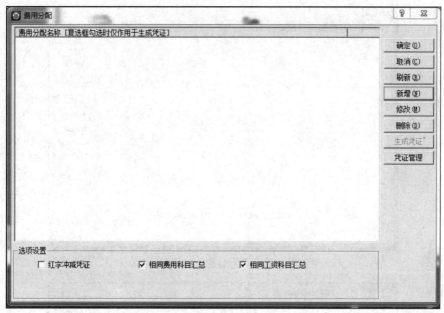

费用分配
费用分配名称［复选框勾选时仅作用于生成凭证］
确定(O)
取消(C)
刷新(R)
新增(N)
修改(M)
删除(D)
生成凭证
凭证管理
选项设置
红字冲减凭证
相同费用科目汇总
相同工资科目汇总

图 10-40 【费用分配】对话框（1）

费用分配 - 新增
分配名称：计提工资
凭证字：记
摘要内容：计提工资
分配比例：100 %
保存(S)
关闭(C)
插入一行
删除当前行
部门 职员类别 工资项目 费用科目 核算项目 工资科目 核算项目
经理室 企业管理人员 工资分配基数 6602.01-工资 无 2211.01-工资 无
财务部 企业管理人员 工资分配基数 6602.01-工资 无 2211.01-工资 无
仓储部 企业管理人员 工资分配基数 6602.01-工资 无 2211.01-工资 无
采购部 采购人员 工资分配基数 6602.01-工资 无 2211.01-工资 无
销售部 销售人员 工资分配基数 6601.01-工资 无 2211.01-工资 无

图 10-41 【费用分配-新增】对话框（1）

（3）单击【保存】按钮，返回【费用分配】对话框，如图 10-42 所示。

（4）以此方法继续输入计提工会经费、计提职工教育经费、计提公司——设定提存计划、计提公司——社会保险费、计提公司——住房公积金、代扣个人所得税工资费用分配转账分录，如图 10-43 至图 10-48 所示。

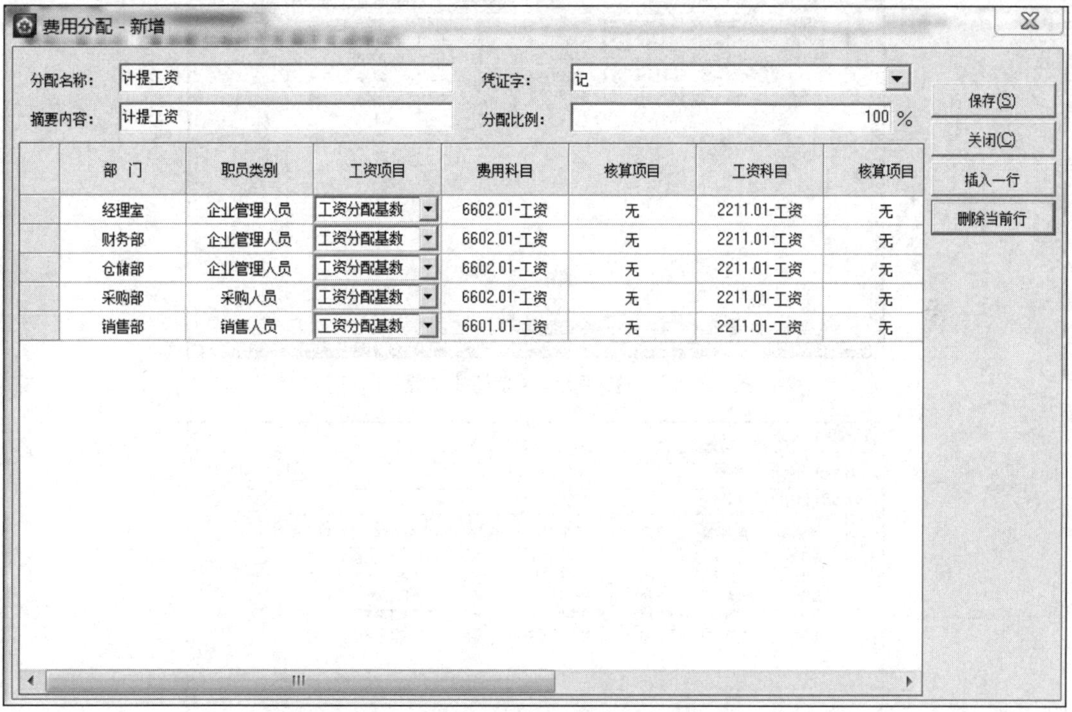

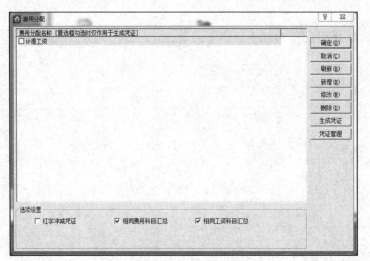

图 10-42 【费用分配】对话框（2）

图 10-43 【费用分配–新增】对话框（2）

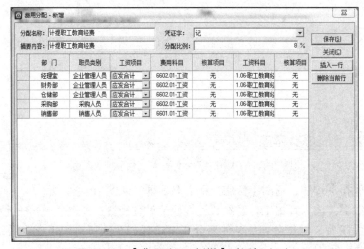

图 10-44 【费用分配–新增】对话框（3）

图 10-45 【费用分配-新增】对话框（4）

图 10-46 【费用分配-新增】对话框（5）

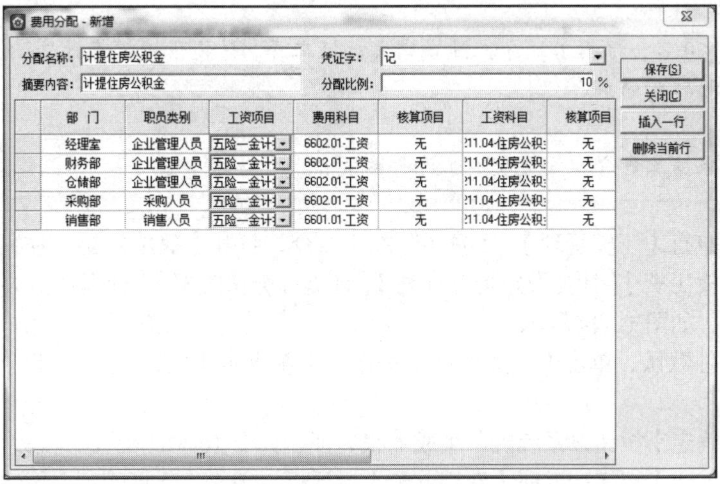

图 10-47 【费用分配-新增】对话框（6）

图 10-48　【费用分配–新增】对话框（7）

（5）将账套输出至【F:\账套备份\10-2】文件夹。

实训三　工资分摊账务处理

　　进行工资分摊账务处理时，首先要根据企业工资分配方案，完成计提工资、计提设定提存计划、计提社会保险费、计提住房公积金的转账分录，然后根据当月工资数据生成相应凭证。

业务一　计提工资费用

【业务描述】

　　2021 年 1 月 20 日，根据工资分摊设置完成计提工资、计提设定提存计划、计提社会保险费、计提住房公积金的转账分录。

【岗位说明】

　　黄小明负责根据工资分摊设置生成工资转账凭证。

【操作指导】

　　（1）黄小明执行【工资管理】|【费用分配】命令，打开【费用分配】对话框。选中【计提工资】【计提设定提存计划】【计提社会保险费】【计提住房公积金】复选框，如图 10-49 所示。

计提工资费用

　　（2）其他条件默认，单击【生成凭证】按钮，系统提示【立即建立凭证吗？】，如图 10-50所示。

　　（3）单击【确定】按钮，系统提示生成 4 张凭证，如图 10-51 所示。

　　（4）单击【关闭】按钮，返回【费用分配】对话框。单击【凭证管理】按钮，打开【凭证管理】窗口，如图 10-52 所示。

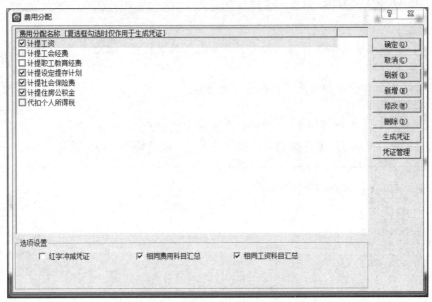

图 10-49 【费用分配】对话框（1）

图 10-50 【信息提示】对话框

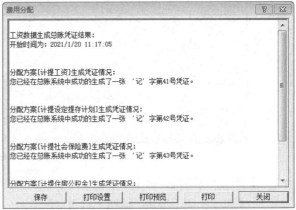

图 10-51 【费用分配】对话框（2）

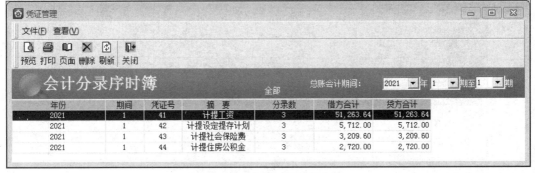

图 10-52 【凭证管理】窗口

（5）单击【关闭】按钮，退出【凭证管理】窗口，关闭【费用分配】对话框。

业务二 计提职工经费

【业务描述】

2021 年 1 月 20 日，根据工资分摊设置，计提职工教育经费及工会经费。

【岗位说明】

黄小明负责根据工资分摊设置生成工资转账凭证。

计提职工经费

【操作指导】

（1）黄小明执行【工资管理】|【费用分配】命令，打开【费用分配】对话框，选中【计提工会经费】【计提职工教育经费】复选框，如图 10-53 所示。

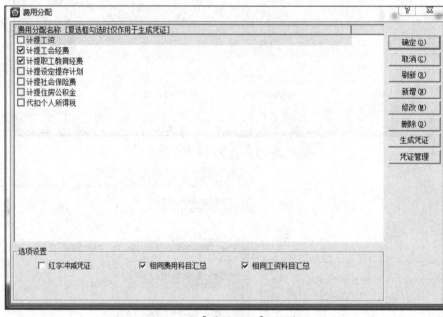

图 10-53 【费用分配】对话框

（2）其他条件默认，单击【生成凭证】按钮，系统提示成功生成 2 张凭证。

（3）单击【关闭】按钮，返回【费用分配】对话框。单击【凭证管理】按钮，打开【凭证管理】窗口，如图 10-54 所示。

年份	期间	凭证号	摘 要	分录数	借方合计	贷方合计
2021	1	41	计提工资	3	51,263.64	51,263.64
2021	1	42	计提设定提存计划	3	5,712.00	5,712.00
2021	1	43	计提社会保险费	3	3,209.60	3,209.60
2021	1	44	计提住房公积金	3	2,720.00	2,720.00
2021	1	45	计提工会经费	3	1,034.00	1,034.00
2021	1	46	计提职工教育经费	3	4,136.00	4,136.00

图 10-54 【凭证管理】窗口

（4）单击【关闭】按钮，退出【凭证管理】窗口。

业务三　计提个人所得税

【业务描述】

2021 年 1 月 25 日，根据工资分摊设置，计提个人所得税。

【岗位说明】

黄小明负责根据工资分摊设置生成工资转账凭证。

【操作指导】

（1）黄小明执行【工资管理】|【费用分配】命令，打开【费用分配】对话框，选中【代扣个人所得税】复选框。

（2）其他条件默认，单击【生成凭证】按钮，系统提示成功生成 1 张凭证。

（3）单击【关闭】按钮，返回【费用分配】对话框。单击【凭证管理】按钮，打开【凭证管理】窗口，如图 10-55 所示。

计提个人所得税

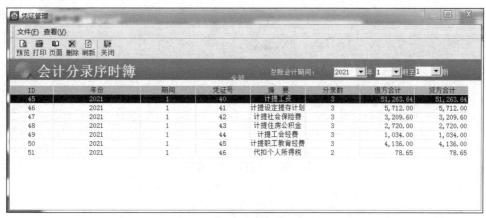

图 10-55　【凭证管理】窗口

业务四　上缴社会保险费和住房公积金

【业务描述】

2021 年 1 月 30 日，上缴本月企业和个人负担的社会保险费和住房公积金，取得与该业务相关的原始单据，如图 10-56 至图 10-59 所示。

图 10-56　社会保险费专用收款收据

图 10-57　转账支票存根（1）

图 10-58　住房公积金收款收据

图 10-59　转账支票存根（2）

【岗位说明】

　　黄小明负责在账务处理系统中填制上缴社会保险费和住房公积金的会计凭证。

【操作指导】

　　（1）黄小明执行【账务处理】|【凭证录入】命令，打开【记账凭证-新增】窗口。

　　（2）单击【新增】按钮，修改业务日期为【2021 年 1 月 30 日】，修改日期

上缴社会保险费及
住房公积金

为【2021 年 1 月 30 日】，根据图 10-56 和图 10-57 输入上缴社会保险费的会计凭证，如图 10-60 所示。

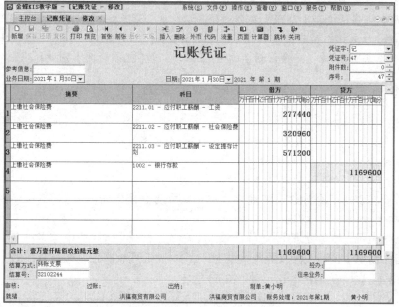

图 10-60 【记账凭证-新增】窗口（1）

（3）单击【保存】按钮，上缴社会保险费会计凭证保存成功。

（4）单击【新增】按钮，修改业务日期为【2021 年 1 月 30 日】，修改日期为【2021 年 1 月 30 日】，根据图 10-58 和图 10-59 输入上缴住房公积金的会计凭证，如图 10-61 所示。

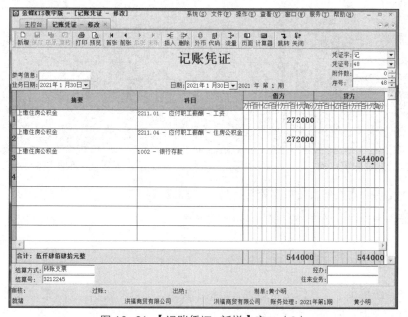

图 10-61 【记账凭证-新增】窗口（2）

（5）单击【保存】按钮，上缴住房公积金会计凭证保存成功。

> **📖 温馨提示**
>
> 上缴社会保险费会计凭证中，借方科目【2211.01-应付职工薪酬-工资】对应的金额是职工个人承担的社会保险费；借方科目【2211.02-应付职工薪酬-社会保险费】对应的金额是单位承担的医疗保险、工伤保险和生育保险的金额；借方科目【2211.03-应付职工薪酬-设定提存计划】对应的金额是单位承担的养老保险和医疗保险的金额。【22113.02-应付职工薪酬-社会保险费】【2211.03-应付职工薪酬-设定提存计划】的金额可以通过【凭证管理】窗口的明细账获取。

业务五　发放工资

【业务描述】

2021 年 1 月 30 日，发放本月职工工资，取得与该业务有关的原始凭证，如图 10-62 所示。

【岗位说明】

黄小明负责根据工资分摊设置完成发放职工工资的会计凭证。

【操作指导】

（1）黄小明执行【账务处理】|【凭证录入】命令，打开【记账凭证-新增】窗口。

（2）单击【新增】按钮，修改业务日期为【2021 年 1 月 30 日】，修改日期为【2021 年 1 月 30 日】，输入发放工资的会计凭证，如图 10-63 所示。

图 10-62　转账支票存根

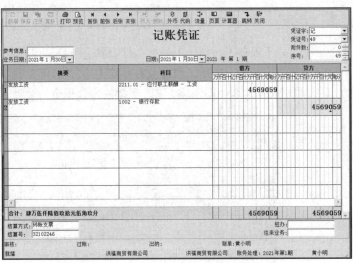

图 10-63　【记账凭证-新增】窗口

（3）单击【保存】按钮，发放工资会计凭证保存成功。

（4）将账套输出至【F:\账套备份\10-3】文件夹。

实训四　账表查询

工资管理系统提供了丰富的工资报表，包括工资条、工资发放表、工资汇总表等。通过报表，会计从业人员能全面掌握企业工资总额、各部门工资水平构成以及员工工龄等，为制订合理的薪资管理计划提供详细的依据。

业务一　工资审核

【业务描述】

2021 年 1 月 31 日，办理工资管理系统月末结账。

【岗位说明】

黄小明负责完成工资管理系统结账。

【操作指导】

（1）黄小明执行【工资管理】|【工资录入】命令，打开【工资数据录入】窗口。单击【区选】按钮，选中工资数据区域，如图 10-64 所示。

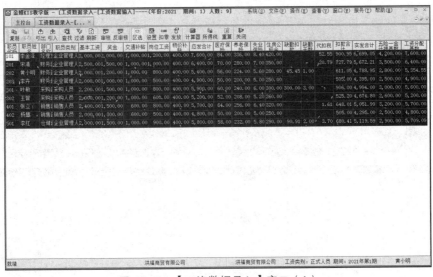

图 10-64　【工资数据录入】窗口（1）

（2）单击【审核】按钮，完成工资审核，如图 10-65 所示。

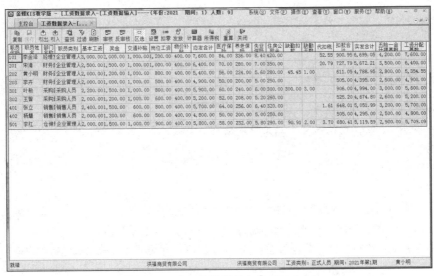

图 10-65　【工资数据录入】窗口（2）

业务二　查询个人所得税报表

【业务描述】

2021 年 1 月 31 日，查询个人所得税年度报表。

【岗位说明】

黄小明负责查询工资管理系统账表。

【操作指导】

（1）黄小明执行【工资管理】|【报表】|【个人所得税报表】命令，打开【个人所得税报表】窗口。

（2）单击【过滤】按钮，打开【过滤器】对话框，选择【标准格式】。

（3）单击【确定】按钮，打开【个人所得税报表】窗口，即可查询个人所得税数据，如图 10-66 所示。

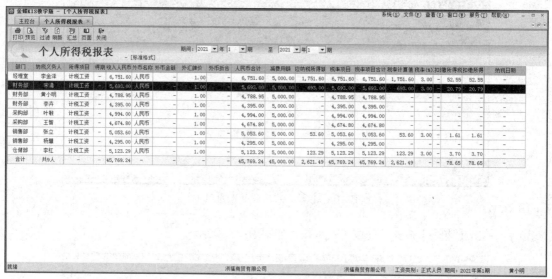

图 10-66　【个人所得税报表】窗口

业务三　查询工资发放表

【业务描述】

2021 年 1 月 31 日，查询本月员工工资发放表。

【岗位说明】

黄小明负责查询工资发放表。

【操作指导】

（1）黄小明执行【工资管理】|【报表】|【工资发放表】命令，打开【工资发放表】窗口。

（2）单击【过滤】按钮，打开【过滤器】对话框，选择【标准格式】。

（3）单击【确定】按钮，打开【工资发放表】窗口，即可查询工资发放数据如图 10-67 所示。

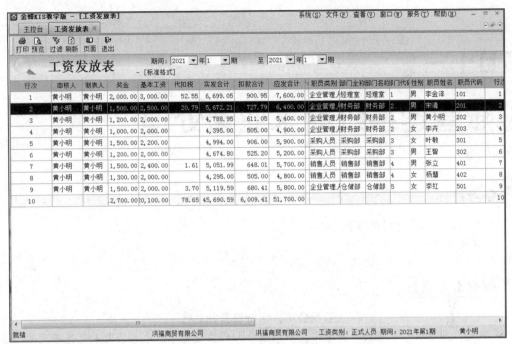

行次	审核人	制表人	奖金	基本工资	代扣税	实发合计	扣款合计	应发合计	职员类别	部门全称	部门名称	部门代码	性别	职员姓名	职员代码	行次
1	黄小明	黄小明	2,000.00	3,000.00	52.55	6,699.05	900.95	7,600.00	企业管理人	经理室	经理室	1	男	李金泽	101	1
2	黄小明	黄小明	1,500.00	2,500.00	20.79	5,672.21	727.79	6,400.00	企业管理人	财务部	财务部	2	男	宋清	201	2
3	黄小明	黄小明	1,200.00	2,000.00		4,788.95	611.05	5,400.00	企业管理人	财务部	财务部	2	男	黄小明	202	3
4	黄小明	黄小明	1,000.00	2,000.00		4,395.00	505.00	4,900.00	企业管理人	财务部	财务部	2	女	李卉	203	4
5	黄小明	黄小明	1,500.00	2,200.00		4,994.00	906.00	5,900.00	采购人员	采购部	采购部	3	女	叶敏	301	5
6	黄小明	黄小明	1,200.00	2,000.00		4,674.80	525.20	5,200.00	采购人员	采购部	采购部	3	男	王智	302	6
7	黄小明	黄小明	1,500.00	2,400.00	1.61	5,051.99	648.01	5,700.00	销售人员	销售部	销售部	4	男	张立	401	7
8	黄小明	黄小明	1,300.00	2,000.00		4,295.00	505.00	4,800.00	销售人员	销售部	销售部	4	女	杨慧	402	8
9	黄小明	黄小明	1,500.00	2,000.00	3.70	5,119.59	680.41	5,800.00	企业管理人	仓储部	仓储部	5	女	李红	501	9
10			2,700.00	20,100.00	78.65	45,690.59	6,009.41	51,700.00								10

图 10-67　【工资发放表】窗口

（4）将账套输出至【F:\账套备份\10-4】文件夹。

项目十一

总账管理系统期末业务处理

职业素养点拨

客观公正，保持自身独立性

客观是指按事物的本来面目去考察，不掺杂个人的主观意愿，也不为他人意见所左右。公正就是公平正直，没有偏私。

会计人员要做到客观公正，必须从实质上、形式上保持自身的独立性。实质上的独立指的是精神上的独立，即会计人员在办理业务时不受个人或外界因素的干扰，保持客观且无私的精神和意志；形式上的独立即会计人员表现出适当的身份独立。

会计人员要保持独立性：一是不受外界影响，刚正不阿，不畏权势；二是恪守职业道德，不贪私利。

实训一　期末结转

期末，要在总账系统中完成期末损益结转、自定义转账凭证设置及相关自定义凭证的生成，从而为编制财务报表等工作打好基础。

业务一　结转期间损益

【业务描述】

2021 年 1 月 31 日，完成凭证审核、出纳签字、过账及结转期间损益。（收入和支出分别结转。）

【岗位说明】

宋清负责审核凭证，李卉负责出纳签字，李金泽负责过账，黄小明负责结转期间损益。

【操作指导】

（1）由宋清完成凭证审核，由李卉完成出纳签字，由李金泽完成过账。具体操作可扫描右侧二维码参考视频，此处不再赘述。

（2）黄小明执行【账务处理】|【结转损益】命令，打开【结转损益】对话框，如图 11-1 所示。

结转期间损益

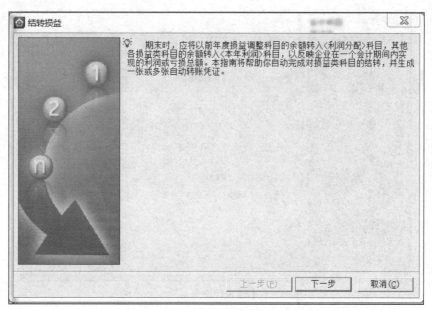

图 11-1 【结转损益】对话框（1）

（3）单击【下一步】按钮，如图 11-2 所示。

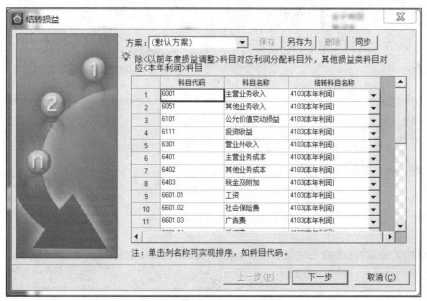

图 11-2 【结转损益】对话框（2）

（4）单击【下一步】按钮，凭证类型选中【收益】【损失】复选框，其他信息默认，如图 11-3 所示。

（5）单击【完成】按钮，系统提示【已经生成 2 张转账凭证，凭证字号分别为：记-50，记-51】，如图 11-4 所示。

（6）单击【确定】按钮，退出【结转损益】对话框。

（7）执行【账务处理】|【凭证管理】命令，打开【凭证管理】窗口，如图 11-5 所示。

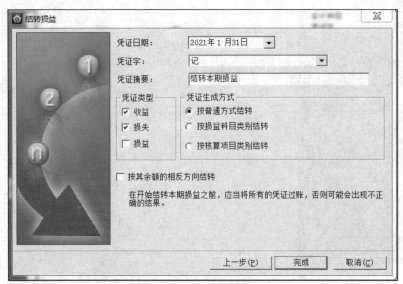

图 11-3 【结转损益】对话框（3）

图 11-4 【信息提示】对话框

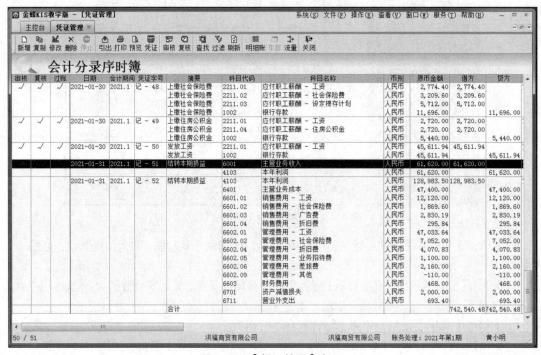

图 11-5 【凭证管理】窗口

> **📖温馨提示**
>
> 结转损益前要求所有的凭证已完成出纳签字、审核、过账，否则凭证无法生成。

业务二　结转企业未交增值税

【业务描述】

2021年1月31日，根据表11-1自定义企业增值税转账凭证，完成所有凭证审核、过账。

表11-1　　　　　　　　　　　结转企业未交增值税

摘要	方向	会计科目代码	转账方式	转账比例	包含本期未过账凭证	公式方法	公式
结转企业未交增值税	借	2221.01.04	按公式输入	100%	是	公式取数	参照操作指导
	贷	2221.02	按公式输入	100%	是	公式取数	

【岗位说明】

黄小明负责自定义结转企业未交增值税转账凭证，生成结转企业未交增值税会计凭证；宋清负责审核凭证；李金泽负责完成凭证过账。

【操作指导】

（1）黄小明执行【账务处理】|【自动转账】命令，打开【自动转账凭证】窗口。

（2）单击【新增】按钮，打开【自动转账凭证-新增】对话框。名称输入"结转企业未交增值税"，机制凭证选择【自动转账】，单击转账期间右边的放大镜图标，打开【自动转账凭证】窗口。

（3）单击【全选】按钮，再单击【确定】按钮，返回【自动转账凭证-新增】窗口。转账期间栏出现【1-12】，凭证字默认【记】。凭证摘要输入"结转企业未交增值税"，科目输入"2221.01.04"，方向选择【借方】，转账方式选择【按公式转入】，转账比例默认【100%】。

（4）选中【包含本期未过账凭证】复选框，公式方法默认【公式取数】，单击公式定义单元格【下设】按钮，打开【公式定义】对话框。

（5）将光标放至原币公式栏，单击原币公式右边的放大镜图标，打开【报表函数】窗口，选择常用报表函数【ACCT】。

（6）单击【确定】按钮，打开【ACCT函数设置】窗口。将光标放至科目栏并按【F7】键，打开【取数科目向导】对话框。科目代码输入"2221.01"至"2221.01"，单击【填入公式】按钮，科目参数栏出现【2221.01】，如图11-6所示。

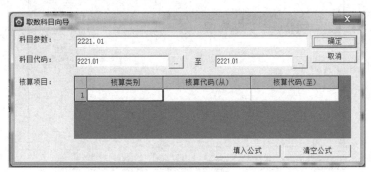

图11-6　【取数科目向导】对话框

（7）单击【确定】按钮，返回【ACCT 函数设置】窗口。在取数类型栏按【F7】键，选择【Y 期末余额】，如图 11-7 所示。

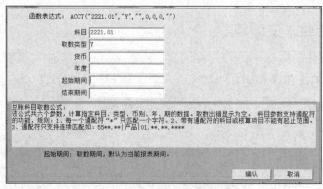

图 11-7 【ACCT 函数设置】窗口

（8）单击【确认】按钮，返回【公式定义】对话框，如图 11-8 所示。

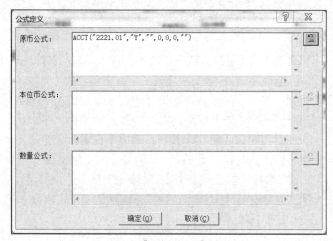

图 11-8 【公式定义】对话框

（9）以相同的公式设置第二行分录，设置完成如图 11-9 所示。

图 11-9 【自动转账凭证-新增】对话框

（10）本月洪福商贸有限公司未交增值税为负数，可作留抵税额，不作调整，待下月继续抵扣。

（11）选中【结转企业未交增值税】复选框，单击【生成凭证】按钮，系统提示生成一张凭证。

（12）执行【账务处理】|【凭证管理】命令，打开【会计分录序时簿】窗口。双击【结转企业未交增值税】会计凭证，打开【记账凭证-查看】窗口，如图 11-10 所示。单击【保存】按钮，关闭【自动转账凭证-新增】，返回【自动转账凭证】窗口。

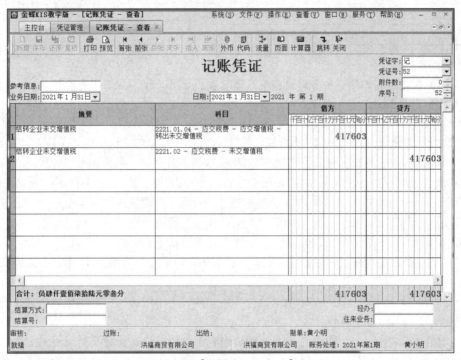

图 11-10　【记账凭证-查看】窗口

（13）由宋清完成凭证审核，李金泽负责完成过账。

📖温馨提示

（1）本书中的案例企业洪福商贸有限公司是专门从事乳制品、饮料批发的商贸企业，不涉及产品生产业务，因而无须进行制造费用和完工产品成本的结转，且案例企业发出存货的计价方法采用先进先出法，销售成本的结转在本书项目七已经完成，期末也无须重复结转。如企业类型为制造业企业，可参照本业务中的操作步骤，执行【自动转账】命令自定义相关转账凭证并生成凭证。

（2）在常用报表函数中，ACCT 函数是"总账科目取数公式"。参数设置中，【C】代表"期初余额"，【Y】代表"期末余额"，【JF】代表"借方发生额"，【DF】代表"贷方发生额"，【QC】代表"期初结存数量"，【QJF】代表"当期收入数量"，【QDF】代表"当期发生数量"。

业务三　计提并结转企业所得税费用

【业务描述】

2021 年 1 月 31 日，根据表 11-2 自定义企业所得税费用转账凭证；计提并结转企业所得税费用；完成所有凭证审核、过账。（提示：根据图 11-5 中记-51、记-52 号凭证所示，洪福商贸 2021 年 1 月本年利润贷方发生额小于借方发生额，本月利润亏损，无须缴纳企业所得税，因而本业务内容仅作介绍，无须操作。）

表 11-2　　　　　　　　　　　　　　计提企业所得税费用

摘要	方向	会计科目代码	转账方式	转账比例	包含本期未过账凭证	公式方法	公式
计提企业所得税费用	借	6801	按公式输入	100%	是	公式取数	参照操作指导
	贷	2221.06	按公式输入	100%	是	公式取数	

【岗位说明】

黄小明负责自定义结转企业所得税费用转账凭证，生成计提企业所得税会计凭证，填制结转所得税费用会计凭证；宋清负责审核凭证；李金泽负责完成凭证过账。

【操作指导】

（1）黄小明执行【账务处理】|【自动转账】命令，打开【自动转账凭证】窗口。

（2）单击【新增】按钮，打开【自动转账凭证-新增】对话框。名称输入"计提企业所得税费用"，机制凭证选择【自动转账】，单击转账期间右边的放大镜图标，打开【自动转账凭证】窗口。

（3）单击【全选】按钮，再单击【确定】按钮，返回【自动转账凭证】窗口。转账期间栏出现【1-12】，凭证字默认【记】。凭证摘要输入"计提企业所得税费用"，科目输入"6801"，方向选择【借方】，转账方式选择【按公式转入】，转账比例默认【100%】。

（4）选中【包含本期未过账凭证】复选框，公式方法默认【公式取数】，单击公式定义单元格【下设】按钮，打开【公式定义】对话框。

（5）将光标放至原币公式栏，单击原币公式右边的放大镜图标，打开【报表函数】窗口，选择常用报表函数【ACCT】函数。

（6）单击【确定】按钮，打开【ACCT 函数设置】窗口。将光标放至科目栏并按【F7】键，打开【取数科目向导】对话框。科目代码输入"4103"至"4103"，单击【填入公式】按钮，科目参数栏出现【4103】，如图 11-11 所示。

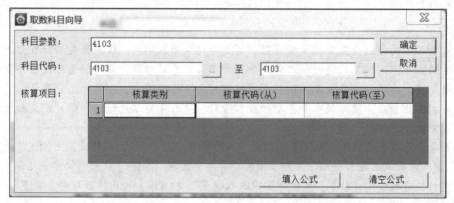

图 11-11 【取数科目向导】对话框

（7）单击【确定】按钮，返回【ACCT 函数设置】窗口。在取数类型栏按【F7】键，选择【DF 贷方发生额】，如图 11-12 所示。

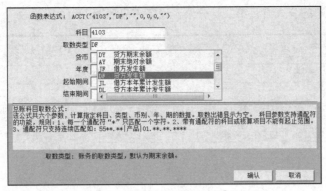

图 11-12 【ACCT 函数设置】窗口

（8）单击【确认】按钮，返回【公式定义】对话框，如图 11-13 所示。

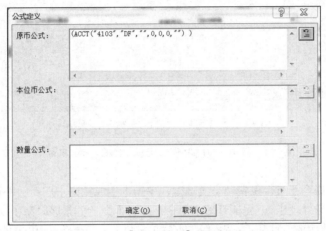

图 11-13 【公式定义】对话框（1）

（9）在原币公式【ACCT】函数后输入"-"，继续执行【ACCT 函数设置】|【取数科目向导】命令完成借方【6801】的公式设置。【6801】最终的公式设置是:(ACCT("4103","DF","",0,0,0,"")-ACCT("4103","JF","",0,0,0,""))*0.25，如图 11-14 所示。

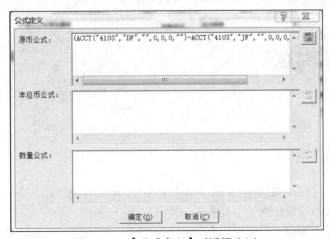

图 11-14 【公式定义】对话框（2）

（10）以完全相同的公式设置第二行分录，设置完成如图 11-15 所示。

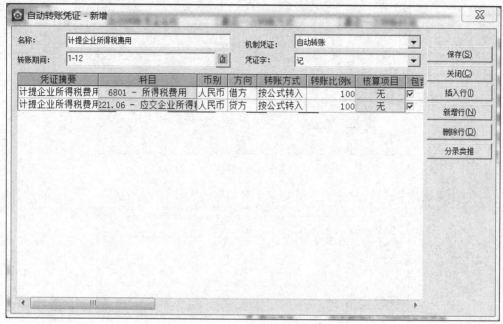

图 11-15 【自动转账凭证-新增】对话框

（11）单击【保存】按钮，关闭【自动转账凭证-新增】对话框，返回【自动转账凭证】窗口。

（12）选中【计提企业所得税费用】复选框，单击【生成凭证】按钮，即可生成凭证。

（13）执行【账务处理】|【凭证管理】命令，打开【会计分录序时簿】窗口。双击【计提企业所得税费用】会计凭证，打开【记账凭证-查看】窗口，即可查询生成的凭证。

（14）由宋清完成凭证审核，李金泽负责完成过账。

（15）黄小明执行【账务处理】|【结转损益】命令，打开【结转损益】窗口，根据结转损益凭证生成步骤，生成结转所得税费用会计凭证。

（16）由宋清完成凭证审核，李金泽负责完成过账。

（17）将账套输出至【F:\账套备份\11-1】文件夹。

实训二　总账结账

【业务描述】
2021 年 1 月 31 日，完成总账结账。
【岗位说明】
李金泽负责完成总账结账。
【操作指导】

总账结账

（1）李金泽执行【账务处理】|【财务结账】命令，打开【期末结账】对话框，选中【结账时检查凭证断号】复选框，如图 11-16 所示。

（2）单击【开始】按钮，系统提示【确定要开始期末结账吗？】，如图 11-17 所示。

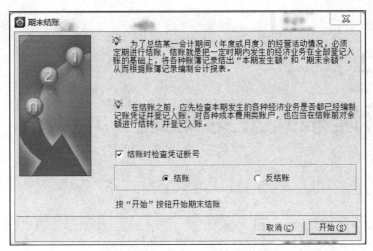

图 11-16 【期末结账】对话框

图 11-17 【信息提示】对话框

（3）单击【确定】按钮，总账结账成功。

（4）将账套输出至【F:\账套备份\11-2】文件夹。

项目十二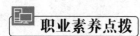

报表管理系统业务处理

学习目标

1. 掌握编制资产负债表的流程和方法；
2. 掌握编制利润表的流程和方法。

职业素养点拨

保密守信

保密守信是财会人员职业道德规范的基本要求。财会信息涵盖一个单位整个生产经营各个环节的方方面面，会计报表是综合反映一个单位经济运行、财务状况与经营成果的数字报告。在市场竞争日益残酷的今天，财会人员必须对本单位以财务成本资料为主的相关财会信息和商业秘密严格保密、不得外传，这是财会人员职业道德的基本要求。同时，财会人员还要尽最大的努力，围绕单位经济运行的总体目标，在对外交往和商品交易的过程中切实做到诚实可信、履行承诺。

除此之外，会计人员还应该保证会计信息内容真实可靠。真实性是会计信息的生命。会计信息只有首先保证真实，才值得信息使用者信赖，才具有可靠性。这就需要每一位会计人员做到客观公正，从"德、能、勤、会、廉、俭"六个方面提升自我。

实训一　生成资产负债表

【业务描述】

2021 年 1 月 31 日，以李金泽身份利用报表模板生成本月资产负债表。

【岗位说明】

李金泽负责生成资产负债表。

【操作指导】

（1）李金泽执行【报表与分析】|【报表】|【资产负债表】命令，打开【报表系统-[资产负债表]】窗口，单击【显示公式/数据】按钮，如图 12-1 所示。

（2）执行【公式取数参数】命令，打开【设置公式取数参数】对话框。缺省年度输入"2021"，开始日期选择【2021 年 1 月 1 日】，开始期间输入"1"，结束日期选择【2021 年 1 月 31 日】，结束期间输入"1"，其他信息默认，如图 12-2 所示。

（3）单击【确定】按钮，退出【设置公式取数参数】窗口。单击【显示公式/数据】按钮，选择【报表重算】，生成的资产负债表如图 12-3 所示。

生成资产负债表

图 12-1　【报表系统-[资产负债表]】窗口（1）

图 12-2　【设置公式取数参数】对话框

（4）执行【文件】|【另存为】命令，打开【另存为】对话框，报表名输入"zcfzb"，如图 12-4
所示。

报表系统 - [资产负债表]

文件(F) 编辑(E) 视图(V) 插入(I) 格式(G) 工具(T) 数据(D) 窗口(W) 帮助(H)

B I U ▤ ▥ ▦ % , 表页管理(P) 公式取数参数(P)... 报表重算(R)

显示公式/数据 自动/手动计算 图表(N) 设置/取消汇总单元

F11 =ACCT("2211","C","",0,1,1,"") A:1

	A	B	C	D	E	F
5	流动资产:			流动负债:		
6	货币资金	464,787.01	567,054.60	短期借款		
7	交易性金融资产			交易性金融负债		
8	应收票据	8,424.00	8,424.00	应付票据		
9	应收账款	137,792.00	137,792.00	应付账款	73,180.80	55,74
10	预付款项	2,000.00	2,000.00	预收款项	5,000.00	5,00
11	应收利息			应付职工薪酬	5,170.00	
12	应收股利			应交税费	-20,954.76	
13	其他应收款	3,940.88		应付利息		
14	存货	309,350.00	307,800.00	应付股利		
15	一年内到期的非流动资产			其他应付款		
16	其他流动资产			一年内到期的非流动负债		
17	流动资产合计	926,293.89	1,023,070.60	其他流动负债		
18	非流动资产:			流动负债合计	62,396.04	60,74
19	可供出售金融资产			非流动负债:		
20	持有至到期投资			长期借款		
21	长期应收款			应付债券		
22	长期股权投资			长期应付款		
23	投资性房地产			专项应付款		
24	固定资产	766,953.33	719,097.50	预计负债		
25	在建工程			递延所得税负债		
26	工程物资			其他非流动负债		
27	固定资产清理			非流动负债合计		
28	生产性生物资产			负债合计	62,396.04	60,74
29	油气资产			所有者权益（或股东权益）:		
30	无形资产			实收资本（或股本）	1,600,000.00	1,600,00
31	开发支出			资本公积		
32	商誉			减:库存股		
33	长期待摊费用			盈余公积		
34	递延所得税资产			未分配利润	30,851.18	81,42
35	其他非流动资产			所有者权益（或股东权益）	1,630,851.18	1,681,42
36	非流动资产合计	766,953.33	719,097.50			
37	资产总计	1,693,247.22	1,742,168.10	负债和所有者权益（或股东权益）	1,693,247.22	1,742,16
38						

表

计算完成，耗时 2.52秒   洪福商贸有限公司   大写 数字 2021年第1期 李金泽

图 12-3 【报表系统-[资产负债表]】窗口（2）

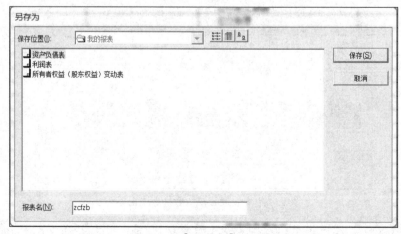

另存为

保存位置(I): 我的报表

📄 资产负债表
📄 利润表
📄 所有者权益（股东权益）变动表

保存(S)

取消

报表名(N): zcfzb

图 12-4 【另存为】对话框

（5）单击【保存】按钮，关闭【报表系统】窗口，返回主控台。

（6）执行【报表与分析】|【自定义报表】命令，【zcfzb】保存成功，如图 12-5 所示。

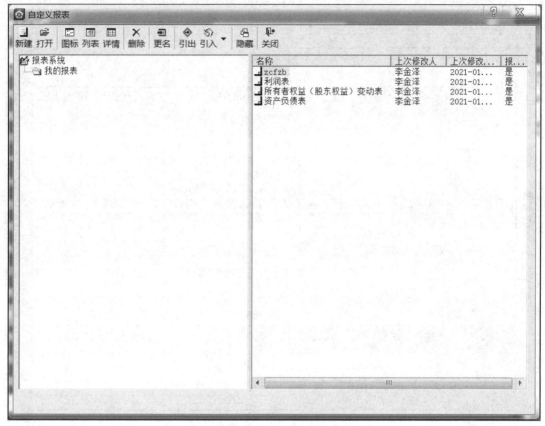

图 12-5 【自定义报表】对话框

（7）单击【引出】按钮，文件名输入"zcfzb"，路径选择【F:\账套备份\资产负债表】。

实训二　生成利润表

【业务描述】

2021 年 1 月 31 日，以李金泽身份利用报表模板生成本月利润表。

【岗位说明】

李金泽负责生成利润表。

【操作指导】

生成利润表

（1）李金泽执行【报表与分析】|【报表】|【利润表】命令，打开【报表系统-[利润表]】窗口，单击【显示公式/数据】按钮，如图 12-6 所示。

（2）执行【公式取数参数】命令，打开【设置公式取数参数】对话框。缺省年度输入"2021"，开始日期选择【2021 年 1 月 1 日】，开始期间输入"1"，结束日期选择【2021 年 1 月 31 日】，结束期间输入"1"，其他信息默认，如图 12-7 所示。

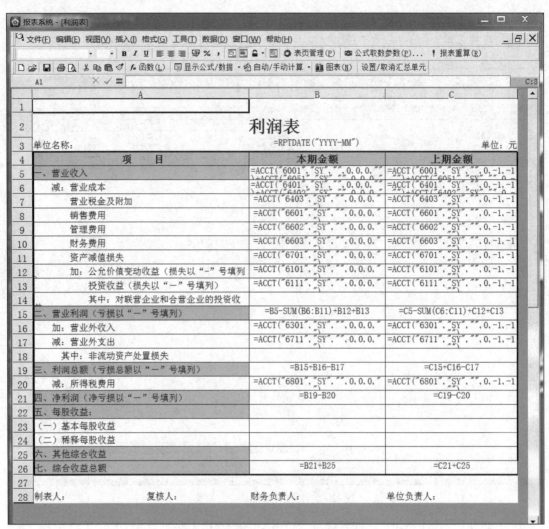

图 12-6 【报表系统-[利润表]】窗口

图 12-7 【设置公式取数参数】对话框

（3）单击【确定】按钮，退出【设置公式取数参数】窗口。单击【显示公式/数据】按钮，选择【报表重算】，生成的利润表如图12-8所示。

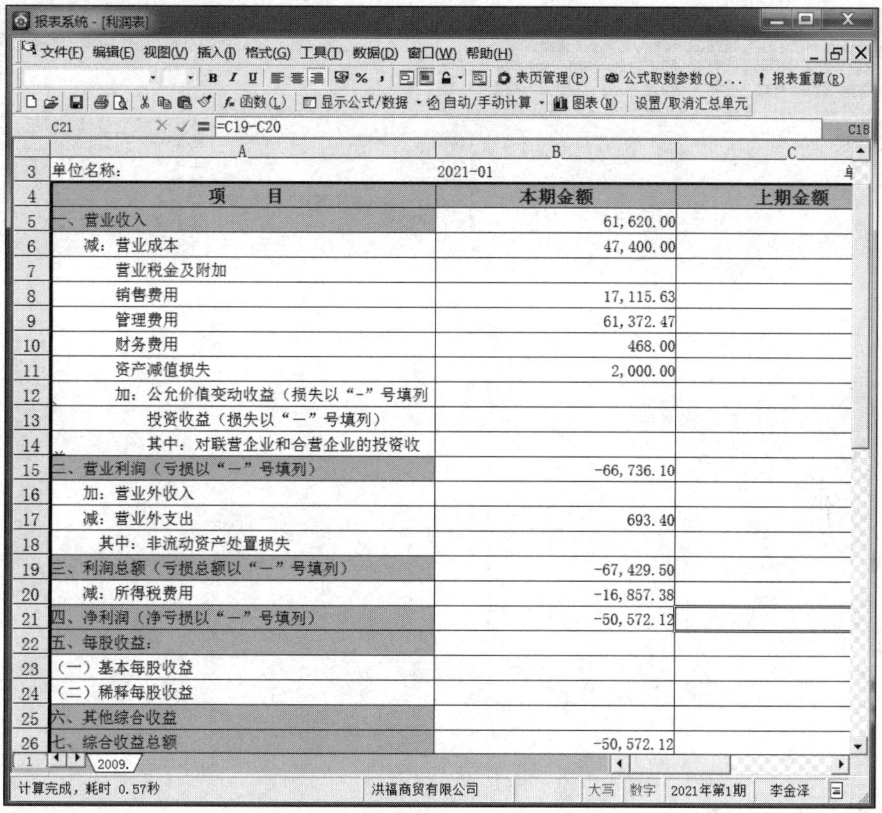

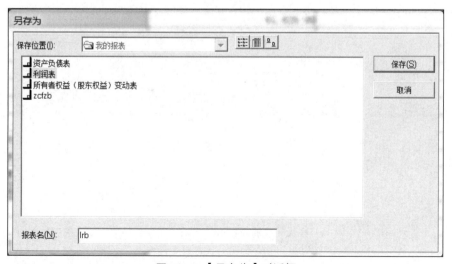

图12-8　【报表系统-[利润表]】窗口

（4）执行【文件】|【另存为】命令，打开【另存为】对话框，报表名输入"lrb"，如图12-9所示。

图12-9　【另存为】对话框

（5）单击【保存】按钮，关闭【报表系统】窗口，返回主控台。

（6）执行【报表与分析】|【自定义报表】命令，【lrb】保存成功，如图 12-10 所示。

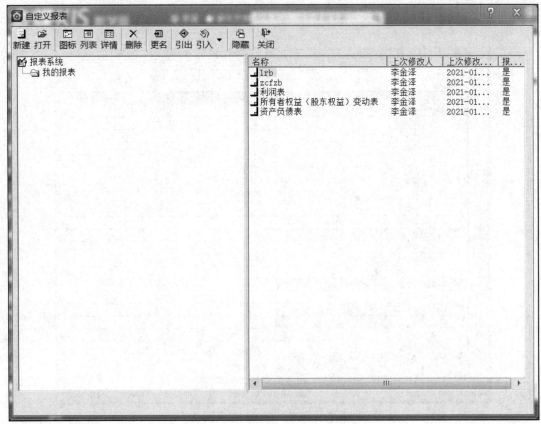

图 12-10 【自定义报表】对话框

（7）单击【引出】按钮，文件名输入"lrb"，路径选择【F:\账套备份\利润表】。

上机实训资料

人民邮电出版社

北京

目 录

实训一 | 建立账套

一、企业背景资料

（1）企业概况。

安徽永成商贸有限公司为增值税一般纳税人，主要从事耳机、音响等电子产品的批发业务。

公司开户银行：中国农业银行芜湖分行黄山路支行；账号：1277000526782987978；公司纳税登记号：91340200746789178W；公司地址：芜湖市鸠江区瑞祥路 88 号；电话：0553-5828888；邮箱：ycsm@163.com。

（2）科目设置及辅助核算要求。

- 日记账：库存现金、银行存款。
- 客户往来：应收票据、应收账款、预收账款。
- 供应商往来：应付票据、应付账款/一般应付账款、应付账款/暂估应付账款、预付账款。

（3）会计凭证的基本规定：输入或生成记账凭证均由指定的会计人员操作，含有"库存现金"和"银行存款"科目的记账凭证均需出纳签字；采用单一格式的复式记账凭证；为保证财务与业务数据的一致性，能在业务系统生成的记账凭证不得直接在总账系统输入。

（4）结算方式：公司采用的结算方式包括现金、支票、托收承付、委托收款、银行汇票、商业汇票、电汇等。收、付款业务由财务部门根据有关凭证进行处理，在系统中没有对应结算方式时，其结算方式为"其他"。

（5）薪酬业务的处理：由公司承担并缴纳的养老保险、医疗保险、失业保险、工伤保险、生育保险、住房公积金分别按职工工资总额的 20%、11%、1%、1%、0.8%、12%计算；职工个人承担的养老保险、医疗保险、失业保险、住房公积金分别按个人工资总额的 8%、2%、0.2%、12%计算。按职工工资总额的 2%计提工会经费，按职工工资总额的 8%计提职工教育经费，职工福利费按实际发生数列支，不按比例计提。按照国家有关规定，公司代扣代缴个人所得税，其费用扣除标准为 5 000 元/月。

（6）固定资产业务的处理：公司固定资产包括房屋及建筑物、运输工具、办公设备，均为在用状态；采用平均年限法按月计提折旧；同期增加多个固定资产时，采用合并制单方式。

（7）存货业务的处理：公司存货主要包括耳机、音响，按存货分类进行存放。各类存货按照实际成本核算，采用永续盘存制；对库存商品采用数量进价金额核算法，发出存货成本计价采用先进先出法，采购入库存货对方科目全部使用"在途物资"科目；存货按业务发生日期逐笔记账并制单，暂估业务除外。

（8）税费的处理：公司为增值税一般纳税人，增值税税率为 13%；按当期应交增值税的 7%计算城市维护建设税、3%计算教育费附加和 2%计算地方教育附加；企业所得税采用资产负债表债务法核算，企业所得税的计税依据为应纳税所得额，税率为 25%。

（9）坏账损失的处理：除应收账款外，其他的应收款项不计提坏账准备。每年年末，按应收账款余额百分比法计提坏账准备，提取比例为 0.5%。

（10）财产清查的处理：公司每年年末对存货及固定资产进行清查，根据盘点结果编制盘点表，并与账面数据进行比较，由库存管理员审核后进行处理。

（11）损益类账户的结转：每月末将各损益类账户余额转入本年利润账户，结转时按收入和支出分别生成记账凭证。

二、建立账套

【实训目的】

（1）熟悉金蝶 KIS 软件的账套管理模块，掌握用户管理的内容和操作方法。

（2）熟练掌握账套管理的相关内容和操作方法。

（3）理解账套管理在整个软件系统中的作用及重要性，理解权限分配的意义。

【实训准备与要求】

（1）修改系统时间为 2021 年 1 月 1 日。

（2）在 D 盘建立以"实训账套"命名的文件夹。

【实训内容与实训资料】

（1）新建账套，基本信息如表 1 所示。

表 1　账套基本信息

账套号	A+学号后三位
账套名称	安徽永成商贸有限公司
单位性质	企业
账套描述	系统默认
数据库路径	D:\永成商贸\
公司名称	安徽永成商贸有限公司
地址	芜湖市鸠江区瑞祥路 88 号
电话	0553-5828888

（2）账套系统参数设置，如表 2 所示。

表 2　账套系统参数设置

系统信息	税号	913402007467891178W
	开户银行	中国农业银行芜湖分行黄山路支行
	银行账号	1277000526782987978
	传真	0553-5828888
	E-mail	ycsm@163.com
	记账本位币	代码（RMB），名称（人民币），小数位数（2）
会计期间	启用会计年度	2021
	会计期间数	12
财务参数	初始参数	启用会计年度：2021。启用会计期间：1 "本年利润"科目：4103。"利润分配"科目：4104（表 9 完成后设置）
财务参数	财务参数	选中【启用往来业务核销】【往来业务必须录入业务编号】【凭证过账前必须审核】【明细账（表）摘要自动继承上条分录摘要】【凭证过账前必须出纳复核】【银行存款科目必须输入结算信息】复选框，其他保留默认设置
	固定资产参数	选中【卡片生成凭证前必须审核】复选框
	工资参数	选中【结账前必须审核】复选框
出纳参数	初始参数	启用会计年度：2021。启用会计期间：1
	其他	选中【与总账对账期末余额不等时不允许结账】复选框，其他保留默认设置

续表

业务基础参数	初始参数	启用会计年度：2021；启用会计期间：1 取消选中【允许负库存出库】复选框
业务参数	存货核算参数	选中【结账检查未记账的单据】复选框
	仓存参数	选中【出现负库存时提示】复选框

（3）启用账套。

（4）新增用户，如表3所示。

表3 用户基本信息

用户姓名	用户组	说明
陈尔	系统管理员组	
学生学号	财务组	财务核算
学生姓名	财务组	财务核算
李朋	财务组	财务核算
张山	采购组	采购管理
王武	销售组	销售管理
赵陆	仓储组	仓存管理

（5）设置用户权限，如表4所示。

表4 用户权限基本信息

用户姓名	权限管理
陈尔	账套主管无须设置
学生学号	1. 基础资料所有权限； 2. 报表所有权限； 3. 账务处理_凭证：主要信息、详细信息、审核、查询所有凭证； 4. 老板报表所有权限
学生姓名	1. 基础资料、固定资产、工资、存货核算管理系统、应收应付管理系统、老板报表所有权限； 2. 账务处理_凭证：主要信息、详细信息、新增、修改、删除、过账、反过账、查询所有凭证、作废、反作废、凭证整理； 3. 账务处理_期末处理、账务处理_账簿、账务处理_多栏账的所有权限； 4. 采购管理查询权、销售管理查询权、仓存管理查询权
李朋	1. 基础资料查询权； 2. 出纳管理所有权限； 3. 账务处理_凭证：主要信息、详细信息、查询所有凭证、出纳复核； 4. 应收应付管理：收款单据（查看、新增、删除、修改），付款单据（查看、新增、删除、修改）
张山	基础资料、采购管理系统所有权限，仓存管理查询权，购销存公用设置所有权限
王武	基础资料、销售管理系统、购销存公用设置所有权限，仓存管理查询权
赵陆	基础资料、仓存管理系统所有权限，采购管理查询权，销售管理查询权

说明：本实训设置"学生学号"和"学生姓名"作为企业用户，主要出于以下目的：①以学生自身作为企业的财务人员，更具主人翁意识；②以学生自己姓名处理实训业务，更具责任感；③每个学生完成一份独一无二属于自己的实训资料，更具自豪感。

（6）备份账套数据。

在D盘"实训账套"文件夹下建立"上机实训-1"文件夹，将账套备份至此文件夹。

实训二｜基础信息设置

【实训目的】
（1）掌握金蝶 KIS 软件中有关基础信息设置的相关内容。
（2）理解基础信息设置在整个系统中的作用。
（3）理解基础信息设置的数据对日常业务处理的影响。

【实训准备与要求】
（1）修改系统日期为 2021 年 1 月 1 日。
（2）恢复"D：\实训账套\上机实训-1"文件夹中的账套备份数据。
（3）以账套主管"陈尔"的身份注册登录金蝶 KIS 软件，进行基础信息设置。

【实训内容与实训资料】
（1）设置部门档案，如表 5 所示。

表 5　　　　　　　　　　　　　　　　部门档案

部门代码	部门名称
1	经理室
2	财务部
3	采购部
4	销售部
5	仓储部

（2）设置职员类别，如表 6 所示。

表 6　　　　　　　　　　　　　　　　职员类别

代码	名称
1	企业管理人员
2	采购人员
3	销售人员

（3）设置职员档案，如表 7 所示。

表 7　　　　　　　　　　　　　　　　职员档案

职员代码	职员名称	职员类别	部门名称	性别
101	陈尔	企业管理人员	经理室	男
102	李明	企业管理人员	经理室	女
201	学生学号	企业管理人员	财务部	女
202	学生姓名	企业管理人员	财务部	女
203	李朋	企业管理人员	财务部	女
301	张山	采购人员	采购部	男
302	李卉	采购人员	采购部	女
401	王武	销售人员	销售部	男
402	魏春红	销售人员	销售部	女
501	赵陆	企业管理人员	仓储部	女
502	谢东	企业管理人员	仓储部	男

（4）引入新会计准则科目。

（5）增加计量单位，如表 8 所示。

表 8 计量单位

计量单位组名称	计量单位代码	计量单位
自然单位组	01	件
自然单位组	02	台
自然单位组	03	千米
自然单位组	04	其他

（6）设置会计科目，如表 9 所示。

表 9 会计科目表

科目名称	方向	科目类别	辅助核算
库存现金 1001（修改科目）	借	流动资产	出日记账
银行存款 1002（修改科目）	借	流动资产	出日记账
应收票据 1121（修改科目）	借	流动资产	客户、往来业务核算
应收账款 1122（修改科目）	借	流动资产	客户、往来业务核算
预付账款 1123（修改科目）	借	流动资产	供应商、往来业务核算
应付票据 2201（修改科目）	贷	流动负债	供应商、往来业务核算
一般应付款 2202.01（增加科目）	贷	流动负债	供应商、往来业务核算
暂估应付款 2202.02（增加科目）	贷	流动负债	供应商
预收账款 2203（修改科目）	贷	流动负债	客户、往来业务核算
工资 2211.01（增加科目）	贷	流动负债	
社会保险费 2211.02（增加科目）	贷	流动负债	
设定提存计划 2211.03（增加科目）	贷	流动负债	
住房公积金 2211.04（增加科目）	贷	流动负债	
工会经费 2211.05（增加科目）	贷	流动负债	
职工教育经费 2211.06（增加科目）	贷	流动负债	
其他 2211.09（增加科目）	贷	流动负债	
应交增值税 2221.01（增加科目）	贷	流动负债	
进项税额 2221.01.01（增加科目）	借	流动负债	
销项税额 2221.01.02（增加科目）	贷	流动负债	
进项税额转出 2221.01.03（增加科目）	贷	流动负债	
转出未交增值税 2221.01.04（增加科目）	贷	流动负债	
未交增值税 2221.02（增加科目）	贷	流动负债	
应交城市维护建设税 2221.03（增加科目）	贷	流动负债	
应交教育费附加 2221.04（增加科目）	贷	流动负债	
应交地方教育附加 2221.05（增加科目）	贷	流动负债	
应交企业所得税 2221.06（增加科目）	贷	流动负债	
应交个人所得税 2221.07（增加科目）	贷	流动负债	
未分配利润 4104.15（增加科目）	贷	所有者权益	
税金及附加 6403（修改科目）	借	营业成本及税金	
工资 6601.01（增加科目）	借	期间费用	
社会保险费 6601.02（增加科目）	借	期间费用	
广告费 6601.03（增加科目）	借	期间费用	

续表

科目名称	方向	科目类别	辅助核算
折旧费 6601.04（增加科目）	借	期间费用	
其他 6601.09（增加科目）	借	期间费用	
工资 6602.01（增加科目）	借	期间费用	
社会保险费 6602.02（增加科目）	借	期间费用	
办公费 6602.03（增加科目）	借	期间费用	
折旧费 6602.04（增加科目）	借	期间费用	
业务招待费 6602.05（增加科目）	借	期间费用	
差旅费 6602.06（增加科目）	借	期间费用	
其他 6602.07（增加科目）	借	期间费用	
信用减值损失 6702（增加科目）	借	其他损失	

（7）设置凭证类别，凭证字为"记"。

（8）设置客户档案，如表 10 所示。

表 10　　　　　　　　　　客户档案

客户代码	名称	简称	地址、电话	开户银行	银行账号	税号	增值税税率
001	江苏苏宁易购电子商务有限公司	苏宁易购	南京市玄武区苏宁大道 1-9 号，025-66998877	中国银行南京市玄武支行	1302022029249687952	92340200346663099L	13%
002	北京国美电器有限公司	国美电器	北京市通州区潞城镇新城工业区一区 8 号，010-57925362	中国工商银行北京市通州支行	2200600597934533689	91340100348783099U	13%
003	五星电器集团安徽有限公司	五星电器	安徽省合肥市濉溪路 335 号，0551-66626361	中国农业银行合肥市包河支行	2311622236935894356	91312117672219885R	13%

（9）设置供应商档案，如表 11 所示。

表 11　　　　　　　　　　供应商档案

供应商代码	名称	简称	地址、电话	开户银行	银行账号	税号	增值税税率
001	北京爱德发科技有限公司	爱德发科技	北京市海淀区北四环西路 58 号，010-82678886	中国工商银行北京市海淀支行	1307022029249361245	91110108101956999G	13%
002	深圳漫步者科技有限公司	漫步者科技	深圳市南山区西丽街道松坪山社区朗山路 13 号，0755-26576789	中国银行深圳市南山支行	2217600597934522555	91440300726185356T	13%
003	深圳市智信新信息技术有限公司	智信技术	深圳市福田区香蜜湖街道东海社区红荔西路 8089 号，0755-87011880	中国建设银行深圳市福田支行	2300600236934526578	91440300MA5678920N	13%
004	小米科技有限责任公司	小米科技	北京市海淀区西二旗中路 33 号，010-69636868	中国工商银行北京市海淀支行	1307005090026663359	91110108551385682Q	13%

（10）设置物料分类，如表12所示。

表12　　　　　　　　　　　　　　　　物料分类档案

代码	名称
01	耳机
02	音响

（11）设置仓库档案，如表13所示。

表13　　　　　　　　　　　　　　　　仓库档案

代码	名称
1	耳机库
2	音响库

（12）设置物料档案，如表14所示。

表14　　　　　　　　　　　　　　　　物料档案

商品分类	代码	名称	计量单位	默认仓库	税率	商品属性	计价方法	科目
耳机	01.01	漫步者 LolliPods	件	耳机库	13%	外购	先进先出法	存货科目 1405 销售收入科目 6001 销售成本科目 6401
	01.02	漫步者 LolliPods Plus	件		13%	外购	先进先出法	存货科目 1405 销售收入科目 6001 销售成本科目 6401
	01.03	漫步者 TWS1	件		13%	外购	先进先出法	存货科目 1405 销售收入科目 6001 销售成本科目 6401
	01.04	荣耀亲选 X1	件		13%	外购	先进先出法	存货科目 1405 销售收入科目 6001 销售成本科目 6401
	01.05	小米 Air2SE	件		13%	外购	先进先出法	存货科目 1405 销售收入科目 6001 销售成本科目 6401
	01.06	Redmi AirDots 2	件		13%	外购	先进先出法	存货科目 1405 销售收入科目 6001 销售成本科目 6401
音响	02.01	小米小爱音箱 Play	台	音响库	13%	外购	先进先出法	存货科目 1405 销售收入科目 6001 销售成本科目 6401
	02.02	漫步者 R101V	台		13%	外购	先进先出法	存货科目 1405 销售收入科目 6001 销售成本科目 6401
	02.03	漫步者 M16	台		13%	外购	先进先出法	存货科目 1405 销售收入科目 6001 销售成本科目 6401
	02.04	漫步者 R201T	台		13%	外购	先进先出法	存货科目 1405 销售收入科目 6001 销售成本科目 6401

（13）设置结算方式，如表 15 所示。

表 15　　　　　　　　　　　　　　结算方式

代码	结算方式名称	科目代码
01	现金支票	1002
02	转账支票	1002
03	银行承兑汇票	
04	商业承兑汇票	
05	其他	

（14）设置单据编号。

安徽永成商贸有限公司采购订单、采购发票（专用）单据、销售订单、销售发票（专用）单据允许手工输入，取消使用编码规则。

（15）设置凭证模板，如表 16 所示。

表 16　　　　　　　　　　　　　　凭证模板

记账凭证模板	原科目	借贷方向	修改后科目
采购发票-现购	应交税费	借	应交税费——应交增值税（进项税额）
采购发票-赊购	应交税费	借	应交税费——应交增值税（进项税额）
销售收入-现销	应交税费	贷	应交税费——应交增值税（销项税额）
销售收入-赊销	应交税费	贷	应交税费——应交增值税（销项税额）
采购入库单（票已到）	应付账款	贷	在途物资

（16）设置固定资产类别，如表 17 所示。

表 17　　　　　　　　　　　　　　固定资产类别

代码	名称	使用年限	净残值率	预设折旧方法	固定资产科目	可抵扣税科目	累计折旧科目	减值准备科目
01	房屋及建筑物	30	5%	平均年限法	1601	2221.01.01	1602	1603
02	生产设备	10	5%	平均年限法	1601	2221.01.01	1602	1603
03	运输设备	5	5%	平均年限法	1601	2221.01.01	1602	1603
04	办公设备	3	1%	平均年限法	1601	2221.01.01	1602	1603

（17）设置固定资产变动方式类别，如表 18 所示。

表 18　　　　　　　　　　　固定资产增减方式对应入账科目

项目	增减方式	凭证字	摘要	对方科目代码
增加方式	购入	记	购入资产	1002 银行存款
	在建工程转入	记	在建工程竣工验收	1604 在建工程
减少方式	出售	记	出售资产	1606 固定资产清理
	盘亏	记	资产盘亏	1901 待处理财产损溢
	报废（002.004）	记	资产报废	1606 固定资产清理

（18）备份账套数据。

在 D 盘"实训账套"文件夹下建立"上机实训-2"文件夹，将账套备份至此文件夹。

实训三 | 系统初始化

【实训目的】

（1）掌握金蝶 KIS 软件中业务初始化、财务初始化、出纳初始化的相关内容。

（2）理解初始化的意义。

（3）掌握各系统初始化的操作方法。

【实训准备与要求】

（1）修改系统时间为 2021 年 1 月 1 日。

（2）恢复"D:\实训账套\上机实训-2"文件夹中的账套备份数据。

（3）以"陈尔"的身份注册登录金蝶 KIS 教学版，进行初始化操作。

【实训内容与实训资料】

1. 财务初始化

（1）设置总账期初余额，如表 19 所示。

表 19   总账系统期初余额   单位：元

科目名称	方向	期初余额	备注
库存现金（1001）	借	10 000.00	
银行存款（1002）	借	1 000 000.00	
其他货币资金（1012）	借	80 000.00	
应收票据（1121）	借	49 720.00	表 20
应收账款（1122）	借	248 035.00	表 21
预付账款（1123）	借	9 944.00	表 22
坏账准备（1131）	贷	1 240.00	
库存商品（1405）	借	216 200.00	
固定资产（1601）	借	1 117 000.00	表 25
累计折旧（1602）	贷	233 425.00	表 25
短期借款（2001）	贷	500 000.00	
应付账款——一般应付款（2202.01）	贷	85 315.00	表 23
预收账款（2203）	贷	5 000.00	表 24
应付职工薪酬——工资（2211.01）	贷	60 000.00	
未交增值税（2221.02）	贷	13 000.00	
应交城市维护建设税（2221.03）	贷	910.00	
应交教育费附加（2221.04）	贷	339.00	
应交地方教育附加（2221.05）	贷	226.00	
应交个人所得税（2221.07）	贷	215.00	
实收资本（4001）	贷	1 600 000.00	
资本公积（4002）	贷	0.00	
利润分配（4104）	贷	0.00	
未分配利润（4104.15）	贷	231 229.00	

（2）录入总账科目初始数据，如表 20 至表 24 所示。

表 20　　　　　　　　　　　　　应收票据（1121）期初余额　　　　　　　　　　　　单位：元

日期	客户	摘要	方向	期初余额
2020-12-20	北京国美电器有限公司	销售小米小爱音箱 Play 500 台，不含税价为 88 元/台，票据号为 46987532，到期日为 2021-1-20，承兑银行为建设银行	借	49 720

表 21　　　　　　　　　　　　　应收账款（1122）期初余额　　　　　　　　　　　　单位：元

日期	客户	摘要	方向	金额
2020-12-10	江苏苏宁易购电子商务有限公司	销售漫步者 TWS1 耳机 1 000 件，不含税单价为 149 元/件，票据号为 36951239	借	168 370
2020-12-12	五星电器集团安徽有限公司	销售荣耀亲选 X1500 件，不含税单价为 141 元/件，票据号为 36951248	借	79 665

表 22　　　　　　　　　　　　　预付账款（1123）期初余额　　　　　　　　　　　　单位：元

日期	供应商	摘要	方向	金额
2020-12-25	北京爱德发科技有限公司	购买漫步者 R101V 100 台，不含税单价为 88 元/台，电汇方式结算	借	9 944

表 23　　　　　　　　　应付账款——一般应付款（2202.01）期初余额　　　　　　　　单位：元

日期	供应商	摘要	方向	金额
2020-12-25	深圳漫步者科技有限公司	购买漫步者 LolliPods 100 件，不含税单价为 140 元/件，票据号为 12387943	贷	15 820
2020-12-26	小米科技有限责任公司	购买小米 Air2 SE 500 件，不含税单价为 123 元/件，票据号为 58926537	贷	69 495

表 24　　　　　　　　　　　　　预收账款（2203）期初余额　　　　　　　　　　　　单位：元

日期	客户名称	摘要	方向	余额
2020-12-31	北京国美电器有限公司	收到国美电器预付的货款，票号为 51894732，电汇方式结算	贷	5 000

（3）设置固定资产初始数据，如表 25 所示。

表 25　　　　　　　　　　2021 年 1 月固定资产使用及折旧情况

资产编码	资产名称	资产类别	使用部门折旧科目	变动方式	可使用年限	开始使用日期	数量	原值/元	累计折旧/元	使用状况	净残值率
001	办公楼	01	经理室（20%）6602.04 财务部（20%）6602.04 采购部（20%）6602.04 销售部（40%）6601.04	购入	30	2014-04-30	1	630 000	133 000	正常使用	5%
002	仓库	01	仓储部 6602.04	购入	30	2014-04-18	1	360 000	76 000	正常使用	5%
003	卡车	03	仓储部 6602.04	购入	5	2020-02-20	1	90 000	14 250	正常使用	5%
004	惠普电脑	04	经理室 6602.04	购入	3	2020-02-10	1	5 000	1 375	正常使用	1%
005	惠普电脑	04	财务部 6602.04	购入	3	2020-02-10	1	5 000	1 375	正常使用	1%
006	惠普电脑	04	采购部 6602.04	购入	3	2020-02-10	1	5 000	1 375	正常使用	1%
007	惠普电脑	04	销售部 6601.04	购入	3	2020-02-10	1	5 000	1 375	正常使用	1%
008	曙光服务器	04	财务部 6602.04	购入	3	2020-02-10	1	12 000	3 300	正常使用	1%
009	惠普打印机	04	财务部 6602.04	购入	3	2020-02-10	1	5 000	1 375	正常使用	1%
合计								1 117 000	233 425		

（4）启用财务系统。

2. 出纳初始化

（1）设置出纳初始数据。

从账务系统引入库存现金、银行存款期初余额，并输入银行名称和银行账号。

（2）启用出纳系统。

3. 业务初始化

（1）设置存货期初数据，如表 26 所示。

表 26　　　　　　　　　　　　　　存货期初数据

所属类别	存货代码	存货名称	计量单位	税率	数量	单价/元	金额/元	入库日期
耳机库	01.01	漫步者 LolliPods	件	13%	100	140.00	14 000.00	2020-12-31
	01.02	漫步者 LolliPods Plus	件	13%	200	193.00	38 600.00	2020-12-31
	01.03	漫步者 TWS1	件	13%	100	123.00	12 300.00	2020-12-31
	01.04	荣耀亲选 X1	件	13%	100	115.00	11 500.00	2020-12-31
	01.05	小米 Air2SE	件	13%	500	123.00	61 500.00	2020-12-31
	01.06	Redmi AirDots 2	件	13%	100	76.00	7 600.00	2020-12-31
音响库	02.01	小米小爱音箱 Play	台	13%	200	76.00	15 200.00	2020-12-31
	02.02	漫步者 R101V	台	13%	300	88.00	26 400.00	2020-12-31
	02.03	漫步者 M16	台	13%	100	141.00	14 100.00	2020-12-31
	02.04	漫步者 R201T	台	13%	100	150.00	15 000.00	2020-12-31
合计					1 800		216 200.00	

（2）设置应收应付初始数据，如表 27 和表 28 所示。

表 27　　　　　　　　　　　客户初始数据　　　　　　　　　　单位：元

客户名称	业务发生日期	应收账款	预收账款	期初余额	收款期限
江苏苏宁易购电子商务有限公司	2020-12-10	168 370.00		168 370.00	2021-02-28
五星电器集团安徽有限公司	2020-12-12	79 665.00		79 665.00	2021-02-28
北京国美电器有限公司	2020-12-31		5 000.00	5 000.00	2021-02-28

表 28　　　　　　　　　　　供应商初始数据　　　　　　　　　　单位：元

供应商名称	业务发生日期	应付账款	预付账款	期初余额	付款期限
深圳漫步者科技有限公司	2020-12-25	15 820.00		15 820.00	2021-02-28
小米科技有限责任公司	2020-12-26	69 495.00		69 495.00	2021-02-28
北京爱德发科技有限公司	2020-12-25		9 944.00	9 944.00	2021-02-28

（3）启用业务系统。

（4）备份账套数据。

在 D 盘"实训账套"文件夹下建立"上机实训-3"文件夹，将账套备份至此文件夹。

实训四｜账务处理系统日常业务处理

【实训目的】

（1）了解账务处理系统日常业务的相关内容。

（2）掌握账务处理系统日常业务的各种操作。

（3）掌握凭证管理和账簿管理的具体内容和操作方法。

【实训准备与要求】

（1）修改系统时间为 2021 年 1 月 31 日。

（2）恢复"D:\实训账套\上机实训-3"文件夹中的账套备份数据。

（3）以李朋的身份进行出纳签字。

（4）以学生学号的身份进行审核。

（5）以学生姓名的身份完成总账系统的其他业务处理。

【实训内容与实训资料】

1．业务处理

（1）2021 年 1 月 1 日，开出转账支票支付财务部办公费，取得相关凭证如图 1、图 2 所示。

图 1　2021 年 1 月 1 日业务原始凭证（1）

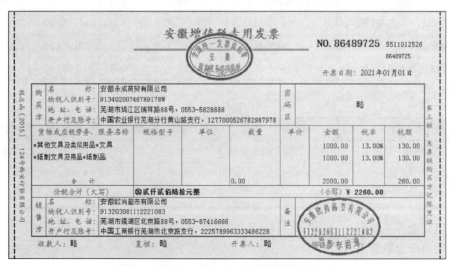

图 2　2021 年 1 月 1 日业务原始凭证（2）

（2）2021 年 1 月 2 日，签发现金支票，提取备用金，取得相关凭证如图 3 所示。

图 3　2021 年 1 月 2 日业务原始凭证

（3）2021 年 1 月 3 日，销售部王武预借差旅费，取得相关凭证如图 4 所示。

借款单						
		2021 年	01 月	03 日	第	0001 号
借款部门	销售部	姓名	王武	事由	出差	
借款金额（大写）	万壹仟零佰零拾零元零角零分				¥ 1000.00	
部门负责人签署	略	借款人签章	王武		注意事项	一、凡借用公款必须使用本单位借款单 二、出差返回后三天内结算
单位领导批示	略	财务经理审核意见	现金付讫	略		

图 4　2021 年 1 月 3 日业务原始凭证

（4）2021 年 1 月 4 日，通过网上缴税系统缴纳上月未交增值税，取得相关凭证如图 5、图 6 所示。

图 5　2021 年 1 月 4 日业务原始凭证（1）

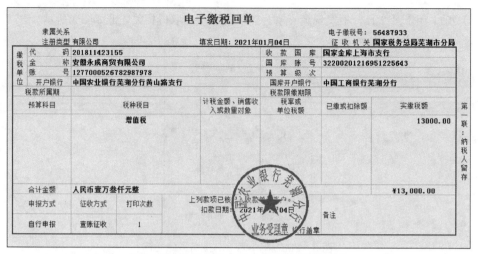

图 6　2021 年 1 月 4 日业务原始凭证（2）

（5）2021 年 1 月 4 日，开出转账支票缴纳上月城建税（税率为 7%）、教育费附加（税率为 3%）、地方教育附加（税率为 2%），取得相关凭证如图 7、图 8 所示。

图 7　2021 年 1 月 4 日业务原始凭证（3）

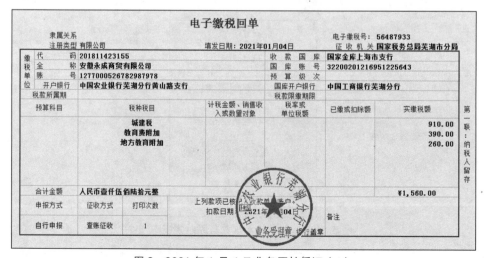

图 8　2021 年 1 月 4 日业务原始凭证（4）

（6）2021年1月6日，开出转账支票缴纳上月个人所得税，取得相关凭证如图9、图10所示。

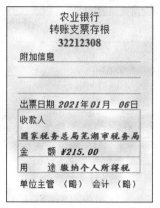

图9　2021年1月6日业务原始凭证（1）

电子缴税回单

隶属关系				电子缴税号: 56487933	
注册类型 有限公司			填发日期: 2021年01月06日	征收机关 国家税务总局芜湖市分局	
缴税单位	代　码 201811423155			收款国库 国家金库上海市支行	
	全　称 安徽永成商贸有限公司			国库账号 32200201216951225643	
	账　号 1277000526782987978			预算级次	
	开户银行 中国农业银行芜湖分行黄山路支行			国库开户银行 中国工商银行芜湖分行	
税款所属期				税款限缴期限	
预算科目	税种税目	计税金额、销售收入或数量对象	税率或单位税额	已缴或扣除额	实缴税额
	个人所得税				215.00
合计金额	人民币贰佰壹拾伍元整				￥215.00
申报方式	征收方式	打印次数	上列款项已核记入收款单位账户 扣款日期: 2021年01月06日	备注	
自行申报	查账征收	1	银行盖章		

第一联: 纳税人留存

图10　2021年1月6日业务原始凭证（2）

（7）2021年1月7日，以现金支付经理室设备维修费，取得相关凭证如图11、图12所示。

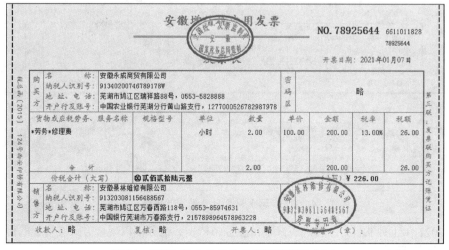

图11　2021年1月7日业务原始凭证（1）

图 12　2021 年 1 月 7 日业务原始凭证（2）

（8）2021 年 1 月 8 日，销售部报销产品广告费，以转账支票方式支付，取得相关凭证如图 13、图 14 所示。

图 13　2021 年 1 月 8 日业务原始凭证（1）

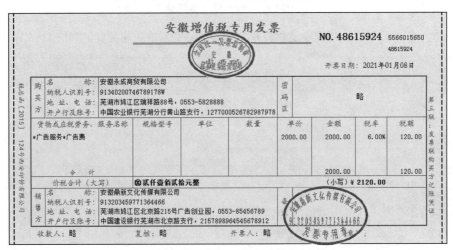

图 14　2021 年 1 月 8 日业务原始凭证（2）

（9）2021 年 1 月 9 日，销售部王武报销业务招待费，财务部以现金方式支付，取得相关凭证如图 15、图 16 所示。

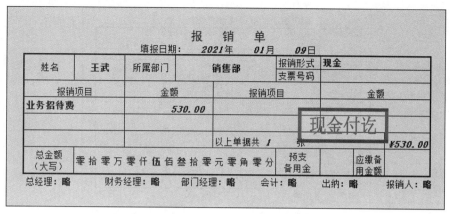

图 15　2021 年 1 月 9 日业务原始凭证（1）

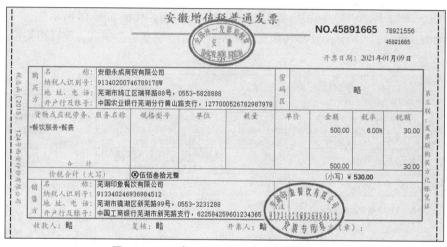

图 16　2021 年 1 月 9 日业务原始凭证（2）

（10）2021 年 1 月 10 日，总经理陈尔报销医药费，取得相关凭证如图 17 所示。

图 17　2021 年 1 月 10 日业务原始凭证

（11）2021 年 1 月 13 日，委托证券公司购入智飞生物有限公司的股票，并将其划分为交易性金融资产，取得相关凭证如图 18 所示。

国元证券成交过户交割凭单

买卖类别：	成交日期：2021年1月13日
股东代码：300122	股东姓名：安徽永成商贸有限公司
资金账号：1550119118	合同号码：412
股票名称：智飞生物	委托日期：2021年1月13日
成交号码：1201451	成交时间：2021年1月13日
成交股数：500	本次余额：50000.00
成交价格：150	成交金额：75000.00
手　续　费：187.50	印　花　税 75.00
过　户　费：	其他收费：
收付金额：75262.50	上次余额：80000.00
本次余额 4737.50	
备注：	

经办单位　　　　客户签章：

（1）凭证联

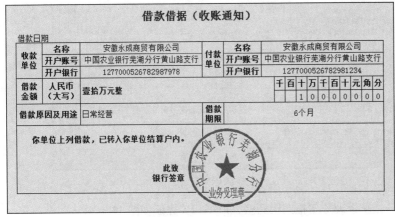

图 18　2021 年 1 月 13 日业务原始凭证

（12）2021 年 1 月 14 日，向银行借入短期借款，取得相关凭证如图 19 所示。

（13）2021 年 1 月 14 日，开出转账支票向芜湖市红十字基金会捐款，取得相关凭证如图 20 所示。

借款借据（收账通知）

借款日期

收款单位	名称	安徽永成商贸有限公司	付款单位	名称	安徽永成商贸有限公司
	开户账号	中国农业银行芜湖分行黄山路支行		开户账号	中国农业银行芜湖分行黄山路支行
	开户银行	1277000526782987978		开户银行	1277000526782981234

借款金额	人民币（大写）	壹拾万元整	千	百	十	万	千	百	十	元	角	分
					1	0	0	0	0	0	0	0

借款原因及用途	日常经营	借款期限	6个月

你单位上列借款，已转入你单位结算户内。

此致
银行签章

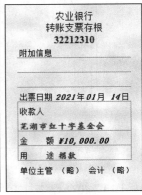

图 19　2021 年 1 月 14 日业务原始凭证（1）

农业银行
转账支票存根
32212310

附加信息

出票日期 2021年01月 14日

收款人
芜湖市红十字基金会

金　额 ¥10,000.00

用　途 捐款

单位主管 （略） 会计 （略）

图 20　2021 年 1 月 14 日业务原始凭证（2）

（14）2021 年 1 月 14 日，从农业银行购入现金支票和转账支票各一本，款项直接从单位账户上扣除，取得相关凭证如图 21 所示。

中国农业银行空白凭证领用单

2021年　01月　14日

单位名称：安徽永成商贸有限公司　　账号：1277000526782987978

凭证种类	数量（本）	起讫号码	单价	百	十	元	角	分
现金支票	1		25.00	¥	2	5	0	0
转账支票	1		25.00	¥	2	5	0	0
合计金额（大写）	伍拾元整			¥	5	0	0	0

领用上列空白凭证工本费已由你单位存款户中划款扣付。

银行盖章：　　　　核准　　　　经办

第二联企业留存联

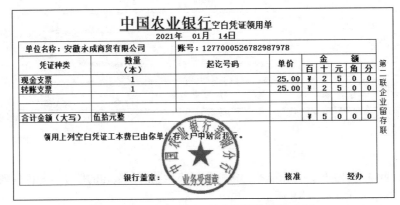

图 21　2021 年 1 月 14 日业务原始凭证（3）

（15）2021 年 1 月 15 日，开出现金支票发放职工工资，取得相关凭证如图 22 所示。

图 22　2021 年 1 月 15 日业务原始凭证

（16）2021 年 1 月 18 日，销售部王武报销差旅费，余款以现金方式支付，取得相关凭证如图 23 所示。

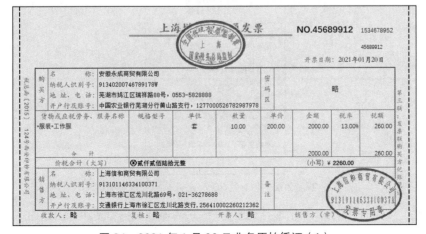

图 23　2021 年 1 月 18 日业务原始凭证

（17）2021 年 1 月 20 日，开出转账支票采购工作服，取得相关凭证如图 24、图 25 所示。

图 24　2021 年 1 月 20 日业务原始凭证（1）

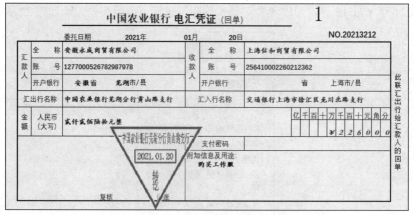

图 25　2021 年 1 月 20 日业务原始凭证（2）

（18）2021 年 1 月 20 日，车间发生设备修理费，以转账支票方式支付，取得相关凭证如图 26、图 27 所示。

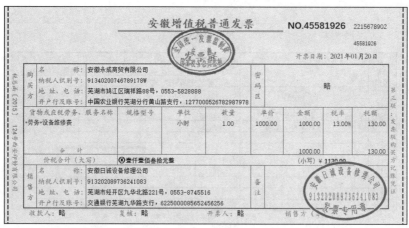

图 26　2021 年 1 月 20 日业务原始凭证（3）

图 27　2021 年 1 月 20 日业务原始凭证（4）

（19）2021 年 1 月 30 日，摊销本月无形资产——专利权（摊销费用计入经理室），取得相关凭证如图 28 所示。

无形资产摊销表

2021年1月30日

单位：元

项目	原值	购入日期	应摊销月数	已摊销额	本月摊销额	累计摊销额	未摊销额
软件	63,600.00	2016/1/12	120	31,800.00	530.00	32,330.00	31,270.00
合计	63,600.00			31,800.00	530.00	32,330.00	31,270.00

审核：略   制表人：略

图28 2021年1月30日业务原始凭证

（20）2021年1月31日，本月购入的智飞生物有限公司的股票收盘价为156元/股，取得相关凭证如图29所示。

交易性金融资产公允价值变动计算表

2021年1月31日

单位：元

名称	调整前账面价值	公允价值变动		期末公允价值	公允价值增（+）减（−）变动
	成本	借方	贷方		
智飞生物	75,000.00	3,000.00		78,000.00	3,000.00

图29 2021年1月31日业务原始凭证

2. 对资金类凭证进行出纳复核记账
3. 对记账凭证进行审核
4. 对记账凭证进行过账处理
5. 备份账套数据

在D盘"实训账套"文件夹下建立"上机实训-4"文件夹，将账套备份至此文件夹。

实训五｜采购与应付款管理系统业务处理

【实训目的】

（1）掌握采购与应付款管理系统日常业务处理的方法。

（2）掌握采购与应付款管理系统月末处理的方法。

【实训准备与要求】

（1）修改系统时间为2021年1月1日。

（2）恢复"D:\实训账套\上机实训-4"文件夹中的账套备份数据。

（3）以张山的身份完成采购相关业务处理。

（4）以赵陆的身份完成仓储相关业务处理。

（5）以学生姓名的身份完成财务相关业务处理。

（6）以李朋的身份完成付款、票据管理等出纳工作。

（7）按业务发生日期逐笔审核应付单及付款单。

【实训内容与实训资料】

1. 采购与应付款管理系统日常业务处理

（1）2021 年 1 月 4 日，向漫步者科技购入漫步者 TWS1 耳机 100 件，运费由对方单位支付，货物验收入库，货款未支付，取得相关凭证如图 30、图 31 所示。

12387943　　深圳增值税专用发票　　NO. 12387943　1567892365　12387943

开票日期：2021年01月04日

购买方	名称：安徽永成商贸有限公司 纳税人识别号：91340200746789178W 地址、电话：芜湖市鸠江区瑞祥路88号，0553-5828888 开户行及账号：中国农业银行芜湖分行黄山路支行，1277000526782987978				密码区	略		
货物或应税劳务、服务名称	规格型号	单位	数量	单价	金额	税率	税额	
*电子元件*漫步者TWS1			100.00	123.00	12300.00	13.00%	1599.00	
合计			100.00		12300.00		1599.00	
价税合计（大写）	⊗壹万叁仟捌佰玖拾玖元整				（小写）¥13899.00			
销售方	名称：深圳漫步者科技有限公司 纳税人识别号：91440300726185356T 地址、电话：深圳市南山区西丽街道松坪山社区朗山路13号，0755-26576789 开户行及账号：中国银行深圳市南山支行，2217600597934522555				备注			

收款人：略　　复核：略　　开票人：略　　销售方：（章）

第三联：发票联　购买方记账凭证

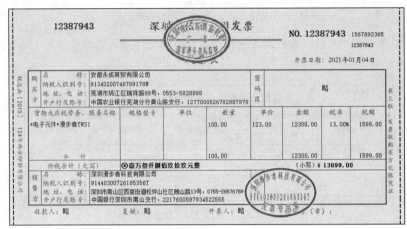

图 30　2021 年 1 月 4 日业务原始凭证（1）

入　库　单

2021年　01月　04日　　单号：0001

交货部门	采购部	发票号码	12387943		验收仓库	耳机库	入库日期	2021-1-4
编号	名称及规格	单位	数量		实际价格		备注	
			应收	实收	单价	金额		
01.03	漫步者TWS1	件	100.00	100.00				
	合计		100.00	100.00				

部门经理：略　　会计：略　　仓库：略　　经办人：略

会计联

图 31　2021 年 1 月 4 日业务原始凭证（2）

（2）2021 年 1 月 5 日，向小米科技采购小米 Air2SE 100 件，商品已验收入库，电汇支付商品款项。取得相关凭证如图 32、图 33、图 34 所示。

58926537　　北京增值税专用发票　　NO. 58926537　4567891535　58926537

开票日期：2021年01月05日

购买方	名称：安徽永成商贸有限公司 纳税人识别号：91340200746789178W 地址、电话：芜湖市鸠江区瑞祥路88号，0553-5828888 开户行及账号：中国农业银行芜湖分行黄山路支行，1277000526782987978				密码区	略		
货物或应税劳务、服务名称	规格型号	单位	数量	单价	金额	税率	税额	
*电子元件*小米Air2SE		件	100.00	125.00	12500.00	13.00%	1625.00	
合计			100.00				1625.00	
价税合计（大写）	⊗壹万肆仟壹佰贰拾伍元整				（小写）¥14125.00			
销售方	名称：小米科技有限责任公司 纳税人识别号：91110108551385682Q 地址、电话：北京市海淀区西二旗中路33号，010-69636868 开户行及账号：中国工商银行北京市海淀支行，1307005090026663359				备注			

收款人：略　　复核：略　　开票人：略

第三联：发票联　购买方记账凭证

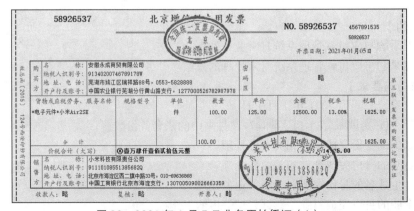

图 32　2021 年 1 月 5 日业务原始凭证（1）

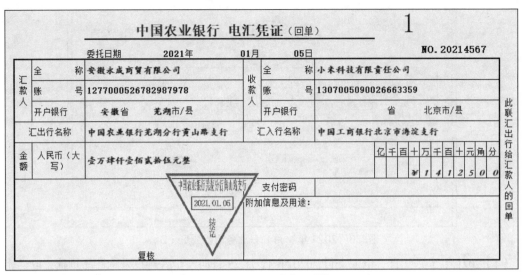

图33 2021年1月5日业务原始凭证（2）

入 库 单

2021年　　01月　　05日　　　　　　　单号：*0002*

交货部门	采购部		发票号码	58926537	验收仓库	耳机库	入库日期	*2021-1-5*	
编号	名 称 及 规 格	单位	数 量		实际价格		备注		会计联
			应收	实收	单价	金额			
01.05	小米Air2SE	件	*100.00*	*100.00*					
	合　　　计		*100.00*	*100.00*					
部门经理：**略**		会计：**略**		仓库：**略**			经办人：**略**		

图34 2021年1月5日业务原始凭证（3）

（3）2021年1月6日，向智信技术采购荣耀亲选X1 100件。采购合同上规定现金折扣条件为 2/10，1/20，*N*/30，现金折扣不考虑增值税。商品已验收入库，取得相关凭证如图35、图36所示。

入 库 单

2021年　　01月　　06日　　　　　　　单号：*0003*

交货部门	采购部		发票号码	35687925	验收仓库	耳机库	入库日期	*2021-1-6*	
编号	名 称 及 规 格	单位	数 量		实际价格		备注		会计联
			应收	实收	单价	金额			
01.04	荣耀亲选X1	件	*100.00*	*100.00*					
	合　　　计		*100.00*	*100.00*					
部门经理：**略**		会计：**略**		仓库：**略**			经办人：**略**		

图35 2021年1月6日业务原始凭证（1）

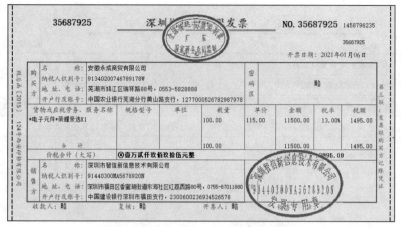

图 36　2021 年 1 月 6 日业务原始凭证（2）

（4）2021 年 1 月 7 日，电汇支付 2020 年 12 月 25 日向漫步者科技采购商品货款，取得相关凭证如图 37 所示。

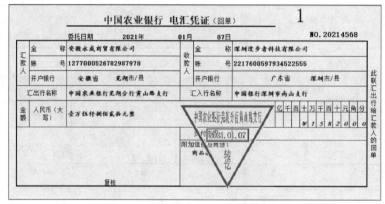

图 37　2021 年 1 月 7 日业务原始凭证

（5）2021 年 1 月 8 日，以银行承兑汇票的方式支付 2021 年 1 月 4 日向漫步者科技采购商品货款，取得相关凭证如图 38 所示。

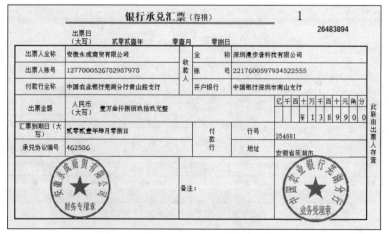

图 38　2021 年 1 月 8 日业务原始凭证

（6）2021年1月9日，根据购货合同，以电汇结算方式预付向爱德发科技采购商品货款，取得相关凭证如图39所示。

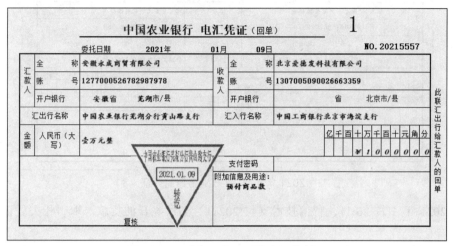

图39 2021年1月9日业务原始凭证

（7）2021年1月12日，收到爱德发科技发来的货物增值税专用发票，余款以电汇结算方式支付，货物验收入库，取得相关凭证如图40、图41、图42所示。

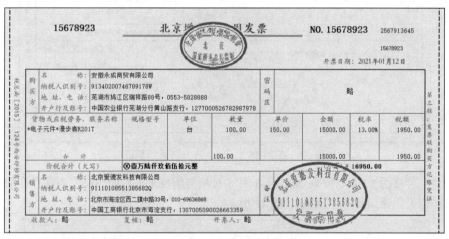

图40 2021年1月12日业务原始凭证（1）

入 库 单

图41 2021年1月12日业务原始凭证（2）

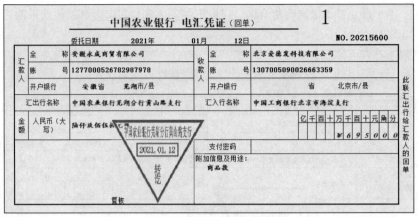

图 42　2021 年 1 月 12 日业务原始凭证（3）

（8）2021 年 1 月 26 日，智信技术支付 2021 年 1 月 6 日的货款。取得相关凭证如图 43 所示。

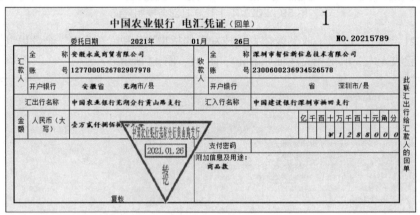

图 43　2021 年 1 月 26 日业务原始凭证

（9）2021 年 1 月 27 日，发现 2021 年 1 月 6 日从智信技术采购的商品有两件存在瑕疵，予以退货。取得相关凭证如图 44、图 45、图 46 所示。

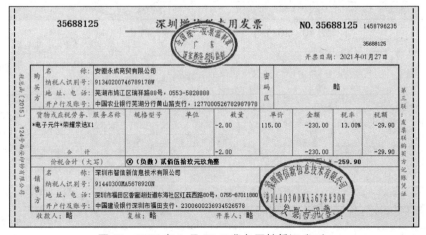

图 44　2021 年 1 月 27 日业务原始凭证（1）

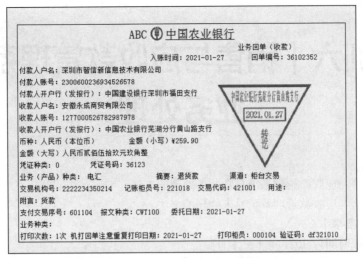

图 45　2021 年 1 月 27 日业务原始凭证（2）

入 库 单										
			2021年	07月	27日			单号: 0005		
交货部门	采购部		发票号码	35688125	验收仓库	耳机库	入库日期	2021-1-27		
编号	名 称 及 规 格	单 位	数　量		实际价格		备　注			会计联
			应 收	实 收	单 价	金 额				
01.04	荣耀亲选X1	件	-2.00	-2.00						
	合　　计		-2.00	-2.00						
部门经理: 略		会计: 略			仓库: 略			经办人: 略		

图 46　2021 年 1 月 27 日业务原始凭证（3）

（10）2021 年 1 月 31 日，与小米科技签订了购货合同，采购不含税价为 76 元/台，购货发票尚未收到，货物已验收入库。取得相关凭证如图 47 所示。

入 库 单										
			2021年	01月	31日			单号: 0006		
交货部门	采购部		发票号码	35688125	验收仓库	音响库	入库日期	2021/1/31		
编号	名 称 及 规 格	单 位	数　量		实际价格		备　注			会计联
			应 收	实 收	单 价	金 额				
02.01	小米小爱音箱Play	台	100.00	100.00						
	合　　计		100.00	100.00						
部门经理: 略		会计: 略			仓库: 略			经办人: 略		

图 47　2021 年 1 月 31 日业务原始凭证

2. 采购与应付款管理系统月末业务处理
（1）对所有已生成的凭证完成出纳复核、审核、过账。
（2）月末结账。

3. 备份账套数据
在 D 盘"实训账套"文件夹下建立"上机实训-5"文件夹，将账套备份至此文件夹。

实训六｜销售与应收款管理系统业务处理

【实训目的】

（1）掌握销售与应收款管理系统日常业务处理的方法。

（2）掌握销售与应收款管理系统月末处理的方法。

【实训准备与要求】

（1）修改系统时间为 2021 年 1 月 1 日。

（2）恢复"D:\实训账套\上机实训-5"文件夹中的账套备份数据。

（3）以王武的身份完成销售相关业务。

（4）以赵陆的身份完成仓储相关业务。

（5）以学生姓名的身份完成账务的相关业务处理。

（6）以李朋的身份完成收款、票据管理等出纳工作。

（7）按业务发生日期逐笔审核应付单及付款单。

【实训内容与实训资料】

1. 销售与应收款管理系统日常业务处理

（1）2021 年 1 月 4 日，收到五星电器 2020 年 12 月 12 日向本公司购买荣耀耳机的货款，取得相关凭证如图 48 所示。

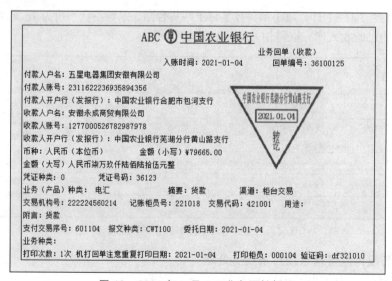

图 48　2021 年 1 月 4 日业务原始凭证

（2）2021 年 1 月 5 日，向国美电器销售小米小爱音箱 100 台，货款尚未收到。取得相关凭证如图 49、图 50 所示。

36951301　　安徽增值税专用发票　　NO.36951301　　3210015221 36951301

此联不做报销、扣税凭证使用　　开票日期：2021年01月05日

购买方	名　　称：北京国美电器有限公司 纳税人识别号：91110000633693521P 地 址、电 话：北京市通州区潞城镇新城工业区一区8号,010-57925362 开户行及账号：中国工商银行北京市通州支行，2200600597934533689				密码区	略	
货物或应税劳务、服务名称	规格型号	单位	数量	单价	金额	税率	税额
*音响*小米小爱音箱Play		台	100.00	88.00	8800.00	13.00%	1144.00
合　计			100.00		8800.00		1144.00
价税合计（大写）	⊗玖仟玖佰肆拾肆元整				（小写）¥ 9944.00		
销货方	名　　称：安徽永成商贸有限公司 纳税人识别号：91340200746789178W 地 址、电 话：芜湖市鸠江区瑞祥路88号，0553-5828888 开户行及账号：中国农业银行芜湖分行黄山路支行，1277000526782987978				备注	安徽永成商贸有限公司 91340200746789178W 发票专用章	

收款人：略　　复核：略　　开票人：略　　销售方：（章）：

税总函〔2015〕562号上海印钞有限公司

第一联：记账联 销货方记账凭证

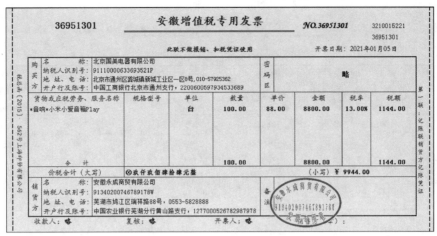

图 49　2021 年 1 月 5 日业务原始凭证（1）

出　　库　　单

2021年　01月　05日　　单号：001

提货单位	北京国美电器有限公司	发票号码	36951301	发出仓库	音响库	出库日期	2021/1/5
编号	名称及规格	单位	数量 应发	数量 实发	金额	备注	
02.01	小米小爱音箱Play	台	100.00	100.00			
合计			100.00	100.00			

部门经理：略　　会计：略　　仓库：略　　经办人：略

会计联

图 50　2021 年 1 月 5 日业务原始凭证（2）

（3）2021 年 1 月 6 日，向苏宁易购销售小米 Air2SE 耳机 200 件，收到对方开来的银行承兑汇票。取得相关凭证如图 51、图 52、图 53 所示。

银行承兑汇票　　2

63593499

出票日（大写）　贰仟零贰拾壹年　零壹月　零陆日

出票人全称	江苏苏宁易购电子商务有限公司	收款人	全　称	安徽永成商贸有限公司
出票人账号	1302022029249687952		账　号	1277000526782987978
付款行全称	中国银行南京市玄武支行		开户银行	中国农业银行芜湖分行黄山路支行
出票金额	人民币（大写）叁万叁仟玖佰元整		亿千百十万千百十元角分	¥3390000
汇票到期日（大写）	贰零贰壹年肆月零陆日	付款行	行号	251578
承兑协议编号	462154		地址	江苏省南京市
本汇票请你行承兑，到期无条件支付。 江苏苏宁易购电子商务有限公司 财务专用章 出票人签章	备注：		中国银行南京市玄武支行 业务受理章 复核　记账	

此联收款人开户行随托收凭证寄付款行做借方凭证附件

图 51　2021 年 1 月 6 日业务原始凭证（1）

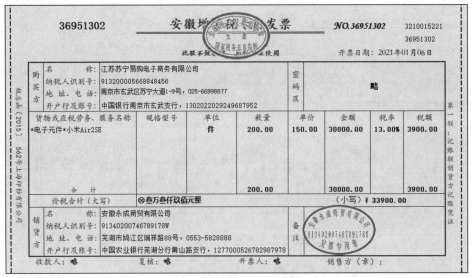

图 52　2021 年 1 月 6 日业务原始凭证（2）

图 53　2021 年 1 月 6 日业务原始凭证（3）

（4）2021 年 1 月 7 日，向五星电器销售漫步者耳机和音箱，销售合同上规定现金折扣条件为 2/10，1/20，N/30，现金折扣不考虑增值税，取得相关凭证如图 54、图 55 所示。

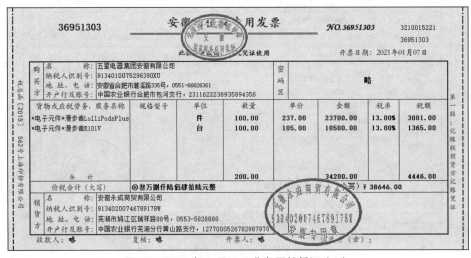

图 54　2021 年 1 月 7 日业务原始凭证（1）

出 库 单

2021年 01月 07日　　单号：003

提货单位	五星电器集团安徽有限公司	发票号码	36951303	发出仓库	耳机库 音响库	出库日期	2021/1/7
编号	名称及规格	单位	数量 应发	数量 实发	金额	备注	
0101	漫步者LolliPodsPlus	件	100.00	100.00			
	漫步者R101V	台	100.00	100.00			
	合计		200.00	200.00			

会计联

部门经理：略　　会计：略　　仓库：略　　经办人：略

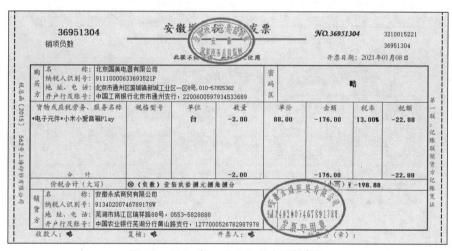

图 55　2021 年 1 月 7 日业务原始凭证（2）

（5）2021 年 1 月 8 日，发现销售给国美电器的小米小爱音箱有质量问题，双方协商退货，已开具红字发票，取得相关凭证如图 56 所示。

36951304　　安徽[illegible]发票　　NO.36951304　　3210015221

销项负数　　　　36951304

此联不[illegible]使用　　开票日期：2021年01月08日

购买方	名称：北京国美电器有限公司 纳税人识别号：91110000633693521P 地址、电话：北京市通州区潞城镇新城工业区一区8号，010-57925362 开户行及账号：中国工商银行北京市通州支行，2200600597934533689	密码区	略				
货物或应税劳务、服务名称	规格型号	单位	数量	单价	金额	税率	税额
*电子元件*小米小爱音箱Play		台	-2.00	88.00	-176.00	13.00%	-22.88
合计			-2.00		-176.00		-22.88
价税合计（大写）	⊗（负数）壹佰玖拾捌元捌角捌分			（小写）¥-198.88			
销货方	名称：安徽永成商贸有限公司 纳税人识别号：91340200746789178W 地址、电话：芜湖市鸠江区瑞祥路88号，0553-5828888 开户行及账号：中国农业银行芜湖分行黄山路支行，1277000526782987978	备注					

收款人：略　　复核：略　　开票人：略　　销货方（章）：

税总函〔2015〕562号上海印钞有限公司

第一联：记账联　销货方记账凭证

图 56　2021 年 1 月 8 日业务原始凭证

（6）2021 年 1 月 11 日，预收五星电器货款，取得相关凭证如图 57 所示。

ABC 中国农业银行

业务回单（收款）

入账时间：2021-01-11　　回单编号：36100128

付款人户名：五星电器集团安徽有限公司

付款人账号：2311622236935894356

付款人开户行（发报行）：中国农业银行合肥市包河支行

收款人户名：安徽永成商贸有限公司

收款人账号：1277000526782987978

收款人开户行（发报行）：中国农业银行芜湖分行黄山路支行

币种：人民币（本位币）　　金额（小写）¥5000.00

金额（大写）人民币伍仟元整

凭证种类：0　　凭证号码：36123

业务（产品）种类：电汇　　摘要：预付货款　　渠道：柜台交易

交易机构号：222224560214　　记账柜员号：221018　　交易代码：421001　　用途：

附言：预付货款

支付交易序号：601104　　报文种类：CWT100　　委托日期：2021-01-11

业务种类：

打印次数：1次　机打回单注意重复打印日期：2021-01-11　　打印柜员：000104　验证码：df321010

中国农业银行芜湖分行黄山路支行　2021.01.11　转讫

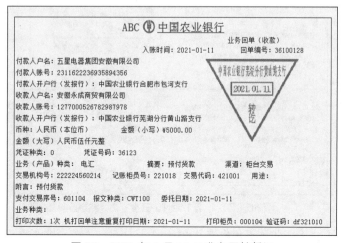

图 57　2021 年 1 月 11 日业务原始凭证

（7）2021 年 1 月 12 日，向五星电器销售漫步者 LolliPods 耳机，取得相关凭证如图 58、图 59 所示。

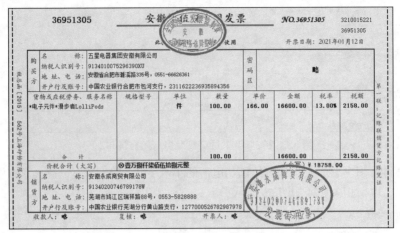

图 58　2021 年 1 月 12 日业务原始凭证（1）

图 59　2021 年 1 月 12 日业务原始凭证（2）

（8）2021 年 1 月 15 日，收到五星电器 2021 年 1 月 12 日向本公司购买漫步者 LolliPods 耳机的货款，其中 5 000 元已预收，取得相关凭证如图 60 所示。

图 60　2021 年 1 月 15 日业务原始凭证

（9）2021 年 1 月 16 日，收到五星电器 2021 年 1 月 7 日向本公司购买漫步者耳机和音箱的货款，取得相关凭证如图 61 所示。

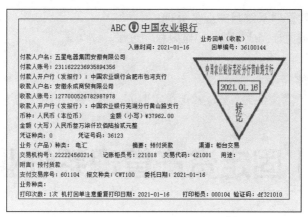

图 61　2021 年 1 月 16 日业务原始凭证

（10）2021 年 1 月 20 日，票号为 46987532 的银行承兑汇票到期，收到银行转来的结算款项，取得相关凭证如图 62 所示。

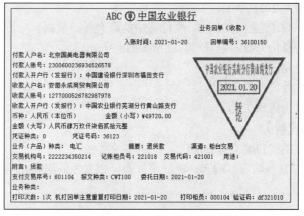

图 62　2021 年 1 月 20 日业务原始凭证

（11）2021 年 1 月 21 日，收到国美电器 2021 年 1 月 5 日销售货款，扣除 2021 年 1 月 8 日退货情形，余款 2020 年 12 月 31 日已支付，取得相关凭证如图 63 所示。

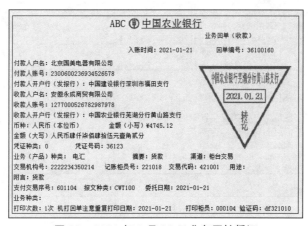

图 63　2021 年 1 月 21 日业务原始凭证

2. 销售与应收款管理系统月末业务处理

（1）对所有已生成凭证完成审核、出纳复核、过账。

（2）月末结账。

3. 备份账套数据

在 D 盘"实训账套"文件夹下建立"上机实训-6"文件夹，将账套备份至此文件夹。

实训七｜固定资产管理系统业务处理

【实训目的】

（1）掌握固定资产管理系统初始设置的方法。

（2）掌握固定资产管理系统日常业务处理、月末处理等操作。

【实训准备与要求】

（1）修改系统时间为 2021 年 1 月 1 日。

（2）恢复"D:\实训账套\上机实训-6"文件夹中的账套备份数据。

（3）以学生姓名的身份完成固定资产管理系统的业务处理。

（4）以李朋的身份完成出纳复核。

（5）以学生学号的身份完成凭证审核、过账。

（6）业务发生当日生成相关凭证。

【实训内容与实训资料】

1. 固定资产管理系统日常业务处理

（1）2021 年 1 月 5 日，销售部购入一辆货车，取得相关凭证如图 64、图 65、图 66 所示。

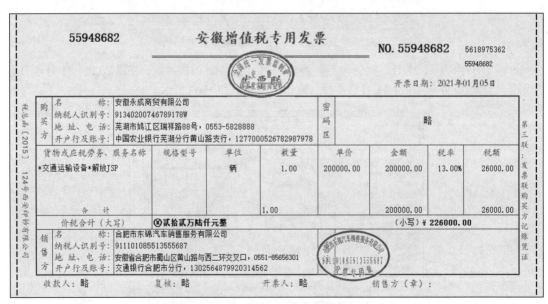

图 64　2021 年 1 月 5 日业务原始凭证（1）

中国农业银行 电汇凭证（回单） 1

委托日期 2021年 01月 05日 NO.20215815

汇款人	全称	安徽永成商贸有限公司	收款人	全称	合肥市东锦汽车销售服务有限公司
	账号	1277000526782987978		账号	1302564879920314562
	开户银行	安徽省 芜湖市/县		开户银行	安徽省 合肥市/县
汇出行名称		中国农业银行芜湖分行黄山路支行	汇入行名称		交通银行合肥市分行
金额	人民币（大写）	贰拾贰万陆仟元整	亿千百十万千百十元角分		¥226000000
中国农业银行芜湖分行黄山路支行 2021.01.05 转讫			支付密码		
复核			附加信息及用途：购车款		

此联汇出行给汇款人的回单

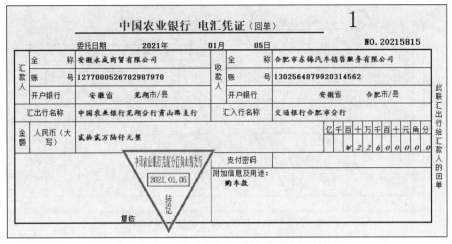

图 65　2021 年 1 月 5 日业务原始凭证（2）

固定资产卡片

使用单位：销售部　　填制日期：2021年01月05日

类别	交通运输设备	出厂或交接验收日期	2020年11月20日	预计使用年限	5年
编号	10	购入或使用日期	2021年1月5日	预计残值	10000.00
名称	货车	放置或使用地址	销售部	预计清理费用	
型号规格		负责人		月折旧率	
建造单位	一汽解放汽车	总造价	200000.00	月大修理费用提存率	
设备主要技术参数或建筑物占地面积、建筑面积及结构	设备主要配件名称数量或建筑物附设设备	大修理记录		固定资产改变记录	
		时间	项目		

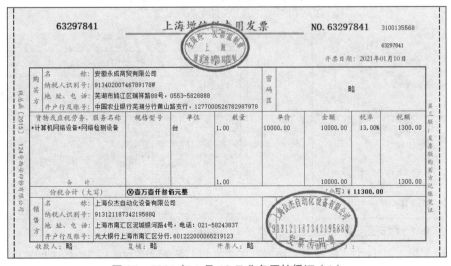

图 66　2021 年 1 月 5 日业务原始凭证（3）

（2）2021 年 1 月 10 日，采购部购入需要安装的网络检测设备，取得相关凭证如图 67、图 68 所示。

63297841　　**上海增值税专用发票**　　NO.63297841　　3100135568

63297841

全国统一发票监制章 上海 国家税务总局监制

开票日期：2021年01月10日

购买方	名　　称：安徽永成商贸有限公司 纳税人识别号：91340200746789178W 地 址、电 话：芜湖市鸠江区瑞祥路88号，0553-5828888 开户行及账号：中国农业银行芜湖分行黄山路支行，1277000526782987978	密码区	略

货物或应税劳务、服务名称	规格型号	单位	数量	单价	金额	税率	税额
*计算机网络设备*网络检测设备		台	1.00	10000.00	10000.00	13.00%	1300.00
合　计			1.00		10000.00		1300.00
价税合计（大写）	⊗壹万壹仟叁佰元整				（小写）¥11300.00		

销售方	名　　称：上海仪杰自动化设备有限公司 纳税人识别号：913121187342195880 地 址、电 话：上海市南汇区泥城银河路4号，电话：021-58243837 开户行及账号：光大银行上海市南汇区分行，601222000065219123	备注	上海仪杰自动化设备有限公司 913121187342195880 发票专用章

收款人：略　　复核：略　　开票人：略　　销售方：（章）

税总函〔2015〕124号西安印钞有限公司

第三联：发票联 购买方记账凭证

图 67　2021 年 1 月 10 日业务原始凭证（1）

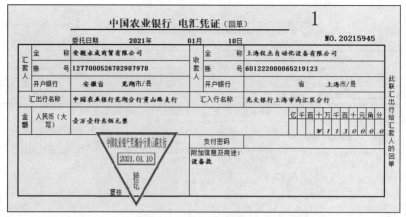

图 68　2021 年 1 月 10 日业务原始凭证（2）

（3）2021 年 1 月 15 日，支付安装费，检测设备达到预定可使用状态，交付使用，取得相关凭证如图 69、图 70、图 71 所示。

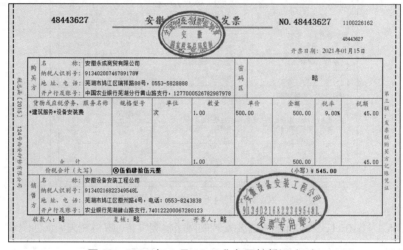

图 69　2021 年 1 月 15 日业务原始凭证（1）

农业银行
转账支票存根
32212317
附加信息
————————————
出票日期 *2021 年 01 月 15* 日
收款人
安徽设备安装工程公司
金　额　¥545.00
用　途　安装费
单位主管（略）　会计（略）

图 70　2021 年 1 月 15 日业务原始凭证（2）

固定资产卡片				
使用单位：采购部		填制日期：*2021 年 01 月 15 日*		
类别	办公设备	出厂或交接验收日期	2020 年 12 月 20 日	预计使用年限 5 年
编号	11	购入或使用日期	2021 年 1 月 15 日	预计残值 105.00
名称	网络监测设备	放置或使用地址	采购部	预计清理费用
型号规格		负责人		月折旧率
建造单位		总造价	10500.00	月大修理费用提取率
设备主要技术参数或建筑物占地面积、建筑面积及结构		设备主要配件名称数量或建筑物附设设备	大修理记录	固定资产改变记录
			时间　　项目	

图 71　2021 年 1 月 15 日业务原始凭证（3）

（4）2021 年 1 月 18 日，因业务需要，为惠普电脑（资产编号 004）扩充存储空间，购买硬盘，取得相关凭证如图 72、图 73 所示。

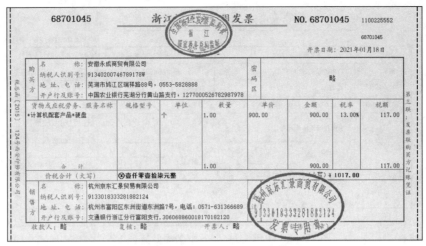

图 72　2021 年 1 月 18 日业务原始凭证（1）

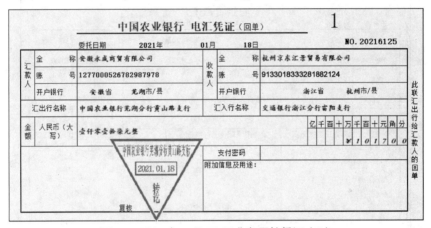

图 73　2021 年 1 月 18 日业务原始凭证（2）

（5）2021 年 1 月 22 日，财务部购入三台联想电脑（资产编码 012～014），取得相关凭证如图 74 至图 78 所示。

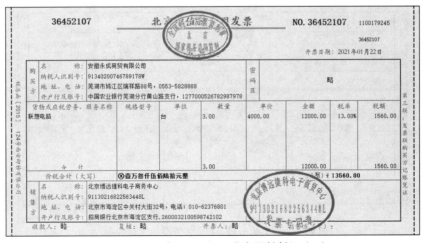

图 74　2021 年 1 月 22 日业务原始凭证（1）

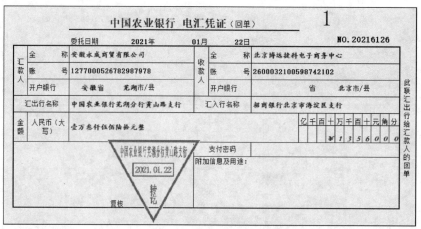

中国农业银行 电汇凭证（回单）

1

NO.20216126

汇款人	全　称	安徽永成商贸有限公司	收款人	全　称	北京博远捷科电子商务中心
	账　号	1277000526782987978		账　号	2600032100598742102
	开户银行	安徽省　芜湖市/县		开户银行	省　北京市/县

委托日期　2021年　01月　22日

汇出行名称　中国农业银行芜湖分行黄山路支行　　汇入行名称　招商银行北京市海淀区支行

金额　人民币（大写）　壹万叁仟伍佰陆拾元整　　亿千百十万千百十元角分　¥135600 0

支付密码

附加信息及用途：

中国农业银行芜湖分行黄山路支行
2021.01.22
转讫

复核

此联汇出行给汇款人的回单

图 75　2021 年 1 月 22 日业务原始凭证（2）

固定资产卡片

使用单位：　财务部　　填制日期：　2021年01月22日

类别	办公设备	出厂或交接验收日期	2021年1月20日	预计使用年限	3年
编号	012	购入或使用日期	2021年1月22日	预计残值	40.00
名称	联想电脑	放置或使用地址	财务部	预计清理费用	
型号规格		负责人		月折旧率	
建造单位		总造价	4000.00	月大修理费用提存率	

设备主要技术参数或建筑物占地面积、建筑面积及结构	设备主要配件名称数量或建筑物附设设备	大修理记录		固定资产改变记录
		时间	项目	

图 76　2021 年 1 月 22 日业务原始凭证（3）

固定资产卡片

使用单位：　财务部　　填制日期：　2021年01月22日

类别	办公设备	出厂或交接验收日期	2021年1月20日	预计使用年限	3年
编号	013	购入或使用日期	2021年1月22日	预计残值	40.00
名称	联想电脑	放置或使用地址	财务部	预计清理费用	
型号规格		负责人		月折旧率	
建造单位		总造价	4000.00	月大修理费用提存率	

设备主要技术参数或建筑物占地面积、建筑面积及结构	设备主要配件名称数量或建筑物附设设备	大修理记录		固定资产改变记录
		时间	项目	

图 77　2021 年 1 月 22 日业务原始凭证（4）

固定资产卡片

使用单位：财务部　　　　　　　　　　填制日期：*2021年01月22日*

类别	办公设备	出厂或交接验收日期	2021年1月20日	预计使用年限	3年
编号	014	购入或使用日期	2021年1月22日	预计残值	40.00
名称	联想电脑	放置或使用地址	财务部	预计清理费用	
型号规格		负责人		月折旧率	
建造单位		总造价	4000.00	月大修理费用提存率	

设备主要技术参数或建筑物占地面积、建筑面积及结构	设备主要配件名称数量或建筑物附设设备	大修理记录		固定资产改支记录
		时间	项目	

图 78　2021 年 1 月 22 日业务原始凭证（5）

（6）2021 年 1 月 30 日，对各项资产进行检查，发现 2020 年 2 月 10 日购入的曙光服务器（卡片编号：8）的可回收金额低于其账面价值 700 元，计提固定资产减值准备，取得相关凭证如图 79 所示。

固定资产减值批准报告

单位：元

名称	购进时间	原值	折旧年限（月）	净残值率	累计折旧	净值	可回收金额	减值准备
曙光服务器	2020/2/10	12000	10	1	3,300.00	8,700.00	8,000.00	700.00

月末，对本企业固定资产进行测试，测试结果表明曙光服务器可收回金额低于账面价值，公司研究决定对其计提 700 元减值准备。

图 79　2021 年 1 月 30 日业务原始凭证

（7）2021 年 1 月 30 日，计提本月固定资产折旧，计提折旧后查看折旧清单。

2．固定资产管理系统月末业务处理

（1）对所有已生成凭证完成出纳复核、审核、过账。

（2）完成固定资产与总账系统自动对账。

（3）期末结账。

3．备份账套数据

在 D 盘"实训账套"文件夹下建立"上机实训-7"文件夹，将账套备份至此文件夹。

实训八｜工资管理系统业务处理

【实训目的】

（1）掌握工资管理系统初始设置的方法。

（2）掌握工资管理系统日常业务处理、工资分摊及月末处理、工资系统数据查询的操作。

【实训准备与要求】

（1）修改系统时间为 2021 年 1 月 1 日。

（2）恢复"D:\实训账套\上机实训-7"文件夹中的账套备份数据。

（3）以"学生学号"的身份启用工资管理系统，启用时间为 2021 年 1 月 1 日，进行工资管理系统参数设置。

（4）以"学生姓名"的身份完成工资管理系统的其他业务处理。

【实训内容与实训资料】

1. 工资管理系统参数设置

（1）新建工资类别，类别名称为"2021 工资方案"，起始会计年度、会计期间为 2021 年 1 期，其他采用系统默认。

（2）建立部门档案，通过总账数据引入部门档案。

（3）建立银行档案，如表 29 所示。

表 29　　　　　　　　　　　银行档案信息

项目名称	内容
代码	01
名称	中国农业银行芜湖分行黄山路支行
账号长度	19

（4）建立职员档案，通过总账数据引入职员档案。

（5）设置工资项目，如表 30、表 31 所示。

表 30　　　　　　　　　　　工资项目

项目名称	数据类型	数据长度	小数位数	项目属性
交通补贴	货币	15	2	可变项目
岗位工资	货币	15	2	可变项目
物价补贴	货币	15	2	可变项目
医疗保险	货币	15	2	可变项目
养老保险	货币	15	2	可变项目
工伤保险	货币	15	2	可变项目
失业保险	货币	15	2	可变项目
生育保险	货币	15	2	可变项目
住房公积金	货币	15	2	可变项目
缺勤扣款	货币	15	2	可变项目
缺勤天数	实数	18	2	可变项目
五险一金计提基数	货币	15	2	可变项目
工资分配基数	货币	15	2	可变项目

表 31　　　　　　　　　　　工资项目排序

项目名称	顺序号	项目名称	顺序号	项目名称	顺序号
职员代码	1	物价补贴	9	缺勤扣款	17
职员姓名	2	应发合计	10	缺勤天数	18
部门名称	3	医疗保险	11	代扣税	19
职员类别	4	养老保险	12	扣款合计	20
基本工资	5	工伤保险	13	实发合计	21
奖金	6	失业保险	14	五险一金计提基数	22
交通补贴	7	生育保险	15	工资分配基数	23
岗位工资	8	住房公积金	16	个人账号	24

（6）设置公式名称为"2021工资方案"的工资计算方法，如表32所示。

表32 工资计算公式设置

工资项目	计算公式
交通补贴	企业管理人员为1 000元/月，采购人员为1 000元/月，销售人员为600元/月
缺勤扣款	如果缺勤天数<=2，则缺勤扣款 =（基本工资/22）*缺勤天数*0.50； 如果缺勤天数>2，则缺勤扣款 =（基本工资/22）*缺勤天数
五险一金计提基数	基本工资+岗位工资
工资分配基数	基本工资+奖金+交通补贴+岗位工资+物价补贴-缺勤扣款
养老保险（个人）	五险一金计提基数*0.08
医疗保险（个人）	五险一金计提基数*0.02
失业保险（个人）	五险一金计提基数*0.002
住房公积金	五险一金计提基数*0.10
应发合计	基本工资+奖金+交通补贴+岗位工资+物价补贴
扣款合计	缺勤扣款+养老保险+医疗保险+失业保险+住房公积金+代扣税
实发合计	应发合计-扣款合计

（7）设置个人所得税，如表33、表34、表35所示。

表33 个人所得税设置

名称	2021年个人所得税
税率类别	见表34
税率项目	名称：计税工资；所得项目及属性如表35所示
所得计算	计税工资
所得期间	2021-1
外币币别	人民币
基本扣除标准	5 000元/月

表34 工资薪金个人所得税税率表

级数	全月应纳税所得额（含税级距）	税率/%	速算扣除数
1	不超过3 000元的	3	0
2	超过3 000元至12 000元的部分	10	210
3	超过12 000元至25 000元的部分	20	1 410
4	超过25 000元至35 000元的部分	25	2 660
5	超过35 000元至55 000元的部分	30	4 410
6	超过55 000元至80 000元的部分	35	7 160
7	超过80 000元的部分	45	15 160

表35 计税工资项目

所得项目	属性
应发合计	增项
养老保险	减项
医疗保险	减项
失业保险	减项
住房公积金	减项
缺勤扣款	减项

2. 工资管理系统日常业务处理

（1）录入2021年1月人员工资数据，如表36所示。

表36   2021 年 1 月人员工资表   金额单位：元

人员代码	人员名称	职员类别	部门名称	性别	基本工资	奖金	岗位工资	物价补贴	缺勤天数
101	陈尔	企业管理人员	经理室	男	3 000	2 000	1 000	300	
102	李明	企业管理人员	经理室	女	3 000	1 500	800	300	
201	学生学号	企业管理人员	财务部	女	2 500	1 500	800	300	
202	学生姓名	企业管理人员	财务部	女	2 200	1 200	500	300	1
203	李朋	企业管理人员	财务部	女	2 000	1 000	500	300	
301	张山	采购人员	采购部	男	2 500	1 500	800	300	
302	李卉	采购人员	采购部	女	2 000	1 000	500	300	1
401	王武	销售人员	销售部	男	2 500	1 500	800	300	
402	魏春红	销售人员	销售部	女	2 000	1 000	500	300	2
501	赵陆	企业管理人员	仓储部	女	2 500	1 500	800	300	3
502	谢东	企业管理人员	仓储部	男	2 000	1 000	500	300	

（2）计算工资数据，并计算个人所得税。

3. 工资管理系统月末业务处理

（1）工资费用分配设置。

安徽永成商贸有限公司五险一金、工会经费和职工教育经费都按五险一金计提基数计提，公司承担的养老保险、医疗保险、失业保险、工伤保险、生育保险、住房公积金、工会经费和职工教育经费计提比例分别为 20%、10%、1%、1%、0.8%、12%、2%、8%；职工个人承担的养老保险、医疗保险、失业保险、住房公积金计提比例分别为 8%、2%、0.2%、12%；职工福利费按实际发生数列支。工资费用分配设置如表 37 至表 43 所示。

表37   计提工资转账分录一览表

分摊构成设置（计提比例 100%）				
部门名称	人员类别	项目	借方科目	贷方科目
经理室、财务部、仓储部	企业管理人员	工资分配基数	6602.01	2211.01
采购部	采购人员	工资分配基数	6602.01	2211.01
销售部	销售人员	工资分配基数	6601.01	2211.01

表38   计提工会经费转账分录一览表

分摊构成设置（计提比例 2%）				
部门名称	人员类别	项目	借方科目	贷方科目
经理室、财务部、仓储部	企业管理人员	应发合计	6602.01	2211.05
采购部	采购人员	应发合计	6602.01	2211.05
销售部	销售人员	应发合计	6601.01	2211.05

表39   计提职工教育经费转账分录一览表

分摊构成设置（计提比例 8%）				
部门名称	人员类别	项目	借方科目	贷方科目
经理室、财务部、仓储部	企业管理人员	应发合计	6602.01	2211.06
采购部	采购人员	应发合计	6602.01	2211.06
销售部	销售人员	应发合计	6601.01	2211.06

表40   计提公司——设定提存计划转账分录一览表

分摊构成设置（计提比例 21%）				
部门名称	人员类别	项目	借方科目	贷方科目
经理室、财务部、仓储部	企业管理人员	五险一金计提基数	6602.02	2211.03
采购部	采购人员	五险一金计提基数	6602.02	2211.03
销售部	销售人员	五险一金计提基数	6601.02	2211.03

表 41　　　　　　　　　计提公司——社会保险费转账分录一览表

分摊构成设置（计提比例 11.8%）				
部门名称	人员类别	项目	借方科目	贷方科目
经理室、财务部、仓储部	企业管理人员	五险一金计提基数	6602.02	2211.02
采购部	采购人员	五险一金计提基数	6602.02	2211.02
销售部	销售人员	五险一金计提基数	6601.02	2211.02

表 42　　　　　　　　　计提公司——住房公积金转账分录一览表

分摊构成设置（计提比例 10%）				
部门名称	人员类别	项目	借方科目	贷方科目
经理室、财务部、仓储部	企业管理人员	五险一金计提基数	6602.01	2211.04
采购部	采购人员	五险一金计提基数	6602.01	2211.04
销售部	销售人员	五险一金计提基数	6601.01	2211.04

表 43　　　　　　　　　　　代扣个人所得税转账分录一览表

分摊构成设置（计提比例 100%）				
部门名称	人员类别	项目	借方科目	贷方科目
经理室、财务部、仓储部	企业管理人员	代扣税	2211.01	2221.07
采购部	采购人员	代扣税	2211.01	2221.07
销售部	销售人员	代扣税	2211.01	2221.07

（2）分别生成计提工资、计提工会经费、计提职工教育经费、计提住房公积金、计提社会保险费、代扣个人所得税凭证。

（3）办理工资管理系统期末结账。

4．备份账套数据

在 D 盘"实训账套"文件夹下建立"上机实训-8"文件夹，将账套备份至此文件夹。

实训九｜总账管理系统期末业务处理

【实训目的】

（1）掌握自定义转账凭证的方法。

（2）掌握生成转账凭证的方法。

（3）掌握总账与各子系统对账的操作方法，能够熟练查询账表。

【实训准备与要求】

（1）修改系统时间为 2021 年 1 月 31 日。

（2）恢复"D:\实训账套\上机实训-8"文件夹中的账套备份数据。

（3）以李朋的身份进行出纳复核。

（4）以"学生学号"的身份进行审核。

（5）以"学生姓名"的身份完成总账系统的其他业务处理。

【实训内容与实训资料】

1．期末结转业务处理

（1）自定义结转未交增值税、计提城市维护建设税、计提教育费附加、计提地方教育附加、计提企业所得税的转账凭证，如表 44 至表 48 所示。

表 44　　　　　　　结转未交增值税（转账期间：1—12）

摘要	会计科目代码	方向	转账方式	包含本期未过账凭证	公式定义（原币公式）
结转未交增值税	2221.01.04	借	按公式转入	是	ACCT("2221.01","Y","",0,0,0,"")
	2221.02	贷	按公式转入	是	ACCT("2221.01","Y","",0,0,0,"")

表 45　　　　　　　计提城市维护建设税（转账期间：1—12）

摘要	会计科目代码	方向	转账方式	包含本期未过账凭证	公式定义（原币公式）
计提城市维护建设税	6403	借	按公式转入	是	ACCT("2221.02","Y","",0,0,0,"") *0.07
	2221.05	贷	按公式转入	是	ACCT("2221.02","Y","",0,0,0,"") *0.07

表 46　　　　　　　计提教育费附加（转账期间：1—12）

摘要	会计科目代码	方向	转账方式	包含本期未过账凭证	公式定义（原币公式）
计提教育费附加	6403	借	按公式转入	是	ACCT("2221.02","Y","",0,0,0,"") *0.03
	2221.06	贷	按公式转入	是	ACCT("2221.02","Y","",0,0,0,"") *0.03

表 47　　　　　　　计提地方教育附加（转账期间：1—12）

摘要	会计科目代码	方向	转账方式	包含本期未过账凭证	公式定义（原币公式）
计提地方教育附加	6403	借	按公式转入	是	ACCT("2221.02","Y","",0,0,0,"") *0.03
	2221.06	贷	按公式转入	是	ACCT("2221.02","Y","",0,0,0,"") *0.03

表 48　　　　　　　计提企业所得税费用（转账期间：1—12）

摘要	方向	会计科目代码	转账方式	转账比例	包含本期未过账凭证	公式方法	公式
计提企业所得税费用	借	6801	按公式输入	100%	是	公式取数	参照操作指导
	贷	2221.06	按公式输入	100%	是	公式取数	

（2）2021 年 1 月 31 日，根据自动转账凭证生成结转未交增值税、计提城市维护建设税、计提教育费附加、计提地方教育附加的会计凭证。

（3）2021 年 1 月 31 日，结转期间损益。

（4）2021 年 1 月 31 日，根据自动转账凭证生成结转企业所得税费用。

（5）2021 年 1 月 31 日，结转企业所得税费用。

（6）对所有凭证完成审核、过账。

2．账簿管理

（1）查询所建立的账套 2021 年 1 月份库存现金总账。

（2）查询所建立的账套 2021 年 1 月份所有科目的发生额及余额。

（3）定义并查询所建立的账套 2021 年 1 月份应交增值税多栏明细账，要求自动编排栏目参数。

3．备份账套数据

在 D 盘"实训账套"文件夹下建立"上机实训-9"文件夹，将账套备份至此文件夹。

实训十│报表管理系统业务处理

【实训目的】

（1）练习自定义报表格式定义、单位公式的设置。

（2）理解报表管理系统中数据状态与格式状态的区别。

（3）掌握报表管理系统数据处理与输出的具体内容及操作方法。

（4）理解报表管理系统中不同表页的概念。

【实训准备与要求】

（1）修改系统时间为 2021 年 1 月 31 日。

（2）恢复"D:\实训账套\上机实训-9"文件夹中的账套备份数据。

（3）以"学生学号"的身份进行会计报表编制。

【实训内容与实训资料】

（1）利用报表模板生成利润表，以"学号+姓名+利润表"命名保存至 D 盘"实训账套"文件夹下。

（2）利用报表模板生成资产负债，以"学号+姓名+资产负债表"命名保存至 D 盘"实训账套"文件夹下。

（3）设计并生成安徽永成商贸有限公司 2021 年 1 月 31 日管理费用明细表数据，如表 49 所示，以"学号+姓名+管理费用明细表"命名保存至 D 盘"实训账套"文件夹下。

表 49　　　　　　　　　　　　管理费用明细表样表

项目	部门				
	经理室	财务部	采购部	销售部	仓储部
工资					
社会保险费					
办公费					
折旧费					
业务招待费					
差旅费					
其他					
合计					

编制人：学生学号

（4）设计并生成安徽永成商贸有限公司 2021 年 1 月指标，如表 50 所示，以"学号+姓名+财务指标分析表"命名保存至 D 盘"实训账套"文件夹下。

表 50　　　　　　　　　　　　财务指标分析表

编制单位：安徽永成商贸有限公司　　　　　　　　2021 年 1 月 31 日

评价维度	评价指标	指标公式	指标结果
偿债能力	流动比率	流动资产/流动负债	
	资产负债率	负债总额/资产总额	
营运能力	应收账款周转率	销售收入/存货	
	总资产周转率	销售收入/应收账款	
盈利能力	成本费用利润率	利润总额/成本费用总额	
	净资产收益率	净利润/所有者权益	

编制人：学生学号

ERP财务业务一体化实训教程

金蝶
KIS版

本书以金蝶KIS V13.0为平台，以某商业企业的经济业务为原型，采用财务业务一体化模式编写。全书共有12个项目：项目一至项目三分别介绍了账套创建与管理、基础信息设置和系统初始化的相关内容；项目四至项目十分别介绍了账务处理系统的日常业务处理，以及现金管理系统、采购与应付款管理系统、销售与应收款管理系统、仓存管理系统、固定资产管理系统和工资管理系统的业务处理流程；项目十一和项目十二分别介绍了总账管理系统的期末业务处理和报表管理系统的应用。本书另附上机实训资料，供读者综合练习使用。

本书强调实践应用，可以帮助读者熟悉信息化环境下财务业务一体化的处理方法和处理流程，每个实训既环环相扣，又可独立操作，能够满足不同层次的教学需求。本书提供了丰富的教学资源，既可作为应用型本科和高等职业院校财经大类相关专业的教材，也可作为会计从业人员的培训用书。

扫此二维码下载
本书配套资源

RYR 人邮教育
www.ryjiaoyu.com

教材服务热线：010-81055256
反馈／投稿／推荐信箱：315@ptpress.com.cn
人邮教育服务与资源下载社区：www.ryjiaoyu.com